역주 첩해신어(원간본·개수본)의 일본어(上)

『이 저서는 인하대학교의 지원에 의하여 연구되었음.』
『This work was supported by INHA UNIVERSITY Research Grant.』

역주 첩해신어(원간본·개수본)의 일본어(上)

민병찬 편역

도서출판 시간의물레

∥머리말∥

이 책은 『捷解新語』〈원간본〉(1676)과 〈개수본〉(1748)의 일본어를 형태소 단위로 분석하여 의미를 기술하고 일본어 고전문법의 틀 속에서 상세히 풀이하며, 두 문헌 사이의 변화 양상에 대해 살펴본 전문도서다.

첩해신어가 언어연구자료로서 얼마나 높은 가치를 인정받아 왔는가에 대해서는 지금까지 한국과 일본 양국에서 제출된 첩해신어 관련 연구논문과 학술서의 숫자만 보더라도 고개가 끄덕여진다. 그러한 첩해신어가 어떠한 경위로 만들어졌으며 전체적인 내용은 어떠한지, 또 사용되는 과정에서 어떠한 변화가 있었는지 등에 관한 사항은 아래의 글을 인용하는 것으로 충분할 듯싶다.

「捷解新語」는 글자 그대로 '새 말을 빨리 깨우친다'는 뜻으로 여기서 '新語'는 임진왜란 이후 실제로 일본인들로부터 배운 새로운 일본어를 말한다. 즉 朝鮮朝 司譯院에서 일본어를 학습하기 위한 교재로서 전시대에 사용하던 '舊語'의 일본어 교재에 대하여 새로운 일본어의 교재란 의미로 사용된 것이다. 이 교재는 임진왜란 때에 일본에 납치되었다가 돌아온 康遇聖이 司譯院에서 일본어 교과서로 편찬한 것이며 일본어의 변천에 따라 몇 차례 改修·重刊되었다.(安田章, 鄭光共編(1991)『改修捷解新語(解題·索引·本文)』太學社, p.5.)

이러한 첩해신어의 일본어를 분석하고 풀이해보고자 마음먹은 계기 가운데 하나는 '나는 과연 첩해신어를 제대로 읽고 있는가?' 하는 스스로에 대한 질문에 선뜻 대답하기 어려웠기 때문이다. 일본어의 역사를 연구하는 한국 사람으로서 첩해신어는 항상 가까이에 두고 필요에 따라 펼

쳐보는 중요 문헌 가운데 하나다. 표기상의 특징이나 음운 현상을 조사하고, 문법적 특이점을 찾아보기도 한다. 첩해신어는 말하자면 채집의 마당이었다. 그런데 애당초 채집 대상이 아닌 것들은 그냥 지나치기 십상이다.

일본어에도 우리 '아버지가방에들어가다' 식의 말장난이 있다.

(1) ここではきものをぬいでください。
(2) だれかいたの？
(3) おとうさんがくるまでまつ。
(4) きょうはいしゃにいく。

(1)은 여기에서 벗어야 할 것이 신발인지 옷인지, (2)는 누구를 그린 건지 아니면 누군가가 있는 건지, (3)은 자동차인지 올 때까지인지, (4)는 치과에 가는 건지 그냥 병원에 가는 것인지가 애매하다. 각각 한자로 적거나 아니면 쉼표를 찍으면 그러한 애매함은 대부분 해소된다. 요컨대 띄어쓰기가 없는 일본어를 쉼표도 없이 가나(仮名)로만 적어놓으면 뜻을 파악하기가 쉽지 않은 것이다.

첩해신어 제1권의 첫머리는 다음과 같은 대화문으로 시작된다.

(5) なにかしこちこいそちかたいくわんにいてみか申아므가히이리오라네
　　 나 닝가시고찌고이 소 쩡가 다 이　　관　　 니 이 몌 밍 가 므수
　　 代官의가내말로

첩해신어 대화문의 일본어에 등장하는 한자는 「申」과 「御」뿐으로 나머지는 모두 가나로 적혀있다. 또 読点(、)과 句点(。) 역시 보이지 않으며 가나표기법도 이른바 歷史的가나표기법과 現代가나표기법이 혼재한다. (5)에서 「くわん」은 「官」을 일본어로 읽은 것일 텐데 「官」은 현대가나표기법으로는 「かん」으로 적는다.

促音이 표기되지 않는 것은 그나마 낫다. 결정적으로 濁点이 표기되지 않는다. 다만 (5)에 보인 예와 같이 첩해신어에는 가나 위에 한글로 읽는 법(이하 이를 〈한글음주〉라고 부른다)이 붙어 있어서 清音인지 濁音인지를 유추해볼 수는 있다. 즉 「なこかし」에 대한 〈한글음주〉는 「나닝가시」인데 「가」가 「니」가 아닌 「닝」에 이어지므로 탁음인 「が」로 읽어주기를 바란 것임을 알 수 있다. 그러나 한국어의 표기체계로는 어지간한 수고를 덧붙이더라도 완벽하게 일본어의 청음 탁음을 구별해서 적어내기 어렵다. 청탁에 따라 단어의 뜻이 전혀 달라지는 일본어의 특성상 그것이 표기되지 않는다는 것은 문장을 이해하는 데 있어서 때로는 치명적일 수 있다.

이어서 (5) 후반부의 「いて」와 관련해서 말하자면, 형태적으로는 움직이는 것이 한 장소에 존재한다는 뜻을 가진 동사인 「居る」가 助詞인 「て」에 접속하는 상황에서, 「居る」는 상1단동사이므로 그 連用形인 「い」로 활용한 것으로 볼 수 있겠지만, 전체적인 문맥상 「居て」여서는 어색하다. 그런데 〈한글음주〉가 「이떼」로 되어있고 첩해신어 〈원간본〉에는 전체적으로 促音 표기가 보이지 않는다는 점을 고려하면, 「いて」가 아니라 「いって」일 가능성을 배제할 수 없다. 그렇다면 「いる(入る)」[네]들어가다. 도달하다」나 「いく(行く·往く)」[네]가다」가 「て」 앞에서 音便이 발생한 것, 즉 「入って」나 「行って」이며 뜻은 「들어가서」나 「가서」로 볼 수 있겠는데, 원문의 한글 대역(이하 이를 〈한글역〉이라 부른다)이 「가」이므로 본문의 「いて」는 「行って」를 促音 표기 없이 가나로만 적은 것으로 판단하면 무난할 듯싶다. 이처럼 첩해신어의 일본어를 이해하기 위해서는 가나뿐만 아니라 〈한글음주〉와 〈한글역〉을 유기적으로 참조할 필요가 있는 것이다.

『첩해신어』가 일본어 교과서이고 그것이 70여 년 후에 고쳐 출간되었다면 상식적으로 〈개수본〉은 과거에 있던 잘못을 바로잡은 것일 가능성

이 크다 하겠는데, 위에서 살펴본 〈원간본〉의 「いて」는 〈개수본〉에서는 「いつて」로 변경되었다. 한편 개수 과정에서 조동사의 교체와 경어표현의 변경이 두드러지게 보이는데 이는 일본어 내부의 변화 양상을 반영한 것이리라. 그런데 개수하는 과정에서 문장 말미에 「~でござる」를 과도하게 삽입해서 오히려 문맥을 이해하기 어렵게 만든 경우가 적지 않다. 그리고 〈한글음주〉가 오히려 일본어를 이해하는 데 방해가 되기도 한다. 〈개수본〉에서 일본어는 단어가 교체되는 등 적잖게 변경되었는데 막상 해석해보면 〈원간본〉과 차이가 없는 경우도 많다. 고전문법의 틀로는 설명할 수 없는 일본어가 대부분인 가운데 고전문법으로만 설명이 가능한 사항이 느닷없이 튀어나오기도 한다. 다양한 의문점들이 생겨나고 내가 제대로 읽은 것인지 의구심도 가시지 않는다.

『첩해신어』는 띄어쓰기도 청탁 구별도 한자도 쉼표도 없는 일본어로 적혀 있고, 게다가 가나표기법도 일관되지 않고 고전문법까지 혼재하기에, 이해하고 활용하기 쉽지 않은 문헌임에 틀림이 없다. 하지만 『첩해신어』에 17·18세기 한일 양 언어가 생생하게 담겨 있음은 말할 것도 없고, 또 당시 한일 양국의 미묘한 외교적 신경전을 엿볼 수 있는 생동감 넘치는 대화문이 주를 이룬다. 그리고 마치 퍼즐을 맞춰가는 식의 재미 역시 쏠쏠하다. 『첩해신어』는 일본어 고전문법에 흥미가 있는 일본어 학습자에게, 한국어와 일본어의 역사에 관심이 있는 사람에게, 내용상 오늘을 사는 우리 모두에게 대단히 매력적인 학습서임을 확신한다. 이 책에서는 『첩해신어』 제1권에서 3권까지의 일본어를 다각적으로 분석한다.

마지막으로 어려운 출판 여건에도 불구하고 항상 응원을 아끼지 않는 시간의물레 권호순 대표님께 감사와 경의를 표합니다.

2020년 2월
민병찬 씀

일러두기

1. 본서는 『捷解新語』의 〈원간본〉(1676)과 〈개수본〉(1748)의 일본어를 형태소 단위로 분석하고 두 문헌 사이의 異同을 살핀 책이다.
2. 기본 텍스트로는 〈원간본〉은 大提閣에서 1985년 발행한 『原本 國語國文學叢林17』에 수록된 『捷解新語』를, 〈개수본〉은 安田章・鄭光共編(1991) 『改修捷解新語(解題・索引・本文)』(太學社)에 수록된 영인본을 쓴다. 이하 〈원간본〉〈개수본〉이라 함은 각각 이를 가리키며, 특정하지 않는 경우 〈원문〉이라 한다.
3. 가나표기법이나 한자는 모두 〈원문〉에 따른다.
4. 〈원문〉은 세로쓰기며 가나(仮名) 오른쪽 옆에 한글로 읽는 법이 적혀 있는데 이를 〈한글음주〉라 칭한다. 다만 본서에서 〈한글음주〉는 제시하지 않는다.
5. 〈원문〉에는 読点(、)과 句点(。)이 찍혀있지 않은데, 이를 내용에 맞춰 적의 기입한다.
6. 〈개수본〉에서 読点이나 句点의 역할을 하는 ○는 내용에 맞춰 ' 、'나 ' 。'로 바꾸어 기술한다.
7. 〈원문〉의 「御」와 「申」에는 〈한글음주〉를 참조하여 [ ] 안에 읽기를 가나로 기입한다.
8. 〈원문〉의 대역문(이하 〈한글역〉)을 제시하는 한편으로 역주자가 일본어를 다시 지금의 한국어로 번역하는데, 그때는 가급적 모든 문법형식을 반영하며, 다소 어색한 부분이 있더라도 축어역을 지향한다.
9. 주석에서는 단어의 뜻을 사전적 방식으로 기술하며 조동사 등 문법형식을 상세히 분석하여 제시한다.

10. 일본어 단어의 뜻풀이는 주로 『広辞苑』(제6판)과 『日本国語大辞典』(제2판)을 참조한다. 또한 한국어의 경우 국립국어원에서 제공하는 〈표준국어대사전〉의 검색결과를 활용한다.
11. 단어의 품사는 [名] [副]와 같이 [ ] 안에 넣어 제시한다.
12. 일본어에서 助詞로 분류되는 「て」는 이를 [助詞]로 명기하지 않고 단지 「て」로만 기술한다.
13. 일본어의 활용형은 학교문법의 용어를 차용하여 「未然形・連用形・終止形・連体形・已然形・命令形」으로 기술한다.
14. 동사를 기술할 때 예컨대 [4]는 4단활용동사, [5]는 5단활용동사, [上2]는 상2단활용동사를 각각 뜻한다.
15. 助詞인 「は・へ・を」는 〈원문〉에는 각각 「わ・ゑ・お」로 적혀있는데 주석에서는 「は・へ・を」로 바꿔 기술한다.
16. 각 문장의 위치에 대해서는 〈捷原1,1앞〉〈捷改2,1뒤〉와 같이 표시하는데, 각각 〈원간본 제1권 첫 장의 앞쪽〉과 〈개수본 제2권 첫 장의 뒤쪽〉에 자리한다는 것을 나타낸다.
17. '□' 아래에는 〈원간본〉의 일본어 원문과 그 〈한글역〉을, '⇨' 아래에는 이에 대한 역주자의 한국어 대역을, '✦' 아래에는 〈개수본〉의 일본어 원문과 〈한글역〉을, 'O' 아래에는 〈개수본〉을 분석한 결과를 제시한다.
18. 〈개수본〉에 대한 분석을 기술할 때 〈원간본〉과 동일한 경우에는 漢字 또는 가나만 제시한다. 활용하는 말의 경우 기본형만을 제시하고 활용형은 괄호에 넣어 뒤에 제시한다.

目次

머리말 / 4

일러두기 / 8

第 一 / 11

第 二 / 165

第 三 / 241

참고문헌 / 344

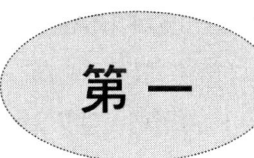

第 一

〈捷原1,1앞〉

▫なにかし①こちこい②そちか③たいくわんに④いて⑤みか申[もうす]⑥、
(아므가히이리오라네代官의가내말로)

① 「なにがし(某·何某)[代]①사람이나 물건, 장소 따위의 이름을 모르거나, 알면서도 일부러 이름 대신 쓰는 말. 아무개 ②(1인칭)나」.
② 「こち(此方)[代]①이쪽 ②나」+「く(来)[カ変]오다」의 命令形 「こい」.
③ 「そち(其方)[代]①그쪽 ②아랫사람을 가리키는 말. 너」+「が[助詞]~이/가. 또는 현대일본어 〈の〉의 쓰임(~의)」(후자를 채택하면 '그쪽 대관에게'로 풀이됨).
④ 「だいくわん → だいかん(代官)①정원(正員)을 대신하여 관직을 대행하는 사람 ②에도(江戸)막부(幕府)의 벼슬아치로 막부 직할지를 지배하며 연공(年貢) 수납 및 그 밖의 민정을 관할한 사람」+「に[助詞]~에. ~에게」. 참고로 〈표준국어대사전〉에는 「대관(代官)」이 '어떤 벼슬의 대리(代理)로 일하는 관리'로 풀이되어 있다. 또한 한자는 다르지만 「대관(大官)」은 '①=내자시 ②지역이 넓고 인구가 많으며 물산이 풍부한 큰 고을 ③대신(大臣) ④높은 벼슬. 또는 그 벼슬에 있는 사람 ⑤정승(政丞)'으로 풀이되어 있다.

⑤ 본문의 「いて」는 형태적으로 보면 「ゐる[上1]→いる(居る)[上1](움직이는 것이 한 장소에 존재한다는 뜻)있다」의 連用形 「ゐ」+「て」로 봐야겠으나 문맥상 통하지 않는다. 그런데 〈한글음주〉가 「이떼」로 되어 있고 『捷解新語』전체적으로 促音 표기가 보이지 않는 점을 고려하면 일본어 부분을 「いって」로 보는 편이 타당할 듯싶다. 그렇다면 「いる(入る)[4]들어가다. 도달하다」나 「いく(行く·往く)[4]가다」가 「て」앞에서 音便이 발생한 것으로 볼 수 있겠다.

⑥ 「み(身)[名·代]몸. 나. 자신」+「が[助詞]」+「まうす[4]→もうす(申す)[5]'말하다·고하다'의 겸양어. 부탁드리다」(4단동사가 변화하여 5단동사가 되었고 양자가 어형 상 차이가 있다는 것을 '→'로 나타내는데, 이러한 방식을 본서 전체를 통해 일관되게 채용한다).

⇨ 아무개야 이쪽 와라. 네가 대관(代官)에게 가서 내가 아뢰는,

〈捷改1,1앞〉----------

✦[主]なにかしここゑこいそなたたいくわんちうゑいつてわれわれのくしやうから申[もうし]まするわ、
(아모가히이러오라네代官中에가내젼갈로니ᄅ기를)

○「何某」+「ここ(此処·此所)[代]여기」+「へ[助詞]방향」+「来」(命令形)+「そなた(其方)[代]그쪽. 너」+「代官」+「ちゅう/ぢゆう→じゅう(中)①[名]중. 사이②[接尾]그 가운데 모두」+「へ[助詞]방향」+「いく(行く·往く)[4]가다」(音便形)+「て」+「われわれ(我我)[代]우리」+「の[助詞]」+「くじやう(苦情)어려운 사정. 불평불만」(또는 〈한글역〉이 '젼갈'이므로 〈こうじやう(口上)말로 전달하는 것(내용)〉으로 볼 수도 있겠다)+「から[助詞]~부터」+「申す」(連用形)+「まする[助動]겸양·정중」+「は[助詞]」. 이를 해석하면 〈아무개야 여기로 와라. 그쪽 대관 중에 가서 우리의 어려운 사정부터 아뢰기는〉이 돼서 원간본의 일본어가 가졌던 애매함이 상당부분 해소된 것으로 볼

수 있겠다. 이하 개수본의 일본어를 풀이할 때는 원간본과 일치하는 경우 품사에 대한 기술이나 한국어 풀이를 생략하고 한자 또는 仮名만 제시하겠다. 아울러 用言의 경우 본문의 활용 형태에 대해 괄호 안에 기입하겠다.

〈捷原1,1앞〉

□おとついここもとゑ①くたて②、きのうにもまゐるお③、
(그적긔여긔ᄂ려와 어제라도오올거슬)

① 「をとつひ→おとつい→おととい(一昨日)그저께」+「ここもと(此許・爰許・爰元)[代]①여기. 바로 근처 ②1인칭 겸칭. 저」+「へ[助詞]~에」(『捷解新語』에서는 이를 〈ゑ〉로 적는다. 이하 같음).

② 본문의 「くたて」는 〈한글음주〉가 「군다뗴」다. 「くだる(下る・降る)[4]내려오다. 이동하다」가 「て」 앞에서 音便이 발생한 것(くだって)으로 볼 수 있겠다.

③ 「きのふ→きのう(昨日)어제」+「に[助詞]」+「も[助詞]」+「まゐる[4]→まいる(參る)[5]궁중이나 신분이 높은 사람이 있는 곳으로 가다. 궁중에 출사하다. 찾아뵙다」의 連体形 「まゐる」+「を[助詞]~한 것을. ~하는데」(『捷解新語』에서는 이를 〈お〉로 적는다. 이하 같음).

⇨ 그저께 여기에 내려와서 어제라도 찾아뵐 것을,

〈捷改1,1뒤〉----------

◆おとといここもとゑくたりまして、きのうにもまゐりまするはつて御[ご]さるお、
(그적긔여긔ᄂ려와 어제라도오올거슬)

○「一昨日」(일본어 읽기는 원간본과 다름)+「ここもと」+「へ」+「下る」(連用

形」+「まする[助動]겸양・정중」+「て」+「昨日」+「に」+「も」+「参る」(連用形)+「まする[助動]겸양・정중」+「はず(筈)당연한 일. 이치. 약속. 예정」+「だ[助動]단정・지정」(連用形)+「ござる(御座る)[4]~입니다」+「を」. 이를 해석하면〈그저께 여기에 내려와서 어제라도 찾아뵈어야 마땅한 것을〉.

〈捷原1,1앞〉

❏ろしのくたひれに①いまこそ②もんまで③まいてこそ御[ご]され④。
(路次의 ㄱ브매이제야문ᄉ지왓습늬)

① 「ろじ(路次)(옛날에는〈ろし〉)다니는 길. 길의 도중」(참고로〈露次(ろじ)〉는 '노숙. 야숙(野宿)'의 뜻이다. 한편〈표준국어대사전〉에 「노차(路次)」는 '①길의 가운데 ②길을 가는 중간'으로 「노차(露次)」는 '한데에서 자는 잠'으로 풀이되어 있다)+「の[助詞]」+「くたびれ(草臥)[名]피곤. 피로」+「に[助詞]원인・이유를 나타내는 용법」.
② 「いま(今)지금」+「こそ[係助詞]뜻을 강하게 함」(문말은 已然形).
③ 「もん(門)문」+「まで(迄)[助詞]~까지」.
④ 「まゐる(参る)[4]찾아뵙다」의 連用形「まゐり」(본문은 音便이 발생한 것〈まいつ〉으로 봐야겠다)+「て」+「こそ[係助詞]뜻을 강하게 함」+「ござる(御座る)[4]①[존경어]계시다. 오시다. 가시다 ②(정중어)있습니다 ③~입니다」의 已然形「ござれ」(앞의〈こそ〉에 호응).

⇨ 여행길의 피곤함 때문에 이제야 문까지 이르렀습니다.

〈捷改1,1뒤〉----------
◆ろしのくたひれにやうやくたいましゆもんまてまいりまして御[ご]さる。
(路次의 ᄀ부매계요이제야守門ᄉ지왇ᄉᆞᆫ늬)

○「路次」+「の」+「くたびれ」+「に」+「やうやく→ようやく(漸く)[副]차츰. 한동안 지나서. 간신히. 겨우」+「ただいま(只今・唯今)지금. 목하(目下)」+「しゅもん(守門)문을 지키는 것. 문지기」(〈표준국어대사전〉에서도 〈수문(守門)〉이 '문을 지킴'으로 풀이되어 있다)+「まで」+「参る」(連用形)+「まする[助動]겸양・정중」+「て」+「御座る」. 이를 해석하면 〈도중의(여행길의) 피곤함 때문에 간신히 지금 문지기 있는 곳까지 와서 있습니다〉.

<捷原1,1뒤>

❏うちに御[ご]さらは①、まいると②あんないこそ申[もうし]③まるすれ④とゆうてこい⑤。
(안히계시면 오려ᄒᆞ여案內ᄉᆞᆯ오시ᄃᆞ라니ᄅᆞ고오라)

① 「うち(内)안. 내부. 집」+「に助詞~에」+「ござる(御座る)[4](존경어)계시다. 오시다. 가시다」의 未然形「ござら」+「ば助詞가정조건」.
② 「まゐる[4]→まいる(参る)[5]찾아뵙다. 오다・가다(겸양)」+「と助詞인용. ~라고」.
③ 「あんない(案内)안내를 청하는 것. 문의하는 것」+「こそ[係助詞뜻을 강하게 함」+「まうす[4]→もうす(申す)[5]'말하다・고하다'의 겸양어. 부탁드리다」의 連用形「もうし」. 이 부분은 〈한글역〉이「案內」로 되어있는 점이 특징적인데『첩해신어』1권 말미에「案內」에 대해「先通之意」라는 추가 설명이 붙어있다. 참고로「선통(先通)」은 〈표준국어대사전〉에 '미리 알림'의 뜻으로 풀이되어 있다.
④ 『첩해신어』원간본에는「まるする」가 쓰이고 있는데,『日本語学研究事典』(p.864)에 의하면 이는「まらする」에서「まする」로 변화해가는 과정에 등장한 과도기적 어형이다.「まらする」는 助動詞로서 ①겸양의 뜻(お~致

す/申し上げる)이나 ②정중의 뜻(ます/ございます)을 나타낸다. 『広辞苑』 등에는 「まるする」가 표제어로 등재되어 있지 않으나 여기에서는 이를 助動詞로 분류하고 '겸양·정중'으로 풀이하도록 하겠다. 본문의 「まるすれ」는 앞의 <こそ>에 호응한 「まるする」의 已然形으로 봐야겠다.

⑤ 「と[助詞]~라고」+「ゆふ[4]→ゆう(言う・云う・謂う)[5]말하다」+「て」+「く(来)[カ変]오다」의 命令形 「こい」.

⇨ 안에 계시면 찾아뵙겠다고 안내를 청합니다 라고 이야기하고 와라

〈捷改1,2앞〉----------

✦うちに御[ご]さらは、さんしませうとゆうてこい。
(안히계시면 오려ᄒ더라니ᄅ고오라)

○「内」+「に」+「御座る」(未然形)+「ば」+「さんず(参ず)[サ変]'가다・오다'의 겸양어」+「ます[助動겸양・정중]+「む[助動추량・의지]→「う」+「と」+「言う」+「て」+「来」(命令形). 이를 해석하면 <안에 계시면 찾아뵙겠다고 이야기하고 와라>로 원간본에 비해 내용이 한층 명확해졌다.

〈捷原1,2앞〉

❑御[ご]ねんころな①御[お]つかいてこそ御[ご]され②。
(御念比ᄒ御使ㅣ옵도쇠)

① 「ご(御)[接頭존경・겸양・정중의 뜻을 보탬」+「ねんごろ(懇ろ)[形動]진심을 다함. 열심히 함. 정성스러운 모양. 친절함. 공손함. 친밀함」의 連体形 「ねんごろな」. 이 부분은 <한글역>이「念比」로 되어있는데 <원간본> 1권 말미에 「念比」에 대해 「極盡之意」라는 추가 설명이 붙어있다. 참고로

「극진(極盡)」은 〈표준국어대사전〉에 「'극진하다'의 어근」으로 풀이되어 있으며, 같은 사전에 「극진하다」는 형용사로서 「어떤 대상에 대하여 정성을 다하는 태도가 있다」의 뜻으로 풀이되어 있다.

② 「お(御)[接頭]존경·겸양·정중의 뜻을 보탬」+「つかひ→つかい(使い·遣い)[名]전갈하는 것(사람). 심부름(꾼). 사자(使者)」(〈한글역〉은 「御使」인데 〈표준국어대사전〉에 〈어사(御使)〉는 '임금의 심부름을 하는 관리를 이르던 말. 주로 당상관 이상의 벼슬에서 임명되었다'로 풀이되어 있다)+「だ[助動]단정·지정」의 連用形「で」+「こそ[係助詞]뜻을 강하게 함」(문말은 已然形)+「ござる(御座る)[4]~입니다」의 已然形「ござれ」(앞의 〈こそ〉에 호응).

⇨ 극진하신 사자(使者)이십니다.

〈捷改1,2뒤〉----------

◆[客]御[ご]ねんころな御[お]つかいて御[ご]さる。
(御念比ᄒᆞᆫ御使ㅣ옵도쇠)

○「御」+「懇ろ」(連体形)+「御」+「使い」+「だ」(連用形)+「御座る」. 원간본에 쓰인 係助詞「こそ」가 삭제되어 문말형식 제한이 사라졌다. 나머지는 원간본과 같다.

〈捷原1,2앞〉

▢さて①めてたいくたりてこそ御[ご]され②。
(어와아롬다이오옵시도쇠)

① 「さて[感]그렇다 해도. 아무튼. 참」.

② 「めでたし[形ク]→めでたい[形]호감이 가다. 훌륭하다. 경하할만하다. 기쁘다」의 連體形(본문은 〈めでたき〉가 아니라 〈めでたい〉로 되어 있어서 현대일본어와 같은 형태의 활용이다)+「くだり(下・降・行・件・条)①내려오(가)는 것. 내려오(가)는 길이나 흐름 ②문장으로 기술된 한 부분. 단. 앞서 기술한 사항」+「だ[助動]단정・지정」의 連用形「で」+「こそ[係助詞] 뜻을 강하게 함」+「ござる(御座る)[4]~입니다」의 已然形「ござれ」(앞의 〈こそ〉에 호응).

⇨ 참으로 기쁜 내려오심입니다.

〈捷改1,2뒤〉----------

◆さて御(お)くたりなされましてめでたう御[ご]さる。
(어와오옵시니아롬답ᄉ외)

○「さて」+「お(御)[接頭]존경・겸양・정중」+「くだる(下る・降る)[4]내려오다」(連用形)+「なさる(為さる)[下2]하시다」(連用形)+「まする[助動]겸양・정중」+「て」+「めでたし」(ウ音便)+「御座る」. 이를 해석하면 〈참으로 내려오셔서 기쁘옵니다〉. 어순에 변화가 있으며 〈원간본〉에 쓰인 係助詞「こそ」가 삭제되었다.

〈捷原1,2앞〉

❏うちにいまるするほとに①、はんすしゆ②もとうたう③さしられて④御[ご]され⑤。
(안히잇ᄉ오니 判事네도 同道ᄒ야오쇼셔)

①「うち(內)안. 내부. 집」+「に[助詞]~에」+「ゐる→いる(居る)[上1]있다. 머물다」의 連用形「ゐ」+「まるする[助動]겸양・정중」의 連體形「まるする」+「ほ

どに(程に)[接助]①~하면. ~하는 사이에 ②원인·이유. ~이므로」.
② 본문의「はんすしゆ」는 이에 대한 〈한글역〉이「判事네」인 점을 고려할 때「判事」+「しゆ(衆)①수많은 사람. 사람이 많은 것 ②다른 말 아래에 붙여서 그에 해당하는 복수(複數)의 사람에게 가벼운 경의(敬意)나 친밀감을 나타내는 말」로 봐야겠다. 그런데『広辞苑』에 등재된「はんす(半使·判事)」는 그 뜻이「고려차완(高麗茶碗)의 일종. 붉은빛을 띤 백토에 담홍색의 둥근 아롱무늬가 불규칙하게 나타난 것. 조선사절의 통역관(判使)이 일본에 전한 것이라고 한다」여서 뜻이 통하지 않는다. 여기에서 주목되는 것은 통역관에「判使」를 병기하고 있는 점인데, 다만『広辞苑』이나『日本国語大辞典』, 그리고〈표준국어대사전〉에「判使」는 표제어로 등재되어 있지 않다. 참고로 일본어에서「判」은「ハン」(呉·漢音)「使」는「シ」(呉·漢音)로 읽는다. 한편「判事」는「はんじ」로 읽으며『広辞苑』에서「①율령제에서 소송의 심리나 판결을 관할한 관리 ②하급재판소 재판관의 관직 이름」으로 풀이되어 있다. 마시막으로「판사(判事)」는 〈표준국어대사전〉에「①고려 시대에, 재상이 겸임하던 삼사(三司)와 상서육부의 으뜸 벼슬 ②고려 시대에, 사헌부(司憲府)·통례문 따위에 둔 삼품 벼슬 ③조선 시대에, 동녕부(東寧府)·의금부 따위에 둔 종일품 벼슬. 돈령부와 중추부, 의금부의 버금 벼슬이다 ④조선 후기에, 법부에 속한 관직」으로 풀이되어 있다. 이하 본문의「はんす」는「判事(はんす) : 판사. 통역관」으로 풀이하겠다.
③「も[助詞]」+「どうだう→どうどう(同道)함께 가는 것. 동행. 동반」.
④ 본문의「さしられて」는「さしらる」의 連用形「さしられ」+「て」로 풀이된다. 그런데「さしらる」는 사전에 등재되지 않은 말로서 이는「さしゃる」가 변화한 형태로 봐야겠다.「さしゃる」는 동사(4·下2)로 쓰일 경우에는「す(為)[サ変]하다」의 존경어이고, 助動詞로 쓰일 때는 '~하시다'의 뜻이다.

이하 「さしゐる：①[4・下2]하시다 ②[助動]~하시다」로 기술한다.
⑤ 「ござる(御座る)[4](존경어)계시다. 오시다. 가시다」의 命令形 「ござれ」.

⇨ 안에 있으므로 판사(통역관)들도 동행하여 오십시오

〈捷改1,3앞〉----------
◆うちにいまするほとに、みなみな御[ご]とうたうなされて御[お]いてなされませい。
(안히잇ᄉ오니 대되同道ᄒ여오쇼셔)

○「內」+「に」+「居る」(連用形)+「まする[助動]겸양・정중」+「ほどに」+「みなみな(皆皆)거기에 있는 그 일에 관련된 모든 사람(일)」+「ご(御)[接頭]존경・겸양・정중」+「同道」+「なさる(為さる)[下2]하시다」(連用形)+「て」+「おいで(御出)'오다・가다・있다'의 존경어」+「なさる(為さる)[下2](連用形)+「まする[助動]겸양・정중」(命令形). 이를 해석하면〈안에 있으므로 모든 분이 동행하셔서 오십시오〉. 내용은 비슷하지만 개수본의 일본어가 원간본에 비해 다소 이해하기 쉽게 느껴진다.

〈捷原1,2뒤〉

▫たいくわんとももⓘひとところにこそ②いまるする③。
(代官들도ᄒ고대잇ᄉ니)

① 「だいくわん→だいかん(代官)대관」+「ども(共)[接尾]~들」+「も[助詞]~도」.
② 「ひとところ(一所・一処)어떤 장소. 같은 곳. 한 분」+「に[助詞]」+「こそ[係助詞]뜻을 강하게 함」(문말은 已然形).
③ 「ゐる[上1]→いる(居る)[上1](움직이는 것이 한 장소에 존재한다는 뜻)있다」의 連用形「い」+「まする[助動]겸양・정중」(앞의〈こそ〉에 호응한다

면 已然形인 〈まるすれ〉가 와야 함).

⇨ 대관들도 바로 한곳에 있습니다.

〈捷改1,3앞〉----------

◆たいくわんちうもひとところにいまする。
(代官中도흔곧에읻습닉).

○「代官」+「ちゅう/ぢゆう→じゅう(中)①[名]중. 사이 ②[接尾]그 가운데 모두」+「も」+「一所」+「に」+「居る」(連用形)+「まする[助動]겸양·정중」. 원간본에 쓰인 係助詞「こそ」가 삭제됨. 해석하면 〈모든 대관도 한곳에 있습니다〉.

〈捷原1,2뒤〉

❏めてたう御[ご]さる①これ②あから③しられ④。
(아름답ᄉ외여긔오ᄅ읍소)

① 「めでたし[形ク]→めでたい[形]호감이 가다. 훌륭하다. 경하할만하다. 기쁘다」의 連用形「めでたく」의 音便形「めでたう」+「ござる(御座る)[4]①(존경어)계시다. 오시다. 가시다 ②(정중어)있습니다 ③~입니다」.
② 「これ(此·是·之·惟)[代]이것. 이사람. 여기. 나」(〈これ〉는 앞에 제시한 말을 재차 언급하는 용법도 있다).
③ 「あがる(上がる·揚がる·挙がる·騰る)[4]올라가다. 들어가다」의 未然形「あがら」.
④ 본문의 「しられ」는 「しらる」의 命令形으로 풀이된다. 「しらる」는 사전에 등재되지 않은 말인데 「しゃる」의 다른 형태로 봐야겠다. 「しゃる」는

「せらる」가 변한 助動詞인데 근세 교토(京都)・오사카(大阪)에서 쓰인 말이다. 이는 4단이나 ナ変동사의 未然形에 접속하여 '존경'의 뜻을 나타낸다. 이하 「しらる[助動]~하시다」로 기술한다.

⇨ 경사스럽습니다. 이리 오르십시오.

〈捷改1, 3뒤〉----------

◆めてたう御[ご]さるこれゑあからしやれませい。
(아름답스외 여긔오로옵소)

○「めでたし」(ウ音便)＋「御座る」＋「これ」＋「へ[助詞]방향」＋「上がる」(未然形)＋「しゃる[助動]존경」(連用形)＋「まする[助動]겸양・정중」(命令形). 문맥에 맞게 助詞가 보완되었으며, 助動詞의 교체와 추가로 대우표현이 보다 치밀해졌다.

〈捷原1,2뒤〉

❏まつ①ろくに②いとらしられ③。
(아직편히안줍소)

① 「まづ→まず(先ず)[副]다른 것이나 사태보다 앞서는 모양을 나타냄. 먼저. 우선. 아무튼. 대개」. 이에 대해 첩해신어 전체를 통해 「아직」으로 대역하는데, 〈표준국어대사전〉의 「아직」에 대한 「어떤 일이나 상태 또는 어떻게 되기까지 시간이 더 지나야 함을 나타내거나, 어떤 일이나 상태가 끝나지 아니하고 지속되고 있음을 나타내는 말」과 같은 풀이를 볼 때 부적합한 대역어라고 할 수 있겠다.

② 「ろくに(陸に・碌に)[副]충분히. 만족스럽게. 잘」. 또는 「らく(楽)[形動]편안하다. 기분 좋다. 쉽다」의 連用形 「らくに」를 잘못 표기한 것일 수도 있

겠다.
③ 「ゐどる→いどる(居取る)[4]자리를 차지하다. 앉아있다」의 未然形 「いどら」
   ＋「しらる[助動]~하시다」의 命令形 「しられ」.

⇨ 우선 편안히 앉으십시오.

〈捷改1,3뒤〉----------

◆まつ御[ご]へいさなされませい。
   (아직편히안습소)

○「先ず」＋「ご(御)[接頭]존경・겸양・정중」＋「へいざ(平座・平坐)편안히 앉는 것. 책상다리로 앉는 것」＋「なさる(為さる)[下2]하시다」(連用形)＋「まする[助動]겸양・정중」(命令形). 이를 해석하면〈우선 평좌하십시오〉. 한자어를 사용함으로써 원간본의 애매함을 해소했다고 할 수 있겠다.

〈捷原1,3앞〉

▫われわかかて①まいたれとも②、はしめても御[ご]さり③、またわしよしんなものちやほとに④、
   (나는소임으로왓습거니와 처음이옵고 쏘는칭소흔거시오니)

① 「われ(我・吾)[代]①(1인칭)나. 저 ②너. 그쪽」＋「は[助詞]」(『첩해신어』에는 〈わ〉로 표기됨. 이하 같음)＋「かかる(掛かる・懸かる・架かる・繋かる・係る)[4]걸리다. 맡기다. 의지하다. 관계하다. 착수하다」의 音便形 「かかつ」(『첩해신어』에는 促音(つ)이 표기되지 않는다)＋「て」. 일본어의 해석이 용이하지 않다.

② 「まゐる[4]→まいる(参る)[5]궁중이나 신분이 높은 사람이 있는 곳으로

가다. 궁중에 출사하다」의 音便形「まいつ」+「たり[助動]완료・존속」의 已然形「たれ」+「ども[助詞]역접」.
③「はじめて(始めて・初めて)[副]새로이. 처음. 첫 번째. 이윽고. 비로소」+「も[助詞]」(현대일본어라면 〈でも〉가 기대됨)+「ござる(御座る)[4]①(존경어)계시다. 오시다. 가시다 ②(정중어)있습니다 ③~입니다」의 連用形「ござり」.
④「また(又・亦・復)[副]다시. 같이. 달리. 또한. 게다가」+「は[助詞]」+「しょしん(初心)[形動]초심. 세상물정에 익숙하지 않은 것(사람). 미숙함」의 連体形「しょしんな」+「もの(者)자. 사람」+「ぢゃ→じゃ[助動](〈である〉의 준말인 〈であ〉가 변한 말)~다」+「ほどに(程に)[接助]①~하면. ~하는 사이에 ②원인・이유. ~이므로」.

⇨ 저는 관계하여 왔습니다만, 처음이기도 하고 게다가 미숙한 사람이므로.

〈捷改1, 4앞〉----------

◆[主]わたくしわやくてまいりましたれとも、はしめてて御[ご]さり、そのうゑふこうなものて御[ご]さるほとに、
(나는 소임으로 왓숩거니와 처음이옵고 그외예싱소흔거시오니)

○「わたくし(私)[代]저」+「は」+「やく(役)직무. 관직. 역할. 임무」+「で[助詞]~로」+「参る」(連用形)+「まする[助動]겸양・정중」(連用形)+「たり」(已然形)+「ども」+「初めて」+「だ[助動]단정・지정」(連用形)+「御座る」(連用形)+「そのうへ(其の上)[接続]그에 덧붙여서. 게다가」+「ふかう→ふこう(不行)[形動]행실이 바르지 않은 것. 품행이 나쁜 것」(連体形)+「者」+「だ[助動]」(連用形)+「ござる(御座る)[4]~입니다」+「ほどに」. 이를 해석하면 〈저는 임무로 왔습니다만 처음이고 게다가 행실이 나쁜 사람이므로〉.

〈捷原1,3앞〉

❏ おのおのの^①うつとしうおもわしられうか^②、きつかいまるするほとに^③、
(各各답답이너기실가 氣遣ᄒ오니)

① 「おのおの(各・各各)[①[名]각각. 각자 ②[代](對稱)여러분」+「の」[助詞]주격」.
② 「うつとし(鬱陶し)[形シク]마음이 개운치 않다. 울적하다. 시끄럽다. 성가시다. 거추장스럽다」의 連用形 「うつとしく」의 音便形 「うつとしう」+「おもふ[4]→おもう(思う・想う・憶う・念う)[5]생각하다. 판단하다. 느끼다. 바라다. 예상하다. 결심하다. 걱정하다」의 未然形 「おもわ」+「しらる[助動]~하시다」의 未然形 「しられ」+「む[助動]추량・의지・완곡」→「う」+「か[助詞]의문・질문」.
③ 「きづかふ[4]→きづかう(気遣う)[5]걱정하다. 우려하다. 배려하다」의 連用形 「きづかい」+「まるする[助動]겸양・정중」+「ほどに(程に)[接助]①~하면. ~하는 사이에 ②원인・이유. ~이므로」. 이 부분은 〈한글역〉이 「氣遣」으로 되어있는 점이 특징적인데 〈원간본〉 1권 말미에 이에 대해 「憂慮之意」라는 추가 설명이 붙어있다. 참고로 「우려(憂慮)」는 〈표준국어대사전〉에 「근심하거나 걱정함. 또는 그 근심과 걱정」의 뜻으로 풀이되어 있다.

⇨ 여러분이 시원찮게 생각하실까 걱정하므로,

〈捷改1,4뒤〉----------

◆ おのおのきのとくにおほしめしませうと、きつかいにそんしまする。
(各各민망히너기실가 근심ᄒᆞ옵닉)

○ 「各各」+「の」+「きのどく(気の毒)[形動]곤란하다. 부끄럽다. 불쌍하다. 동

정하다」(連用形)+「おぼしめす(思し召す)[4]생각하시다. 여기시다」(連用形)+「まする[助動]겸양·정중」+「む」→「う」+「と[助詞]~라고」+「きづかひ→きづかい(気遣い)걱정. 우려. 근심」+「に[助詞]」+「ぞんず(存ず)[サ変]'생각하다·알다'의 겸양어」(連用形)+「まする[助動]겸양·정중」. 이를 해석하면〈여러분이 곤란하게 생각하시겠지 하고 걱정스럽게 생각합니다〉.

〈捷原1,3뒤〉

❏まんしに①御[おん]ひきまわせお②たのみはかりて御[ご]さる③。
(萬事의두로쓰리시믈미들ᄯᅡ름이옵도쇠)

① 본문의「まんし」는〈한글음주〉가「만시」이므로「まんじ」일 텐데「ばんじ」로 봐야겠다.「ばんじ(万事)만사. 모든 일」+「に[助詞]」. 참고로「万」은 呉音이「マン」漢音이「バン」이다.
② 「おん(御)[接頭]존경·겸양·정중의 뜻을 보탬」+「ひきまはし→ひきまわし(引回し·引廻し)[名]돌보아 지도하는 것」(본문의 〈-셰〉는 미상)+「を[助詞]」.
③ 「たのむ(頼む·恃む·憑む)[4]기대다. 믿다. 위탁하다. 맡기다」(뒤에 놓인 〈ばかり〉를 고려하면 連体形인〈たのむ〉가 쓰여야 하는데 連用形인〈たのみ〉가 쓰인 이유는 미상)+「ばかり(許り)[助詞](체언이나 용언의 連体形에 접속)~만. ~뿐」+「だ[助動]단정·지정」의 連用形「で」+「ござる(御座る)[4]①(존경어)계시다. 오시다. 가시다 ②(정중어)있습니다 ③~입니다」.

⇨ 만사에 이끌어주심을 부탁할 따름입니다.

〈捷改1,4뒤〉----------

◆はんし御[お]ひきまわしう御[お]たのみ申[もうし]まする。
(萬事두루쓰리심을미덛숩닉)

○「万事(ばんじ)」+「御」+「引回し」(본문에서는 〈-しう〉인데 〈ひきまわし〉는 形容詞가 아니므로 이러한 활용은 이해하기 어렵다. 〈ひきまわしを〉를 잘못 표기한 것일 수도 있겠다)+「お(御)[接頭]존경·겸양·정중」+「頼む」(連用形)+「まうす[4]→もうす(申す)[5]아뢰다. 하다(겸양)」(連用形)+「まする[助動]겸양·정중」. 이를 해석하면 〈만사에 이끌어주심을 부탁드립니다〉.

〈捷原1,3뒤〉

❏しぎ①のあいさつながら②、御[おん]ことはせつか③ききことてこそ御[ご]され④。
(인ᄉ댱의말슴이어니와 말슴겻치들엄즉ᄒ외)

① 「じぎ(辞宜·辞儀)머리를 숙여서 인사하는 것. 인사. 인사말. 사양하는 것. 삼가는 것」 또는 「じぎ(時宜)딱 좋은 때. 때에 맞는 인사. 예의에 맞는 인사」. 후자를 택한다면 「시의적절한 인사」로 해석할 수 있겠다.

② 「の[助詞]」+「あいさつ(挨拶)인사. 응답. 대답. 사교적인 대응. 중재. 소개. 교제」+「ながら(乍ら)[助詞]앞선 상태가 이어지는 모습. ~채로. ~하면서. ~인데」.

③ 「おん(御)[接頭]존경·겸양·정중의 뜻을 보탬」+「ことば(言葉·詞·辞)말. 언어. 말투」+「せつ(節)마디. 구절」+「か[助詞]」.

④ 「ききごと(聞事)들을만한 값어치가 있는 것」+「だ[助動]단정·지정」의 連

用形「で」+「こそ[係助詞뜻을 강하게 함」+「ござる(御座る)[4]~입니다」의 已然形「ござれ」(앞의 〈こそ〉에 호응).

⇨ 인사로 하는 응대인데 말씀 구절이 정말 들을 만합니다.

〈捷改1, 5앞〉----------

◆[客]しきのあいさつて御[ご]さろうか、御[ご]もつともなおおせられやうて御[ご]さりまする。
(인스쟝의말숨이어니와 맏당히니ㄹ시는 양이로소이다)

○「辞宜」+「の」+「挨拶」+「だ[助動단정·지정」(連用形)+「ござる(御座る)[4]~입니다」(未然形)+「む[助動추량·의지」→「う」+「が[助詞」+「ごもっとも(御尤)[形動상대를 공경하여 그 말하는 내용이 이치에 합당하다는 것을 나타내는 말」(連体形)+「おほせらる[下2]→おおせられる(仰せられる)[下1]명령하시다. 말씀하시다」(連用形)+「やう→よう(様)모습. 방법」(〈言(い)い様(よう)〉는 '말투. 말씨'의 뜻)+「だ[助動단정·지정」(連用形)+「御座る」(連用形)+「まする[助動겸양·정중」. 이를 해석하면 〈인사로 하는 응대이시겠지만 지당하신 말씀 방식이십니다〉가 된다.

〈捷原1, 4앞〉

▢われにたのましらることわ①はりさきなり②、
(우리게미 두시는 일은 바늘 긋 티오)

① 「われ(我·吾)[代①(1인칭)나. 저 ②너. 그쪽」+「に[助詞」+「たのむ(頼む·恃む·憑む)[4]기대다. 믿다. 위탁하다. 맡기다」의 未然形「たのま」+「しる[助動존경」+「こと(事)일」+「は[助詞」.
② 「はり(針·鍼)바늘」+「さき(先·前)끝. 앞」+「なり[助動단정·지정」의 連用形

「なり」. 참고로 「針(はり)の先(さき)で突(つ)いた程(ほど)」는 직역하면 '바늘 끝으로 찌른 정도'인데 이는 극히 적은 것에 대한 비유로 쓰는 말이다.

⇨ 저에게 부탁하시는 것은 바늘 끄트머리이고,

〈捷改1,5뒤〉----------

◆しかしなからわたくしにたのましやることわはりのさきほとて、
(그러커니와우리게미두시と일은바늘끝만ᄒ고)

○「しかしながら(然しながら・併しながら)[接續]그러나. 하지만」+「わたくし(私)[代]저」+「に」+「頼む(未然形)」+「しゃる[助動]~하시다」(連用形)+「事」+「は」+「針」+「の」+「先」+「ほど(程)정도」+「だ[助動]단정・지정」(連用形). 이를 해석하면〈그렇지만 저에게 부탁하시는 일은 바늘 끄트머리 정도이고〉.

〈捷原1,4앞〉

❏これよりたのむことわ①やまのことくて御[こ]さろうほとに②、
(이러로셔미들일은뫼ᄀᆞᆺᄌᆞ올거시니)

① 「これ(此・是・之・惟)[代]이것. 여기. 이쪽. 이사람. 나」+「より[助詞]①동작・장소・시간의 起點. ~부터 ②동작이 이루어지는 경유지. ~을 지나 ③비교의 기준. ~보다」+「たのむ(頼む・恃む・憑む)[4]기대다. 믿다. 위탁하다. 맡기다」의 連体形「たのむ」+「こと(事)것. 일」+「は[助詞]」.

② 「やま(山)산」(정도가 심한 것의 비유로 쓰임)+「の[助詞]」+「ごとし(如し)[助動]~와 같다. ~와 닮았다」의 連用形「ごとく」+「だ[助動]단정・지정」의 連用形「で」+「ござる(御座る)[4]~입니다」의 未然形「ござら」+「む[助動]추량・의지・완곡」→「う」(〈ござらう〉는 [ゴザロー]로 읽으며 표기도 이에

따라 〈ござろう〉로 바뀌었다)+「ほどに(程に)[接助]①~하면. ~하는 사이에 ②원인·이유. ~이므로」.

⇨ 이쪽에서 부탁하는 것은 산과 같을 테니,

〈捷改1,5뒤〉----------

✦このはうより御[お]たのみ申[もうす]ことわやまのことくて御[ご]さろうほとに,
 (이러로셔미들일은뫼ᄀᆞᄌᆞ올거시니)

○「この(此の·斯の)[連体]이」+「はう→ほう(方)쪽. 편」+「より」+「お(御)[接頭 존경·겸양·정중」+「頼む」(連用形)+「まうす[4]→もうす(申す)[5]아뢰다. 하다(겸양)」(連体形)+「事」+「は」+「山」+「の」+「如し」(連用形)+「だ」(連用形)+「御座る」(未然形)+「む」→「う」+「ほどに」. 이를 해석하면 〈이쪽에서 부탁드리는 것은 산과 같을 테니〉. 원간본과 대동소이하지만 개수본 쪽에서 대우표현이 잘 갖추어져 있다는 인상을 강하게 받는다.

〈捷原1,4앞〉

❑御[おん]こころつけお①たのむて御[ご]さる②。
 (무음브티시믈미더숩닉)

① 「おん(御)[接頭존경·겸양·정중의 뜻을 보탬」+「こころづけ(心付け)배려. 주의. 충고」+「を[助詞]」.
② 「たのむ(頼む·恃む·憑む)[4]기대다. 믿다. 위탁하다. 맡기다」+「だ[助動] 단정·지정」의 連用形 「で」+「ござる(御座る)[4]~입니다」.

⇨ 배려하심을 부탁하는 것입니다.

〈捷改1,6앞〉----------

◆御[お]こころおそゑられくたされませい。
(모음을븥쳐주쇼셔)

○「お(御)[接頭]존경·겸양·정중」+「こころ(心)마음. 뜻」+「を[助詞]」+「そふ[下2]→そえる(添える·副える)[下1]더하다. 덧붙이다」(未然形)+「らる[助動]수동·존경」(連用形)+「くださる[下2]→くだされる(下される)[下1]주시다」(連用形)+「まする[助動]겸양·정중」(命令形). 이를 해석하면〈마음을 덧붙여 주십시오〉. 참고로「心添(こころぞ)え」는 '부모의 마음을 담은 주의(꾸지람). 정성이 깃든 충고'의 뜻이며 원간본에 쓰인「心付(こころづ)け」와 비슷한 말이다. 이 문장은 개수본 역시 이해가 쉽지 않다.

〈捷原1,4뒤〉

❏まつこなたのまゑのまるわ①御[ご]ねんころにおしらるほとに②、きおのはし③まるしたか④、
(아직자니네앏흔극진이니르시니 뜻을펴거니와)

① 「まづ→まず(先ず)[副]먼저. 우선. 아무튼. 대개」+「こなた(此方)[代]이쪽. 이 사람. 저. 당신. 이래. 이후. 그보다 이전」+「の[助詞]」+「まへ→まえ(前)앞. 정면. 이전」(또는〈~の前〉의 꼴로 형식명사처럼 쓰여서, 이미 알고 있다는 것을 나타내는 말을 받아서 그것에 합치하거나 그대로라는 뜻을 나타냄.〈~대로다〉와 같은 용법도 있다)(〈-ゑ〉는 정서법에 어긋남)+「は[助詞]」. 이는 해석이 매우 어려운데, 「우선 이쪽(당신)의 앞은」 또는 「아무튼 이전에는」 정도가 있겠지만 확실치 않다.

② 「ご(御)[接頭]존경·겸양·정중의 뜻을 보탬」+「ねんごろ(懇ろ)[形動]정성스러운 모양. 친절함. 공손함. 친밀함」의 連用形「ねんごろに」+「おしらる

[下2](〈おほせらる〉의 준말 〈おせらる〉가 바뀐 말)말씀하시다」(문법적으로는 連体形인 〈おしらるる〉가 쓰여야 함)+「ほどに(程に)[接助]①~하면. ~하는 사이에 ②원인·이유. ~이므로」.

③ 이는 「気(き)を伸(の)ばす」(〈のばし〉는 連用形)인 것으로 보이는데 이러한 관용표현은 사전에 등재되어 있지 않다. 「気(き)」는 「정신. 마음. 생각」의 뜻이고 「伸(の)ばす」는 「기르다. 펼치다. 펴다. 늘리다」의 뜻임을 고려하면 '뜻대로 하다' 정도로 풀이할 수 있겠다. 그런데 한국어의 관용구인 「기를 펴다」를 그대로 일본어로 직역한 형태로도 볼 수 있다는 점에서 흥미롭다.

④「まるする[助動]겸양·정중」+「た[助動]과거·완료」+「が[助詞]역접」.

⇨ 어떻든 이전에는 지성으로 말씀하셔서 기를 폈습니다만.

〈捷改1,6앞〉----------

◆[主]まつ御[ご]ねんころな御[お]あいさつおうけたまわりまして、あんしんいたしましたか、
(아직극진ᄒᆞ신인ᄉ쟝을듣즙고 安心ᄒᆞ거니와)

○「先づ」+「御」+「懇ろ」(連体形)+「お(御)[接頭]존경·겸양·정중」+「あいさつ(挨拶)인사」+「を[助詞]」+「うけたまはる[4]→うけたまわる(承る)[5]삼가 받다. 삼가 듣다」(連用形)+「まする[助動]겸양·정중」(連用形)+「て」+「あんしん(安心)안심」+「いたす(致す)[4]'하다'의 겸양어」(連用形)+「まする[助動]겸양·정중」(連用形)+「た」+「が」. 이를 해석하면 〈우선 깍듯하신 인사를 받잡아서 안심했습니다만〉.

〈捷原1,4뒤〉

❏ また①そさ②かたゑわ③、いかかおほしあるやら④、こころにかかるほとに⑤、
(쏘送使다히셔는 엇디녀길디 ᄆᆞ음의걸리오니)

① 「また(又·亦·復)[副]다시. 같이. 달리. 또한. 게다가」.

② 본문의 「そさ」는 이에 해당하는 말을 사전에서 찾을 수 없다. 『첩해신어』에서는 이를 「送使」로 對譯하고 있는데 이는 『広辞苑』이나 〈표준국어대사전〉에는 등재되지 않은 말이다. 그런데 네이버를 통해 제공되고 있는 〈한국한자어사전〉에는 「송사(送使)」가 '외국에 사신을 보냄. 또는 그 보낸 사신'으로 풀이되어 있다. 한편 「送」은 일본한자음이 「ソウ」(漢音), 「使」는 「シ」(呉·漢音)이므로 이 역시 본문의 「そさ」와는 맞지 않는다. 이하 「そさ」에 대해서는 「そさ(送使)송사」와 같이 풀이하겠다.

③ 「かた(方)쪽. 편」(〈한글음주〉를 보면 〈소상가다〉이므로 〈가다〉인데 이는 連濁. 또는 〈がた(方)[接尾]존경의 뜻을 담아 복수(複數)를 나타냄. ~님들〉의 가능성도 있다)+「へ[助詞]~에. ~에게」(『첩해신어』에서는 이를 〈ゑ〉로 표기함)+「は[助詞]」.

④ 「いかが(如何)[副]어떻게. 어째서」+「おぼし(思し)[名]생각하시는 것」(〈한글음주〉가 〈오보시〉이므로 〈おぼし〉겠지만 만일 清音인 〈おほし〉라면 〈おほす(仰す)[4]명령하다. 하명하다. 말씀하시다〉의 運用形으로서 名詞의 쓰임 즉 '말씀'으로 풀이될 가능성도 있을 듯싶다)+「あり(有り)[ラ変]있다」의 連体形 「ある」+「やら[助詞](어떤 일에 대해 불확실한 생각을 품고 있다는 것을 나타냄)~인지. ~든지」.

⑤ 「心(こころ)に懸(か)かる[관용]어떤 일이 걱정스러워서 생각이 떠나지 않다. 마음에 걸리다」+「ほどに(程に)[接助]①~하면. ~하는 사이에 ②원인·

이유. ~이므로」.

⇨ 또한 송사 쪽에게는 어찌 생각(말씀) 있을지 마음에 걸리므로,

〈捷改1,6뒤〉-----------

◆またそさしゆゑわ、なにふんにおほしめしませうかと、こころかかりにそんしまするほとに、
(쪼送使들으게셔는 엇지너길지 무음의걸리오니)

○「また」+「送使」+「しゅ(衆)①수많은 사람. 사람이 많은 것 ②다른 말 아래에 붙여서 그에 해당하는 복수(複數)의 사람에게 가벼운 경의(敬意)나 친밀감을 나타내는 말」+「へ」+「は」+「なに(何)어떤. 무슨」+「ぶん(分)부분. 영역. 정도. 모습」+「に[助詞]」+「おぼしめす(思し召す)[4]생각하시다. 여기시다」(連用形)+「まする[助動]겸양・정중」+「む[助動]추량・의지」→「う」+「か[助詞]의문・질문」+「と[助詞]~라고」+「こころがかり(心掛・心懸)[形動]마음에 걸리는 것. 걱정. 근심」(連用形)+「ぞんず(存ず)[サ變]'생각하다'의 겸양어」(連用形)+「まする[助動]겸양・정중」+「ほどに」. 이를 해석하면〈또한 송사들에게는 어떤 식으로 생각하실까 하고 걱정스럽게 생각하므로〉.

〈捷原1,5앞〉

❏おのおのそさかたゑつれて御[ご]さて①、まんしおとりないて②、
(자네네送使의 두려가셔 萬事를 쥬션 호야)

①「おのおの(各・各各)①[名]각각. 각자 ②[代](對稱)여러분」(문맥상 〈の[助詞]〉가 빠진 것으로 볼 수 있음)+「そさ(送使)송사」+「かた(方)쪽. 편」+「へ[助詞]~에. ~에게」+「つる[下2]→つれる(連れる)[下1]동행하다. 이끌다」의

連用形「つれ」+「て」+「ござる(御座る)」[4](존경어)계시다. 오시다. 가시다」의 連用形「ござり」의 音便形「ござっ」(促音은 표기되지 않음)+「て」.

② 「ばんじ(万事)만사. 모든 일」(〈捷原1,3뒤〉풀이 참조)+「を[助詞]」+「とりなす(執り成す・取り成す)[4]꾸미다. 잘 처치하다. 판단하다. 이해하다. 중재하다. 주선하다. 수습하다. 화해시키다. 달래다」의 連用形「とりなし」의 音便形「とりない」(イ音便)+「て」.

⇨ 여러분의 송사 쪽으로 이끌고 가셔서 만사를 중재해서.

〈捷改1,7앞〉----------

◆ おのおのそさしゆゑ御[お]つれなされて、はんしおとりなしなされまして、
(자네닉送使들의게ᄃᆞ려가셔 萬事을쥬션ᄒᆞ셔)

○「各各」+「送使」+「しゅ(衆)~들」+「へ」+「お(御)[接頭존경・겸양・정중]」+「連れる」(連用形)+「なさる(為さる)[下2]하시다」(連用形)+「て」+「万事」+「を」+「取り成す」(連用形)+「なさる(為さる)[下2]」(連用形)+「まする[助動]겸양・정중」(連用形)+「て」. 이를 해석하면 〈여러분의 송사들에게 이끄셔서 만사를 중재하셔서〉. 개수본에서는 존경형식인 「お+動詞(連用形)+なさる」가 활발하게 사용되고 있다.

〈捷原1,5앞〉

❏ われらしょしんお①あらわれんやうに②たのみたうこそ御[ご]され③。
(나의칭소를나타나디아닐양으로미덧ᄉᆞ오니)

① 「われら(我等)[代]우리들. 나. 너희들」(문맥상 〈の[助詞]〉가 생략된 것)+「しょしん(初心)[形動]초심. 미숙함」+「を[助詞]」.

② 「あらはる[下2]→あらわれる(現れる・顕れる・表れる)[下1]드러나다. 밝혀지다. 들키다」의 未然形「あらはれ」+「ず[助動부정]」의 連体形「ぬ」→「ん」+「やうだ→ようだ(様だ)[助動](주로 連用形으로 써서)행동의 기준이 되는 방법, 상황, 형태나 목적을 나타냄」의 連用形「やうに」.

③ 「たのむ(頼む・恃む・憑む)[4]기대다. 믿다. 위탁하다. 맡기다」의 連用形「たのみ」+「たし→たい[助動]화자의 바람, 희망」의 連用形「たく」의 音便形「たう」(ウ音便) → 「とう」+「こそ[係助詞]뜻을 강하게 함」+「ござる(御座る)[4]~입니다」의 已然形「ござれ」(앞의 〈こそ〉에 호응).

⇨ 우리의 미숙함을 드러나지 않도록 부탁하고 싶은 것입니다.

〈捷改1, 7뒤〉----------

◆わたくしのふてうはうのあらわれんやうに御[お]たのみ申[もうし]まする。
(나의칭소가나타나지아일양으로미덜습늭)

○「わたくし(私)[代]저」+「の[助詞]」+「ぶてうはふ→ぶちょうほう(無調法・不調法)부족함. 요령이 없는 것. 과실. 잘못」+「の[助詞주격]」+「現れる」(未然形)+「ず」→「ん」+「様だ」(連用形)+「お(御)[接頭]존경・겸양・정중」+「頼む」(連用形)+「まうす[4]→もうす(申す)[5]아뢰다. 하다(겸양)」(連用形)+「まする[助動]겸양・정중」. 이를 해석하면〈제 요령 없음이 드러나지 않도록 부탁드립니다〉.

〈捷原1, 5뒤〉

❏まことにこんにちわ①、はしめて御[ご]ねんころお②たのみにして③、
　(진실로오늘은 처음으로극진ᄒ시믈미더)

① 「まことに(真に·実に·誠に)[副]정말로. 거짓 없이. 매우」+「こんにち(今日)오늘. 현재. 요사이」+「は[助詞]」.
② 「はじめて(始めて·初めて)[副]새로이. 처음. 첫 번째. 이윽고. 비로소」+「ねんごろ(懇ろ)[形動]정성스러운 모양. 친절함. 공손함. 친밀함」의 語幹「ねんごろ」+「を[助詞]」.
③ 「たのみ(頼·恃·憑)[名]부탁하는 것. 기대」+「に[助詞]」+「す(為)[サ変]하다」의 連用形「し」+「て」.
➪ 참으로 오늘은 처음으로 깍듯하심을 의지 삼아서,

〈捷改1, 7뒤〉----------

◆まことにこんにちわ、はじめて御[お]めにかかりましたところに御[ご]こんいにあまゑまして、
(진실노今日은 쳐음으로뵈옵는딕극진ᄒ시믈미더)

○「まことに」+「今日」+「は」+「初めて」+「お(御)[接頭]존경·겸양·정중」+「め(目)눈」+「に[助詞]」+「かかる(掛かる)[4]걸리다」(〈お目にかかる〉의 형태로 '보다·만나다'의 겸양표현)+「まする[助動]겸양·정중」(連用形)+「た[助動]과거·완료」+「ところに(所に)[助詞]~하면. ~했는데」+「ご(御)[接頭]」+「こんい(懇意)친절한 마음. 정성껏 대접하는 마음」+「に[助詞]」+「あまゆ[下2]→あまえる(甘える)[下1]달콤하다. 친한척하다. 어리광부리다. 기대다. 부끄러워하다」(連用形)+「まする[助動]겸양·정중」(連用形)+「て」. 이를 해석하면〈참으로 오늘은 처음 뵈었는데 친절하심에 기대어서〉.

〈捷原1,5뒤〉

□わかおもうことお①ひかいなしに②、こう申[もうす]ほとに③、
(내싱각혼일을졈치디아니코 이리슬오니)

① 「わが(我が・吾が)[連体]나의. 자신의」+「おもふ[4]→おもう(思う)[5]생각하다」의 連体形「おもう」+「こと(事)것. 일」+「を[助詞]」.
② 본문의「ひかい」는「ひかへ→ひかえ(控・扣)[名]가로막는 것. 미루는 것. 절제하는 것. 사양하는 것. 미리 준비하는 것. 대기하는 것」이 변한 말로 봐야겠다. 여기에「なしに(無しに)[連語]~없이. ~없는데」가 이어짐.
③ 「かう→こう(斯う)[副]이렇게. 이처럼」+「まうす[4]→もうす(申す)[5]'말하다・고하다'의 겸양어. 부탁드리다」의 連体形「もうす」+「ほとに(程に)[接助]①~하면. ~하는 사이에 ②원인・이유. ~이므로」.

⇨ 내가 생각하는 것을 거리낌 없이 이렇게 아뢰니.

〈捷改1,8앞〉----------

◆わかままなことおひかゑなしに、かやうに申[もうし]ますほとに、
(내싱각혼일롤멈치지아니코 이리슬오니)

○「わがまま(我儘)[形動]제멋대로 행동하는 것. 마음껏 으스대는 것」(連体形)+「事」+「を」+「ひかえ」+「なしに」+「かやう→かよう(斯様)[形動]이처럼. 이와 같이」(連用形)+「申す」(連用形)+「ます[助動]겸양・정중」(이처럼〈まする〉뿐만 아니라〈ます〉도 개수본에 사용되었다)+「ほとに」. 이를 해석하면〈방자한 일을 거리낌 없이 이처럼 아뢰오니〉.

〈捷原1, 6앞〉

❏ なんほう①むてうはうと②おもわしられうおしりなから③、
(언머 無調法이녀기시믈 알건마는)

① 「なんぼう(何ぼう)[副]①어느 정도. 꽤. 너무. 아무리 ②상식의 정도를 넘은 어떤 사태에 대해 놀라워하는 뜻을 나타냄. 어찌. 어디까지. 정말로. 심하게」.

② 이는 일단 「む(無)[接頭]한자어 名詞 위에 붙여서 그것이 존재하지 않거나 그 상태가 없다는 뜻을 나타냄」+「てうはう→ちょうほう(調法)①조사하거나 고려하거나 하는 것. 깊이 생각하는 것. 잘 생각하여 적절하게 처리하는 것 ②갖추는 것. 준비하는 것. 궁리하는 것」+「と[助詞]~라고」로 분석할 수 있겠다. 이 부분은 〈한글역〉이 「無調法」으로 되어있는 점이 특징적인데 〈원간본〉 1권 말미에 「無調法」에 대해 「서어탸말이라」와 같은 추가 설명이 붙어있다. 참고로 「서어(齟齬/鉏鋙)하다」는 〈표준국어대사전〉에 '①틀어져서 어긋나다. ②익숙하지 아니하여 서름서름하다. ③뜻이 맞지 아니하여 조금 서먹하다'의 뜻으로 풀이되어 있다. 한편 「無調法」는 「ぶてうはふ→ぶちょうほう」로 읽으며 '부족함. 요령이 없는 것. 과실. 잘못」의 뜻이다. 아래에 제시하는 〈개수본〉에서도 「無」를 「ぶ」로 읽고 있다.

③ 「おもふ[4]→おもう(思う)[5]생각하다」의 未然形 「おもわ」+「しらる[助動]~하시다」의 未然形 「しられ」+「む[助動]추량·의지·완곡」→「う」+「を[助詞]」+「しる(知る)[4]알다」의 連用形 「しり」+「ながら(乍ら)[助詞]앞선 상태가 이어지는 모습. ~채로. ~하면서. ~인데」.

⇨ 참으로 요령 없다고 생각하실 줄 알면서,

〈捷改1,8뒤〉----------

◆なにほとふてうはうとおもわしやれうとも、
(언머無調法이너기살여니와)

○「なにほど(何程)[副]어느 정도. 얼마나」+「ぶてうはふ→ぶちょうほう(無調法・不調法)부족한 것. 요령이 없는 것. 잘못. 과실」+「と」+「思う(未然形)+「しゃる[助動]~하시다」+「む」→「う」+「とも[助詞]역접의 가정조건. 비록 ~해도. ~라도」. 이를 해석하면〈아무리 요령 없다고 생각하시더라도〉.

〈捷原1,6앞〉

❏あまりとはうなく①申[もうす]ことちゃほとに②、ゆるさしられ③。
(하無斗方ᄒ여숣는일이오니 샤ᄒ옵소)

① 「あまり(余)[副]①과도하게. 너무나 ②그다지. 별로」+「とはうなし[形ク]→とほうない(途方無い)[形]어떻게 하면 좋을지 방법을 못 찾는 모양. 터무니없다. 비할 바 없다」의 連用形「とはうなく」. 한편 이에 대한 한글 대역은「無斗方」인데 이는 한일 모두 사전에 등재되지 않은 말이다. 참고로 일본어로「無」는「ム(呉音)・ブ(漢音)」,「斗」는「ト(관용음)・トウ(漢音)」,「方」은「ハウ→ホウ(呉・漢音)」로 읽는다.〈원간본〉1권 말미에「無斗方」에 대해「의지업단말이라」와 같은 추가 설명이 붙어있다.

② 「まうす[4]→もうす(申す)[5]'말하다・고하다'의 겸양어. 부탁드리다」의 連体形「もうす」+「こと(事)것. 일」+「ぢゃ→じゃ[助動]〈である〉의 준말인〈であ〉가 변한 말)~다」+「ほどに(程に)[接助]①~하면. ~하는 사이에 ②원인・이유. ~이므로」.

③ 「ゆるす(許す・赦す・聴す)[4]느슨하게 하다. 경계심을 풀어주다. 사면하다. 면제하다. 인정하다. 승낙하다」의 未然形「ゆるさ」+「しらる[助動]~하

시다」의 命令形 「しられ」.

⇨ 너무나 얼토당토않게 말씀드리는 것이니 용서하십시오.

〈捷改1,8뒤〉----------

◆ゆるさつしやれい。
(이리슬오니샤ᄒᆞᆸ소)

○「許す」(未然形)+「しゃる」(助動~하시다」(命令形). 두 말 사이에 促音이 들어간 이유는 확실치 않으나 「さつしゃる」 역시 존경의 뜻을 나타내는 助動詞이므로 혼동이 있었던 것으로 볼 수 있겠다. 한편 원간본의 앞부분 내용이 모두 생략되고 〈용서하십시오〉만이 남았다.

〈捷原1,6뒤〉

▢これほど①たいせつかましい②おしられすとも③、こなたはしめてのことちやものに④、
(이대도록거ᄅ기니ᄅ디아니셔도 자네처엄일이신거시니)

① 「これほど」(是程)이 정도. 이만큼. 이렇게까지」.
② 「たいせつ(大切)[形動]매우 중요한 것. 소중함. 공손하게 다루는 모양」의 語幹 「たいせつ」+「がまし[接尾]체언·부사 또는 동사의 連用形 따위에 접속하여 形容詞를 만든다. ~인 것 같다. ~듯하다」(문법적으로는 連用形인 〈がましく〉나 그 音便形인 〈がましう〉가 기대되는 부분이다).
③ 「おしらる[下2](〈おほせらる〉의 준말 〈おせらる〉가 바뀐 말)말씀하시다」의 未然形 「おしられ」+「ず」[助動부정」의 終止形 「ず」+「とも[助詞]역접의 가정조건. 비록 ~해도. ~라도」.

④ 「こなた(此方)[代]이쪽. 이 사람. 저. 당신. 그쪽」+「はじめて(始めて・初めて)[副]새로이. 처음. 첫 번째」+「の[助詞]」+「こと(事)것. 일」+「ぢや→じや[助動](〈である〉의 준말인 〈であ〉가 변한 말)~다」+「もの(者・物)사람. 것」+「に助詞~이니」.

⇨ 이렇게까지 소중한 듯 말씀하시지 않더라도 그쪽은 처음 하는 일인 것이니.

〈捷改1,9앞〉----------

◆ [客]それほとにおおくらましうおおせられすとも、そなたはしめてのことて御[ご]さるにより、
(그대도록거르기니ㄹ지아니셔도 자ᄂㅣ처음일이시니)

○「それほど(其程)[副]그 정도로. 그렇게」+「に[助詞]」+「おおくらましう」(활용한 형태를 보면 形容詞로 봐야겠지만 어떤 말인지 확실치 않다. 그런데 〈捷改1,4뒤〉의 〈ひきまわしう〉의 경우를 보면 動詞의 가능성 역시 배제하기 어렵겠다. 그렇다면 〈おお(大)[接頭]많은. 큰. 몹시. 마지막〉+〈くらます(暗ます・晦ます)[4]숨기다. 감추다. 속이다〉일 수도 있겠지만 미상)+「おほせらる[下2]→おおせられる(仰せられる)[下1]명령하시다. 말씀하시다」(未然形)+「ず」+「とも」+「そなた(其方)[代]그쪽. 당신」+「初めて」+「の」+「事」+「だ[助動]단정・지정」(連用形)+「ござる(御座る)[4]~입니다」+「に[助詞]」+「よる(因る・由る・拠る・依る)[4]~에 의거하다. 근거하다」(〈~により〉의 형태로 '~에 의해. ~이므로'의 뜻). 「おおくらましう」의 뜻을 모르므로 해석이 불가능하지만 일단 〈그렇게 과장되게 말씀하시지 않더라도 그쪽은 처음 하는 일이므로〉 정도로 처리해두겠다.

〈捷原1,6뒤〉

❏たいくわんともか①、御[お]とも申[もう]さいんてわ②かなわんしきてわ御[ご]さるか③、
(代官들히 모시디아냐는 못홀일이어니와)

① 「たいくわん→だいかん(代官)대관」+「ども(共)[接尾]~들」+「か[助詞]~이/가」.
② 「おとも(御供・御伴)따라서 가는 것(사람)」+「まうす[4]→もうす(申す)[5]① 아뢰다 ②〈する〉의 겸양어. ~해 올리다」의 未然形「まうさ」+「いで[助詞] (동사나 조동사의 未然形에 이어져서 부정하는 뜻을 나타내며, 문을 거기에서 끊지 않고 아래로 잇는다)~하지 않고서」(일반적으로는 〈いで〉 또는 〈んで〉의 형태)+「は[助詞]」.
③ 「かなふ[4]→かなう(適う・叶う)[5]적합하다. 들어맞다. 바람대로 되다. 필적하다. 감당하다. 견뎌내다」의 未然形「かなは」+「ず[助動부정]」의 連体形「ぬ」→「ん」+「じぎ(時儀・時議)그 때나 장면의 정황, 상태, 조건에 대응한 판단이나 처리의 방식」+「だ[助動단정・지정]」의 連用形「で」+「は[助詞]」+「ござる(御座る)[4]~입니다」의 連体形「ござる」+「か[助詞]역접」.

➪ 대관들이 함께 하지 않아서는 가당치 않은 처사입니다만.

〈捷改1,9뒤〉----------

◆たいくわんちうか、御[お]ともないわ申[もうし]ませうか、
(代官中이 훈가지로가기노호오려니와)

○「代官」+「ちゅう/ぢゆう→じゅう(中)①[名]중. 사이 ②[接尾]그 가운데 모두」+「が」+「お(御)[接頭]존경・겸양・정중」+「ともなひ→ともない(伴い)동반하는 것. 동반자. 일행」+「は[助詞]」+「まうす[4]→もうす(申す)[5]아뢰다. 하다(겸양)」(連用形)+「まする[助動겸양・정중]」+「む[助動추량・의지]」→「う」

+「が」. 이를 해석하면 〈모든 대관이 동반은 하겠습니다만〉.

〈捷原1,7앞〉

□こなたひとり御[ご]さても①、しきのあいさつ②のころ③ところなし④。
(자네혼자가셔도 인ᄉ댱의낫븐듸업ᄉ니)

① 「こなた(此方)[代]이쪽. 이 사람. 저. 당신. 그쪽」+「ひとり(一人・獨)한 사람. 혼자」+「ござる(御座る)[4](존경어)계시다. 오시다. 가시다」의 連用形「ござり」+「ても[助詞]~해도」(〈한글음주〉가 〈오샤떼모〉인 것을 볼 때 〈ござっても〉와 같이 促音便이 발생한 것으로 풀이해야겠다).
② 「じぎ(辞宜・辞儀)머리를 숙여서 인사하는 것. 인사. 인사말. 사양하는 것. 삼가는 것」(또는 〈じぎ(時宜)딱 좋은 때. 때에 맞는 인사. 예의에 맞는 인사〉)+「の[助詞]」+「あいさつ(挨拶)인사. 응답. 대답. 사교적인 대응. 중재. 소개. 교제」.
③ 「の[助詞]」+「ころ(頃・比)때. 무렵. 시기」. 그런데 본문의 「のころ」는 〈개수본〉에서는 「のこる」로 바뀌어있다. 그렇다면 이를 간단히 「のこる(残る・遺る)[4]남다. 유감스러운 점이 있다」로 볼 수 있겠지만, 〈한글역〉이 「인ᄉ댱의」인 점이 걸린다. 즉 「の[助詞]」+「こる」로 볼 가능성도 있다는 것인데 「こる」로 읽는 말에는 「こる(凝る)[4]한 곳에 모여들다. 응고하다. 얼어붙다. 푹 빠지다. 열중하다. 몰두하다. 공들이다」정도가 있어서 문맥상 통하지 않는다. 또한 문법적 형태를 무시한다면 「こる(懲る)[下2]질리다. 지긋지긋해하다. 진저리가 나다」도 들 수 있겠다. 어느 쪽이건 석연치 않다.
④ 「ところなし[所無し][形ク]빈틈이 없다. 여지가 없다」또는 「ところ(所・処)곳. 부분. 상황」+「なし(無し)[形ク]없다」.

⇨ 그쪽이 혼자 가시더라도 인사로 하는 응대에 유감인 부분이 없다.

〈捷改1,9뒤〉----------

◆そなたひとり御[ご]ざっても、しきのあいさつのこるところも御[ご]ざらぬにより、
(자닉혼자가셔도 인ᄉ쟝의남분듸업ᄉ오니)

○「そなた(其方)[代]그쪽. 당신」+「一人」+「御座る」(音便形)+「ても」+「辞宜」+「の」+「挨拶」+「のこる(残る・遺る)[4]남다. 유감스러운 점이 있다」+「ところ(所)곳. 부분」+「も[助詞]」+「ござる(御座る)[4]있습니다. 계시다」(未然形)+「ず[助動]부정」(連体形)+「に[助詞]」+「よる(因る・由る・拠る・依る)[4]~에 의거하다. 근거하다」(〈~により〉의 형태로 '~에 의해. ~이므로'의 뜻). 이를 해석하면 〈그쪽 혼자 가셔도 인사로 하는 대응이 유감인 부분도 없으므로〉 정도가 되겠다.

〈捷原1,7앞〉

❏そさかたも①たいめんならば②、きとくにおもわるるわ③そんしまゑちやほどに④、
(送使싀對面ᄒ면 奇特이너기믄아눈얇피니)

① 「そさ(送使)송사」+「かた(方)쪽. 편. 분」+「も[助詞]~도」.
② 「たいめん(対面)대면. 면회」+「なり[助動]단정・지정」의 未然形「なら」+「ば[助詞]가정조건」.
③ 「きとく(奇特)[形動](옛날에는 〈きどく〉)매우 진기한 것. 뛰어난 것. 기특함. 장함」의 連用形「きとくに」+「おもふ[4]→おもう(思う)[5]생각하다」의 未然形「おもわ」+「る[助動]수동・존경」의 連体形「るる」+「は[助詞]」.
④ 「ぞんじ(存じ)알고 있는 것. 생각하고 있는 것」+「まへ→まえ(前)(〈~の

前〉의 꼴로 형식명사처럼 쓰임)이미 알고 있다는 것을 나타내는 말을 받아서 그것에 합치하거나 그대로라는 뜻을 나타냄. ~대로다」(〈-ゑ〉는 정서법에 어긋남)+「ぢゃ→じゃ[助動](〈である〉의 준말인 〈であ〉가 변한 말)~다」+「ほどに(程に)[接助]①~하면. ~하는 사이에 ②원인·이유. ~이므로」.

⇨ 송사 쪽도 대면한다면 장하게 생각하실 것은 이미 알고 있는 일이 므로.

〈捷改1, 10앞〉----------

◆そさしゆゑたいめんさっしやれたらは、きとくにおもわるるて御[ご]さろうほとに、
 (送使의 對面ᄒ면 奇特이너기올거시니)

○「送使」+「しゅ(衆)~들」+「ヘ[助詞]」+「対面」+「さっしゃる[4·下2]하시다」(連用形)+「たり[助動]단정·완료」(未然形)+「ば」+「奇特」(連用形)+「思う」(未然形)+「る」(連体形)+「だ[助動]단정·지정」(連用形)+「ござる(御座る)[4]~입니다」+「む[助動]추량·의지」→「う」+「ほどに」. 이를 해석하면 〈송사들에게 대면하신다면 장하게 생각하실 테니〉.

〈捷原1, 7뒤〉

▢こちの①こころもちて②そゑるところわ③、ありそむなうこそ御[ご]されとも④、御[お]ともこそしまるすれ⑤。
(우리의뜻으로보댈바ᄂᆞᆫ 이실둣아니ᄒᆞ건마ᄂᆞᆫ 모시기란ᄒᆞ오리)

① 「こち(此方)[代]이쪽. 나. 우리」+「の[助詞]」.
② 본문의 「こころもちて」는 〈한글음주〉가 「고고로모지떼」이므로 「こころも

ち(心持)마음의 상태. 마음가짐. 기분」+「だ[助動단정·지정]의 連用形「で」의 가능성보다는「こころ(心)마음. 생각」+「もちて(以て)~으로. ~에 의해」로 보는 편이 타당하겠다. 후자라면 사이에「を[助詞]」가 들어가겠다.

③「そふ[下2]→そえる(添える·副える)[下1]더하다. 보태다. 따르게 하다. 가까이 들이다」의 連体形「そふる」(본문의〈そゑる〉는 古典文法에서 보면 틀린 형태이며, 現代語로 보더라도 정서법에 어긋난다)+「ところ(所·処)곳. 바. 상황」+「は[助詞]」.

④「あり(有り)[ラ変]있다」의 連用形「あり」+「そむない[連語](〈そうもない〉가 변한 말)동사의 連用形에 접속하여 그 동작을 하려는 모양이 없다는 뜻을 나타냄. ~할 것 같지도 않다」의 連用形「そむなく」의 音便形「そむなう」+「こそ[係助詞뜻을 강하게 함]」+「ござる(御座る)[4]~입니다」의 已然形「ござれ」+「ども[助詞]역접」.

⑤「おとも(御供·御伴)따라서 가는 것(사람)」+「こそ[係助詞뜻을 강하게 함]」(문말은 已然形)+「す(為)[サ変]하다」의 連用形「し」+「まるする[助動]겸양·정중」의 已然形「まるすれ」(앞의〈こそ〉에 호응).

⇨ 이쪽의 생각으로써 보탤 일은 있을 것 같지 않습니다만, 함께는 하겠습니다.

〈捷改1, 10뒤〉----------

◆このはうのこころおそゑるところわ、御[ご]さりまするまいなれとも、御[ご]とうしんわいたしませい。
(우리의뜯을보탤바ᄂᆞᆫ 읻지아니ᄒᆞ오려니와 ᄒᆞᆫ가지로가기ᄂᆞᆫ ᄒᆞ오리)

○「この(此の·斯の)[連体이]」+「はう→ほう(方)쪽. 편」+「の」+「心」+「を[助詞]」+「添える」+「所」+「は」+「ござる(御座る)[4]있습니다」(連用形)+「まする[助

動겸양·정중」+「まい[助動]부정의 추량·의지」+「なり[助動]단정·지정」(已然形)+「ども」+「ご(御)[接頭]존경·겸양·정중」+「どうしん(同心)함께 일을 하는 것. 일을 돕는 것. 편드는 것. 함께 가는 것」+「は[助詞]」+「いたす(致す)[4]하다(겸양)」(連用形)+「ませい」(본문의 〈ませい〉는 命令形이다. 문맥상〈ませう〉의 잘못으로 보인다). 이를 해석하면〈이쪽의 생각을 덧붙일 부분은 있지 않겠지만 동행은 하겠습니다〉.

〈捷原1,8앞〉

❏せんと①のなかもとりふねのひんに②、にはん③つくそき④か⑤、といさき⑥にひよりおまつと⑦申[もうし]きたほとに⑧、
(先度中歸船便의 二番特送이 豊崎셔日吉利롤기드리더라닐러와시니)

① 〈한글음주〉가「센도」이므로「ぜんど(前度)지난번. 전회(前回). 이전」로 봐야겠다. 그런데 이에 대한〈한글역〉은「先度」다.「先度」는〈표준국어대사전〉에 등재되지 않은 말인데 일본어에서는「せんど」로 읽으며「아까. 요사이. 지난번」의 뜻이다. 또한「전도(前度)」역시〈표준국어대사전〉에서 확인되지 않는다.

② 「の[助詞]」+「なか(中·仲)안. 가운데」+「もどりぶね(戾船)짐이나 손님을 태우고 목적지에 내려준 후에 원래 항구로 돌아가는 배」(참고로〈なかもどり(中戾)도 '도중에 돌아오는(가는) 것'의 뜻으로 사전에 등재되어 있다)+「の[助詞]」+「びん(便)편」+「に[助詞]」.

③ 「にばん(二番)2번. 두 번째」.

④ 본문의「つくそぎ」는 일본 사전에 등재되지 않은 말이다.〈한글역〉의「特送」역시 일본 사전에 등재되어 있지 않으며,「특송(特送)」은〈표준국어대사전〉에서 찾을 수 없다. 그런데 국립국어원의〈우리말샘〉(https:

//opendic.korean.go.kr)에는 「특송(特送)」이 「빠른 시간 안에 물건을 배달함」으로 풀이되어 있으며, 한편으로 「특송사(特送使) : 조선 시대에, 일본 국왕이나 대마도주(對馬島主)가 특별히 조선에 파견하던 사신」과 「특송선(特送船) : 조선 시대에, 일본 대마도에서 세견선 이외에 특별히 보내던 배」도 〈우리말샘〉에서 확인되므로 『첩해신어』의 「特送」의 뜻을 미루어 짐작할 수 있겠다. 그런데 일본어에서 「特」은 「トク」(漢音)나 「ドク」(呉音)로 읽고 「送」은 「ソウ」(漢音)로 音読하므로, 이를 「つくそぎ」로 읽은 것은 우리말로 읽은 고유명사를 가나(仮名)로 소리 나는 대로 비슷하게 옮겨놓은 것으로 보는 편이 타당할 수 있겠다. 이하 「つくそぎ(特送) : 특송」으로 풀이하겠다.

⑤ 「が[助詞]~이/가」.

⑥ 본문은 「といさき」로 되어 있으나 〈한글역〉에 「豊崎」로 되어 있는 것을 볼 때 「とよさき」를 잘못 읽은 것으로 봐야겠다. 이는 地名이다.

⑦ 「に[助詞]~에서」+「ひより(日和)해상의 (좋은) 날씨. 맑은 날씨. 어떤 일을 하기에 적합한 날씨」+「を[助詞]」+「まつ(待つ・俟つ)[4]기다리다」+「と[助詞]~라고」. 이 부분은 〈한글역〉이 「日吉利」로 되어있는 점이 특징적인데 『첩해신어』 1권 말미에 「日吉利」에 대해 「日氣之謂也」라는 추가 설명이 붙어있다.

⑧ 「まうす[4]→もうす(申す)[5]'말하다・고하다'의 겸양어. 부탁드리다」의 連用形 「もうし」+「く(来)[力変]오다」의 連用形 「き」+「た[助動]과거・완료」+「ほどに(程に)[接助]원인・이유. ~이므로」.

⇨ 먼젓번 가운데 돌아오는 배편에 2번 특송이 도이사키에서 적당한 날씨를 기다린다고 아뢰어 왔으므로,

〈捷改1,11앞〉----------

◆[客]さきころのなかもとりふねのひんに、にとくそうしか、とよさきにひよりおまつておると申[もうし]てまいつたゆゑ、
(先此中歸船便의 二特送使가 豊崎셔日吉利를기드리드라닐너왇기예)

○「さきごろ(先頃)요전. 지난번」+「の」+「中」+「戻船」+「の」+「便」+「に」+「に(二)2」+「とくそうし(特送使)특송사」+「が」+「豊崎(とよさき)」+「に」+「日和」+「を」+「待つ」(音便形)+「て」+「をり[ラ変→おる(居る)[4]있다」+「と」+「申す」(連用形)+「て」+「まゐる[4]→まいる(参る)[5]'오다・가다'의 겸양어」(音便形)+「た」+「ゆゑ→ゆえ(故)이유. 원인. 연고」. 이를 해석하면 〈일전의 중도 귀환선 편에 이특송사가 도요사키에서 적당한 날씨를 기다리고 있다고 아뢰어 온 고로〉.

〈捷原1,8앞〉

□けうわ①わたりさうなくもいきてもあり②、かせも③ようふいたほとに④、
(오늘은건넘즉호구롬가기도잇고 브롬도됴히부러시니)

① 「けふ→きょう(今日)오늘」+「は[助詞」.
② 「わたる(渡る・渉る)[4]건너다. 도항하다」의 連用形「わたり」+「さう→そう[接尾]상태의 추량. ~일 것 같다. ~로 보이다」의 連体形「さうな」+「くもゆき(雲行)구름이 움직이는 모양. 날씨 상황」(본문은 〈ーい―〉인데 이는 〈行〉을 달리 읽은 것으로 봐야겠다)+「だ[助動]단정・지정」의 連用形「で」+「も[助詞]」+「あり(有り)[ラ変]있다」의 連用形「あり」(〈~であり〉는 〈~だ〉).
③ 「かぜ(風)바람」+「も[助詞]~도」.
④ 「よう(善う・良う・能う)[副]〈よく〉의 音便]충분히. 상세히. 능숙하게. 잘. 매우. 흔히. 종종」+「ふく(吹く・噴く)[4]불다」의 音便形「ふい」+「た[助動]과

거·완료」+「ほどに(程に)[接助]원인·이유. ~이므로」.

➪ 오늘은 건널 법한 날씨기도 하고 바람도 좋게 불었으므로,

〈捷改1, 11뒤〉----------

◆けうわわたしてきさうなくもいきても御[ご]さりまする。かせもようふきまするゆゑ、
(오늘은건너왐즉흔구롬가기도일고 바람도죠히부럼기예)

○「今日」+「は」+「わたす(渡す·済す)[4]건네다. 보내다」(連用形)+「て」+「く(來)[力變]오다」(連用形)+「さう」(連体形)+「雲行」+「だ」(連用形)+「も」+「ござる(御座る)[4]~입니다」(連用形)+「まする[助動]겸양·정중」. 「風」+「も」+「よう」+「吹く」(連用形)+「まする[助動]겸양·정중」+「ゆゑ→ゆえ(故)이유. 원인. 연고」. 이를 해석하면 〈오늘은 건네올 듯싶은 날씨이기도 합니다. 바람도 잘 부는 고로,〉.

〈捷原1, 8뒤〉

▫たふん①ふねかまいるほとに②とうみ③にとわしられ④。
(多分비가올거시니遠見의무러보옵소)

① 「たぶん(多分)[副]대개. 대략. 십중팔구. 아마」. 이 부분은 〈한글역〉이 「多分」으로 되어있는 점이 특징적인데 〈원간본〉 1권 말미에 「多分」에 대해 「거의란말이라」와 같은 추가 설명이 붙어있다. 참고로 「거의」는 〈표준국어대사전〉에 '어느 한도에 매우 가까운 정도로'의 뜻으로 풀이 되어 있다.

② 「ふね(船·舟·槽)배. 선박」+「が[助詞]」+「まゐる[4]→まいる(参る)[5]궁중이나 신분이 높은 사람이 있는 곳으로 가다. 궁중에 출사하다. 도착하다」

의 連体形「まいる」+「ほどに(程こ)[接助]①~하면. ~하는 사이에 ②원인·이유. ~이므로」(이는 〈ほど(程)사이. 무렵. 경〉+〈に助詞〉의 가능성 역시 있겠다. 이 경우에는 '대략 배가 올 무렵에'로 해석할 수 있다).

③ 이는「とほみ→とおみ(遠見)①멀리 둘러보는 것 ②망보는 것(사람)」의 잘못으로 풀이해야겠다. 이 부분은 〈한글역〉이「遠見」인데 앞의「多分」과 마찬가지로 1권 말미에 이에 대해「候望軍之稱」이라는 추가 설명이 붙어있다. 참고로「후망(堠望)」은 〈표준국어대사전〉에 '높은 곳에 올라가 멀리 살펴보며 경계함'의 뜻으로 풀이되어 있다.

④ 「に助詞」+「とふ[4]→とう(問う·訪う)[5]묻다. 질문하다」의 未然形「とわ」+「しらる[助動]~하시다」의 命令形「しられ」.

⇨ 아마 배가 올 테니 망꾼에게 물으십시오.

〈捷改1, 12앞〉----------

◆さためてふねかまいりませうほとにとうみにあかつてみさつしやれませい。
(일졍빙가올거시니 遠見의올나보읍소)

○「さだめて(定めて)[副]분명히. 틀림없이. 필시」+「船」+「が」+「參る」(連用形)+「まする[助動]겸양·정중」(未然形)+「む[助動]추량·의지」→「う」+「ほどに」+「遠見」+「に」+「あがる(上がる)[4]올라가다」(音便形)+「て」+「みる(見る)[上1]보다」(未然形)+「さっしゃる[助動]~하시다」(連用形)+「まする[助動]겸양·정중」(命令形). 이를 해석하면〈틀림없이 배가 올 테니 망루에 올라서 보십시오〉.

〈捷原1,8뒤〉

❏さてわ①そうて御[ご]さるか②。
 (어와그러ᄒ온가)

① 「さては : ①[副]그런 상태로는. 이대로는 ②[接続]그밖에. 게다가. 그런가, 그렇다면. 그러면. 분명 ③[感動]그러고 보면. 그럼」.
② 「さう→そう(然う)[副]그렇게. 그런」+「だ[助動]단정·지정」의 連用形「で」+「ござる(御座る)[4]~입니다」+「か[助詞]의문·질문」.

⇨ 그럼. 그러십니까.

〈捷改1,12뒤〉----------

◆[主]さてわそうて御[ご]さるか。
 (어와그러ᄒ온가)
○「さては」+「然う」+「だ」(連用形)+「御座る」+「か」. 원간본과 일치한다.

〈捷原1,9앞〉

❏とうみのところゑわ①とうにおよはす②。
 (遠見의눈뭇디아니ᄒ여도)

① 「とほみ→とおみ(遠見)①멀리 둘러보는 것 ②망보는 것(사람)」+「の[助詞]」+「ところ(所·処)곳」+「へ[助詞]~에」+「は[助詞]」.
② 「とふ[4]→とう(問う·訪う)[5]묻다. 질문하다」의 連体形「とう」+「に[助詞]」+「およぶ(及ぶ)[4]미치다. 도달하다」의 未然形 「およば」+「ず[助動]부정」 (〈~に及ばず〉의 꼴로 '~을 할 수 없다·~할 필요가 없다'의 뜻).

⇨ 망꾼에게는 물을 필요 없다.

〈捷改1,12뒤〉----------
◆とうみにわあがらいても、
(遠見의논오ᄅ지아니ᄒ여도)
○「遠見」+「に[助詞]」+「は[助詞]」+「あがる(上がる)[4]올라가다」(未然形)+「いで[助詞]=ずに(부정)」+「も[助詞]」. 이를 해석하면 〈망루에는 올라가지 않더라도〉.

〈捷原1,9앞〉

▢みゑたらは①すなわち②、ふさんかい③よりこちに④、さうおおしらる⑤ほとに⑥、
(뵈면즉시 釜山浦로셔우리게 긔별을니르거시니)

① 「みゆ(見ゆ)[下2]→みえる(見える)[下1]보이다」의 連用形 「みえ」(〈-ゑ)는 정서법에 어긋남)+「たり[助動]완료・존속」의 未然形 「たら」+「ば[助詞]가 정조건」.
② 「すなはち→すなわち(即ち・則ち)[副]즉시. 곧바로. 즉」.
③ 본문의「ふさんかい」는〈한글역〉에「釜山浦」로 되어 있다.「釜山」은『日本国語大辞典』에서는「ふざん」이 표제어이며『広辞苑』에서는「プサン」이 표제어다.「釜」는 한자음으로는「フ」(漢音)이며「山」은「サン」(漢音)・「セン」(呉音)이다. 또한「浦」는 音으로는「ホ」(漢音)이고 訓은「うら」다. 따라서 본문에서「釜山」을「ふさん」으로 읽은 것은 문제가 없으나「浦」를「かい」로 읽은 것에 대해서는 논의의 여지가 있다. 일본어에서「かい」로 읽는 말은 적지 않은데 문맥을 고려하면「海」정도가 상정되지

만 여전히 확실치 않다. 참고로 『개수본』에는 이 부분이 「ふさんよりこのはうに」로 바뀌어있으며 그 〈한글역〉 역시 「釜山으로셔우리게」다.
④ 「より[助詞]①동작·장소·시간의 起點. ~부터 ②동작이 이루어지는 경유지. ~을 지나 ③비교의 기준. ~보다」+「こち(此方)[代]이쪽. 나」+「に[助詞]」.
⑤ 본문의 「さうおおしらる」는 두 가지로 풀이할 수 있겠다. 하나는 「さう→そう(然う)[副]그렇게. 그런」+「おほす→おおす(仰す)[下2]알리다. 명하다. 말씀하시다」의 未然形 「おほせ」(본문에 〈おおし〉로 쓰인 것은 미상)+「らる[助動]수동·존경」(본래는 連体形인 〈らるる〉가 쓰여야 함)로 보는 것이다. 또 하나는 「さう」+「を[助詞]」+「おしらる[下2](〈おほせらる〉의 준말 〈おせらる〉가 바뀐 말)말씀하시다」(본래는 連体形인 〈おしらるる〉가 기대됨)로 보는 것이다. 다만 후자의 경우 「さう」가 어떤 말인지가 문제로 남는데 〈한글음주〉가 「소우」로 되어 있으므로 「そう」로 읽는 말을 내용을 고려하여 찾아보면 「そう(奏)천자에게 아뢰는 것(문서)」나 「そう(総)모든 것. 전체」 그리고 「さう→そう(左右)좌우. 소식. 보습. 상황. 정보. 결정. 명령」를 들 수 있겠다. 이 가운데 歷史的仮名遣에서 「さう」로 쓰인 것은 「左右」뿐이고 뜻도 통하므로 이를 택하여 풀이하겠다. 마지막으로 〈원간본〉 제10권 말미에는 「左右ᄂᆞᆫ 긔별ᄒᆞ닷 말이라」와 같은 기술이 붙어있다는 점을 밝혀둔다.
⑥ 「ほどに(程に)[接助]①~하면. ~하는 사이에 ②원인·이유. ~이므로」.

⇨ 보이면 곧바로 부산에서 이쪽으로 소식을 말씀하실 테니,

〈捷改1, 12뒤〉----------
◆みゑたらはさつそく、ふさんよりこのはうに、さうかまいりませうほとに、
(뵈면즉시 釜山으로셔우리게 긔별이올거시니)
○「見ゆ」(連用形)+「たり」(未然形)+「ば」+「さつそく(早速)[副]곧바로. 신속히」

+「ふさん(釜山)부산」+「より」+「この(此の・斯の)[連体]이」+「はう→ほう(方)쪽. 편」+「に」+「左右」+「が[助詞]」+「まゐる[4]→まいる(参る)[5]'오다·가다'의 겸양어」(連用形)+「まする[助動]겸양·정중」+「む[助動]추량·의지」→「う」+「ほどに」. 이를 해석하면 〈보이면 곧바로 부산에서 이쪽으로 소식이 올 테니〉.

〈捷原1, 9앞〉

□ そこわ①ゆたん②あることてわおりない③。
(그는 油斷홀일은업亽오리)

① 「そこ(其処・其所)[代]그것. 그 점. 그 건. 그 상황」+「は[助詞]」.
② 「ゆだん(油斷)방심하여 주의를 게을리 하는 것. 부주의. 게으름」. 이 부분의 〈한글역〉이 「油斷」으로 되어있는 점이 특징적인데 1권 말미에 「油斷」은 「던득단말이라」라는 추가 설명이 있다. 「던득다」는 〈우리말샘〉에 「소홀하다'의 옛말」로 풀이되어 있으므로 문맥상 통한다. 이처럼 한글로 풀이할 말이 존재함에도 불구하고『첩해신어』에는 일본어가 〈한글역〉에 그대로 등장하는 경우가 앞선「無調法서어탄말이라」「多分거의란말이라」를 비롯해서 적지 않다. 이는 『첩해신어』의 일본어 교과서로서의 성격 때문인 것으로 이해할 수 있겠는데, 한편으로는 『첩해신어』가 일본어를 먼저 작성한 후에 그것을 한국어로 번역하는 순서로 성립되었을 가능성을 강하게 시사한다고 할 수 있겠다.
③ 「あり(有り)[ラ変]있다」의 連体形「ある」+「こと(事)것. 일」+「だ[助動]단정·지정」의 連用形「で」+「は[助詞]」(〈-では〉는 '~은/는')+「おりない : (①〈居[い]ない〉의 존경어 ②〈無[な]い〉의 정중어)없습니다. 아닙니다」.

⇨ 그것은 소홀함 있을 일은 아닙니다.

〈捷改1, 13앞〉----------

◆それわゆたんなき御[ご]さりません。
(그는 油斷홀 일은 업소오리)

○「それ(其・夫)[代]그것. 그때. 그곳」+「は」+「油斷」+「な」(앞의 〈油斷〉을 形容動詞로 취급한 듯싶다. 또는 格助詞 〈の〉가 변한 말일 수도 있다)+「ぎ(儀)예식. 사항. 일. 까닭」+「ござる(御座る)[4]있습니다」(連用形)+「まする[助動]겸양・정중」+「ず[助動]부정」→「ん」. 이를 해석하면 〈그것은 소홀할 까닭이 없습니다〉.

〈捷原1, 9뒤〉

❏たいくわんしゆゑ①しよかんおもつて申[もうす]わ②、
(代官네씌書簡을써니름은)

① 「だいくわん→だいかん(代官)대관」+「しゅ(衆)①수많은 사람. 사람이 많은 것 ②다른 말 아래에 붙여서 그에 해당하는 복수(複數)의 사람에게 가벼운 경의(敬意)나 친밀감을 나타내는 말」+「ヘ[助詞]~에게」.
② 「しょかん(書簡・書翰)서간. 서한. 편지」+「を[助詞]」+「もって(以て)(〈を[助詞]〉에 이어져서)수단이나 원인 등을 나타냄. ~로써. ~때문에」+「まうす[4]→もうす(申す)[5]'말하다・고하다'의 겸양어. 부탁드리다」의 連體形「もうす」+「は[助詞]」.

⇨ 대관들에게 서한을 가지고 아뢰기는,

〈捷改1, 13앞〉----------

◆[主]たいくわんしゆはうゑしよかんおもつて申[もうす]わ、
(代官네씌書簡을써니룸은)

○「代官」+「衆」+「はう→ほう(方)쪽. 편」+「へ」+「書簡」+「を」+「以て」+「申す」(連体形)+「は」. 이를 해석하면 〈대관들 쪽에 서한으로써 아뢰기는〉.

〈捷原1,9뒤〉

❏ただいま①とうみより②、おくに③にほんふねか④みゑると申[もうす]ほとに⑤、
(앗가遠見으로셔 안싸다히日本비다니르니)

① 「ただいま(只今·唯今)지금. 목하. 방금. 조금 전」.
② 「とほみ→とおみ(遠見)①멀리 둘러보는 것 ②망보는 것(사람)」+「より[助詞]동작·장소·시간의 起點. ~부터」.
③ 「おく(奧)안으로 깊이 들어온 곳. 안쪽」(참고로 〈개수본〉에는 「おき(沖)」로 바뀌어 있다)+「に[助詞]」.
④ 「にほん(日本)일본」+「ふね(船·舟·槽)배. 선박」+「か[助詞]」.
⑤ 「みゆ[下2]→みえる(見える)[下1]보이다」(〈-ゑ〉는 정서법에 어긋남)+「と[助詞]~라고」+「まうす[4]→もうす(申す)[5]'말하다·고하다'의 겸양어」의 連体形「もうす」+「ほどに(程に)[接助]①~하면. ~하는 사이에 ②원인·이유. ~이므로」.

➪ 지금 망꾼으로부터 안쪽에 일본 배가 보인다고 아뢰므로,

〈捷改1,13뒤〉―――――――

◆さきほととうみよりあんない申[もうし]まするわ、おきにふねかみゆると申[もうし]まするにより、
(앗가遠見으로셔案內슬오문 洋中에빅가뵌다니ᄅ오니)

○「さきほど(先程)조금 전. 아까」+「遠見」+「より」+「あんない(案內)안내. 문

의. 설명. 알림. 통지」+「まうす[4]→もうす(申す)[5]아뢰다. 하다(겸양)」(連用形)+「まする[助動 겸양·정중]」+「は[助詞]」+「おき(沖)먼 바다」+「に」+「船」+「が」+「見ゆ」(〈원간본〉과 달리 古語의 連体形인 〈みゆる〉가 쓰인 점이 특징적이다. 첨해신어를 통해 고어의 활용형이 쓰이는 경우가 간헐적으로 확인되는데 어떠한 표현효과가 있는 것인지를 포함해서 논의의 여지가 있는 것으로 보인다)+「と」+「申す」(連用形)+「まする[助動 겸양·정중]」+「に[助詞]」+「よる(因る·由る·拠る·依る)[4]~에 의거하다. 근거하다」(〈~により〉의 형태로 '~에 의해. ~이므로'의 뜻). 이를 해석하면 〈조금 전에 망꾼으로부터 통지 올리기는 먼 바다에 배가 보인다고 하므로〉.

〈捷原1, 10앞〉

□たふん①にはん②つそき③かまいりそうなほとに④、おのおのも⑤こころゑさしられ⑥。
(일명二番特送이오는가시브니 자네네도아읍소)

① 「たぶん(多分)[副]대개. 대략. 십중팔구. 아마」. 이에 대한 〈한글역〉은 〈捷原1,8뒤〉에서는 「多分」이었는데, 여기에서는 「일명」으로 되어 있다.
② 「にばん(二番)2번. 두 번째」.
③ 이에 대한 〈한글역〉을 참조하면 본문의 「つそぎ」는 「つくそぎ(特送): 특송」의 잘못으로 봐야겠다.
④ 「が[助詞]」+「まゐる[4]→まいる(参る)[5]궁중이나 신분이 높은 사람이 있는 곳으로 가다. 궁중에 출사하다. 도착하다」의 連用形「まゐり」+「さう→そう[接尾]상태의 추량. ~일 것 같다. ~로 보이다」의 連体形「さうな」+「ほどに(程に)[接助]①~하면. ~하는 사이에 ②원인·이유. ~이므로」.

⑤ 「おのおの(各・各各)①[名]각각. 각자 ②[代](對稱)여러분」+「も[助詞]~도」.
⑥ 「こゝろう[下2]→こゝろえる(心得る)[下1]취지를 이해하다. 납득하다. 알다. 조심하다. 주의하다」의 未然形「こゝろえ」(〈-ゑ)는 정서법에 어긋남)+「さしらる : ①[4・下2]하시다 ②[助動]~하시다」의 命令形「さしられ」.

⇨ 아마 2번 특송이 올 듯싶으니 여러분도 알아두십시오.

〈捷改1, 14앞〉----------

◆さためてにとくそうしかまいりませうほとに、おのおのもさやうにこゝろゑさつしやれい。
(일정二特送使ㅣ오ᄂᆞᆫ가시보오니 자ᄂᆡ네도그리아옵소)

○「さためて(定めて)[副]분명히. 틀림없이. 필시」+「に(二)2」+「とくそうし(特送使)특송사」+「が」+「参る」(連用形)+「まする[助動]겸양・정중」+「む[助動]추량・의지」→「う」+「ほどに」+「各各」+「も」+「さやう→さよう(然様・左様)[形動]그처럼. 그렇게」(連用形)+「心得」(未然形)+「さっしゃる[助動]~하시다」(命令形). 이를 해석하면〈틀림없이 2특송사가 올 테니 여러분도 그렇게 알아두십시오〉.

〈捷原1, 10앞〉

▫このふねわ①なにふねて御[ご]さるか②。
(이비ᄂᆞᆫ므슴빈고)

① 「この(此の・斯の)[連体]이」+「ふね(船・舟・槽)배. 선박」+「は[助詞]」.
② 「なに(何)[代]어떤. 무슨」+「ふね(船・舟・槽)배」+「だ[助動]단정・지정」의 連用形「で」+「ござる(御座る)[4]~입니다」+「か[助詞]의문・질문」.

⇨ 이 배는 무슨 배입니까?

〈捷改1, 14뒤〉----------

◆[主]このふねわなにふねて御[ご]さりまするか。
(이 비는 므슴 비온고)

○「この」+「船」+「は」+「何」+「船」+「だ」(連用形)+「御座る」(連用形)+「まする[助動 겸양·정중]+「か」. 해석은 원간본과 같다.

〈捷原1, 10뒤〉

❏たうねん^①てう^②にはんつそきて御[ご]さる^③。
(當年条二番特送이옵도쇠)

① 「たうねん→とうねん(当年)」이 해. 올해. 금년.
② 본문의 「てう」는 〈한글역〉을 참조하면 「でう→じょう(条)」[接尾조. 몇 가지로 나뉘어 있는 사항을 셀 때 쓰는 말」로 봐야겠다. 〈한글역〉에는 「条」인데 참고로 「조(條)」에 대해 〈표준국어대사전〉에는 「①'조목'이나 '조항'의 뜻을 나타내는 말. ②(주로 '조'로 꼴로 쓰여) 어떤 명목이나 조건」의 뜻으로 풀이되어 있다.
③ 「にばん(二番)2번. 두 번째」+「つくそぎ(特送) : 특송」(본문은 〈つそき〉)+「だ[助動 단정·지정]의 連用形「で」+「ござる(御座る)[4]~입니다」.

⇨ 올해 조 2번 특송입니다.

〈捷改1, 14뒤〉----------

◆[客]たうねんてうにとくそうして御[ご]さりまする。
(當年条二特送使 | 옵도쇠)

○「当年」+「条」+「に(二)2」+「とくそうし(特送使)특송사」+「だ」(連用形)+「御

座る」(連用形)+「まする[助動]겸양・정중」. 이를 해석하면 〈올해 조 2특송 사입니다〉.

〈捷原1, 10뒤〉

❏ さてさて①ことのほかのあらしに②、なにことなう③わたらしられて④、めてたうこそ御[ご]され⑤。
(어와어와거르기머흔듸 아므일업시건너시니 아룜다와ᄒᆡᆼ이다)

① 「さてさて : ①[副](이건 어떤지 저건 어떤지와 같이 물을 때 쓰는 말)그리고 그래서 ②[感動](놀라거나 감동, 환영할 때 내는 말)그렇다 해도 참으로. 아무튼. 그렇구나」.
② 「ことのほか(事の外・殊の外)생각했던 것과 다른 모양. 뜻밖. 의외」+「の[助詞]」+「あらし(嵐)폭풍. 강풍. 폭풍우」+「に[助詞]~에」. 이 부분은 〈한글역〉이 〈거르기머흔듸〉로 되어 있어서 「あらし」는 대역에 반영되어 있지 않다.
③ 「なにごと(何事)어떤 일. 무슨 일」+「なし(無し)[形ク]없다」의 連用形「なく」의 音便形「なう」.
④ 「わたる(渡る・渉る)[4]건너다. 도항(渡航)하다」의 未然形「わたら」+「しらる[助動]~하시다」의 連用形「しられ」+「て」.
⑤ 「めでたし[形ク]훌륭하다. 멋지다. 경하할만하다. 기쁘다」의 連用形「めでたく」의 音便形「めでたう」+「こそ[係助詞]뜻을 강하게 함」(문말은 已然形)+「ござる(御座る)[4]~입니다」의 已然形「ござれ」(앞의 〈こそ〉에 호응).
⇨ 그래도 뜻하지 않은 폭풍에 아무 일 없이 건너셔서 기쁩니다.

〈捷改1, 15앞〉----------

♦さてさてことのほかのあらしに、なにことなう御[お]わたしなされまして、めでたうぞんしまする。
(어와어와거른기머흔되 아모일업시건너시니 아름다이너기느이다)

○「さてさて」+「事の外」+「の」+「嵐」+「に」+「何事」+「無し」(ウ音便)+「お(御)[接頭]존경・겸양・정중」+「わたす(渡す・済す)[4]건네다. 보내다」(連用形)+「なさる(為さる)[下2]하시다」(連用形)+「まする[助動]겸양・정중」(連用形)+「て」+「めでたし」(ウ音便)+「ぞんず(存ず)[サ変]'생각하다'의 겸양어」(連用形)+「まする[助動]겸양・정중」. 이를 해석하면 〈그래도 뜻하지 않은 폭풍에 아무 일 없이 건네시니 기쁘게 생각합니다〉.

〈捷原1, 11앞〉

❏われらわ①御[お]かけおもつて②むしに③まいりまるしたれとも④、
(우리는 御陰을써 無事히왓숩거니와)

① 「われら(我等)[代]우리들. 나. 너희들」+「は[助詞]」.
② 「おかげ(御陰)①신불(神仏)의 도움. 가호(加護). 다른 사람으로부터 받은 은혜나 협력 ②어떤 사람이나 사건이 초래한 결과나 영향」+「を[助詞]」+「もって(以て)(〈を[助詞]〉에 이어져서)수단이나 원인 등을 나타냄. ~로써. ~때문에」.
③ 본문의「むし」(한글음주를 보면 'むじ')는 문맥상 그리고 〈한글역〉을 볼 때 「無事」인데 이는 일본어로는 「ぶじ」로 읽으므로 읽기 오류로 봐야겠다. 다만 「無」는 漢音이 'ブ' 呉音이 'ム'이며 「事」는 漢音이 'シ' 呉音이 'ジ'이므로 양쪽 모두를 呉音으로 읽은 결과라고 볼 수도 있겠다. 이 용례를 포함하여 『첩해신어』 본문에서는 「むじ」가 총 16차례 등장하는데

「ぶじ」가 단 하나의 용례에 불과하다는 점에서 원간본에서는 「無事」를 「むじ」로 읽는 것으로 통일되어 있다고 해야겠다. 이하 이에 대해서는 「ぶじ(無事)[形動]무사. ①특별한 일이 없는 것. 평온한 것 ②병이 없고 건강한 것 ③작위로 행하지 않고 자연 그대로인 것 ④과실이나 사고가 없는 것. 무난한 것」(본문은 〈むじ〉)와 같이 풀이하겠다.

④ 「まゐる[4]→まいる(参る)[5]궁중이나 신분이 높은 사람이 있는 곳으로 가다. 궁중에 출사하다. 도착하다」의 連用形「まいり」+「まるする[助動]겸양·정중」+「たり[助動]완료·존속」의 已然形「たれ」+「ども[助詞]역접」.

⇨ 우리들은 덕분으로써 무사히 왔습니다만,

〈捷改1, 15뒤〉----------
◆[客]われわれわ御[お]かけてふじにまいりましたれとも、
(우리는 御陰에 無事히 왓습거니와)

○「われわれ(我々)[代우리들]」+「は」+「御蔭」+「だ[助動]단정·지정」(連用形)+「無事(ぶじ)」(連用形)+「参る」(連用形)+「まする[助動]겸양·정중」(連用形)+「たり」(已然形)+「ども」. 이를 해석하면 〈우리는 덕분에 무사히 왔습니다만〉.

〈捷原1, 11앞〉

▫ふねいつそうか① おくれまるしたほとに②、それてきつかいまるする③。
(비훈척이뻐뎟스오니 글로ᄒᆞ여근심ᄒᆞ옵니)

① 「ふね(船·舟·槽)배. 선박」+「いっそう(一艘)일소. 한 척의 배」+「が[助詞]」.
② 「おくる[下2]→おくれる(遅れる·後れる)[下1]늦다. 뒤처지다」의 連用形「おくれ」+「まるする[助動]겸양·정중」+「た[助動]과거·완료」+「ほどに(程に)[接

助①~하면. ~하는 사이에 ②원인·이유. ~이므로」.
③「それで[接續]그 때문에. 그래서. 그리고」+「きづかふ[4]→きづかう(気遣う)[5]걱정하다. 우려하다」의 連用形「きづかい」+「まるする[助動]겸양·정중」.

⇨ 배 한 척이 늦었기에 그래서 걱정합니다.

〈捷改1,15뒤〉----------

◆ふねかいつそうおくれましたにより、それによりましてきつかいかかきりなう御[ご]さりまする。
(빈호척이써결ᄉ오니 글로ᄒ여근심이限업ᄉ외)

○「船」+「か[助詞]」+「一艘」+「遅れる」(連用形)+「まする[助動]겸양·정중」(連用形)+「た」+「に[助詞]」+「よる(因る·由る·拠る·依る)[4]~에 의거하다. 근거하다」(〈~により〉의 형태로 '~에 의해. ~이므로'의 뜻)+「それ(其·夫)[代]그것. 그때. 그곳」+「に[助詞]」+「よる(因る)」(連用形)+「まする[助動]」(連用形)+「て」+「きづかひ→きづかい(気遣い)걱정. 근심」+「か[助詞]」+「かぎり(限り)한도」+「なし(無し)[形]없다」(ウ音便)+「ござる(御座る)[4]~입니다. 있습니다」(連用形)+「まする[助動]」. 이를 해석하면 〈배가 한 척 늦었으므로 그것으로 인해서 걱정이 한 없이 있습니다〉. 원간본의 어순이 다소 변화되고 논리관계가 한층 명확해진 것으로 보인다.

〈捷原1,11뒤〉

▢なにふねか①なとして②おくれまるしたか③。
　(므슴비어이ᄒ여뻐멸ᄉᆞᆸᄂᆞᆫ고)

①「なに(何)[代]어떤. 무슨」+「ふね(船·舟·槽)배」+「か[助詞]」.

② 「など(何ど)[副]왜. 어째서」+「して[助詞]~인 상태로. ~때문에」(이는 〈す(為)[サ変]하다〉의 連用形〈し〉+〈て〉로 이해할 수도 있다).
③ 「おくる[下2]→おくれる(遅れる・後れる)[下1]늦다. 뒤처지다」의 連用形「おくれ」+「まるする[助動]겸양・정중」+「た[助動]과거・완료」+「か[助詞]의문・질문」.

⇨ 무슨 배가 어찌해서 늦었습니까?

〈捷改1, 16뒤〉----------

◆ [主]なにふねかとうしておくれまして御[ご]さるか。
(무슴비어이ᄒ여셔졈는고)

○ 「何」+「船」+「が」+「どうして(如何して)[副]어째서. 어떻게 해서」+「遅れる」(連用形)+「まする[助動]겸양・정중」(連用形)+「て」+「ござる(御座る)[4]있습니다. 계시다」+「か」. 이를 해석하면 〈어떤 배가 어째서 뒤처져 있습니까〉.

〈捷原1, 11뒤〉

▫ すいもくせんか①ほむしろ②かわるうて③、おくれまるした④。
(水木船이돗기사오나와 떠멸슙니)

① 본문의 「すいもくせん」은 〈한글역〉의 「水木船」에 대응한다. 이 말은 『広辞苑』이나 〈표준국어대사전〉에 등재되지 않았는데 일본어에서 「水木」은 「すいぼく」로 읽으므로 문제가 있다. 참고로 「水」는 漢音・呉音 모두 〈スイ〉, 「木」은 〈ボク(漢音)・モク(呉音)〉로 읽는다. 그런데 〈네이버〉를 통해 검색이 가능한 〈한국한자어사전〉에는 「수목선(水木船)」이 표제

어로 있으며 '바다에서 선박에 먹을 물과 땔나무를 공급하는 배'로 풀이되어 있다. 이어지는 「か」는 助詞 「が」인데 '~이/가' 또는 '~의'로도 해석이 가능하다.

② 『日本国語大辞典』에는 「ほむしろ」는 「むしろほ(筵帆)」와 같은 말이라는 풀이가 있다. 「むしろほ(筵帆)짚 따위를 짜서 만든 거적을 가로세로로 엮어서 돛으로 만든 것. 근세 초기까지 주로 사용되었으나 그 후 목면(木綿) 돛이 보급되어 일부 하물선이나 어선으로 사용되는 정도가 됐다」.

③ 「ほむしろ(帆筵)배의 돛으로 사용하는 거적」+「が[助詞」+「わるし[形ク]→わるい(悪い)[形]나쁘다. 정상이 아니다」의 連用形 「わるく」의 音便形 「わるう」+「て」.

④ 「おくる[下2]→おくれる(遅れる・後れる)[下1]늦다」의 連用形 「おくれ」+「まるする[助動]겸양・정중」+「た[助動]과거・완료」.

⇨ 수목선의 돛이 망가져서 늦었습니다.

〈捷改1, 16뒤〉----------

◆[客]すいぼくせんのほかあしう御[ご]さつて、おくれました。
(水木船의돛기사오나와 써결습니)

○「すいぼくせん(水木船)수목선」+「の[助詞」+「ほ(帆)돛」+「が」+「あし(悪し)[形シク]나쁘다. 조악하다. 부적당하다」(ウ音便)+「ござる(御座る)[4]~입니다」(音便形)+「て」+「遅れる」(連用形)+「まする[助動]겸양・정중」(連用形)+「た」. 해석은 원간본과 같다.

〈捷原1, 11뒤〉

❏ けうのあさ①くもかあらう御[ご]さたか②、ひるすきより③あめか④そそけて⑤、かせかわろう御[ご]さたか⑥、
(오놀아춤구룸이머흐더니 낫디나며브터비쁘리고 ᄇᆞ룸이사오납더니)

① 「けふ→きよう(今日)오늘」(본문의 〈けう〉는 표기법에 어긋남)+「の[助詞]」+「あさ(朝)아침」.

② 「くも(雲)구름」+「か[助詞]」+「あらし[形ク]→あらい(荒い・粗い)[形]거칠다. 맹렬하다」의 連用形「あらく」의 音便形「あらう」(읽을 때는 [アロー]. 〈한글음주〉는 〈아로우〉)+「ござる(御座る)[4]~입니다」(본문은 促音 표기는 없으나 音便形으로 봐야겠다. 개수본에는 促音도 표기된다)+「た[助動]과거・완료」+「か[助詞]역접」.

③ 「ひるすぎ(昼過ぎ)정오를 조금 지난 무렵」+「より[助詞]동작・장소・시간의 起點. ~부터」.

④ 「あめ(雨)비」+「か[助詞]」.

⑤ 본문의「そそけて」는 문법상「そそく[下2]→そそける[下1](머리카락이나 풀 따위가)헝클어지다. 엉망이 되다」의 連用形「そそけ」+「て」로 볼 수밖에 없으나 문맥상 다소 어색하다. 이는「そそぐ(注ぐ・灌ぐ)[4](옛날에는 〈そそく〉)①소리를 내며 물이 흐르다 ②비나 눈이 끊임없이 내리다」로 봐야 문맥이 통하겠다. 다만 濁点을 무시하더라도「そそきて」가 돼야 하므로 어법에는 맞지 않는다.

⑥ 「かぜ(風)바람」+「か[助詞]」+「わろし[形ク]→わるし[形ク]→わるい(悪い)[形]나쁘다」의 音便形「わろう」+「ござる(御座る)[4]~입니다」(音便形)+「た[助動]과거」+「か[助詞]역접」.

⇨ 오늘 아침 구름이 거칠었습니다만, 낮 지나서부터 비가 내리고, 바람이 나빴습니다만.

〈捷改1, 16뒤〉----------

◆[主]こんにちのあさのくもかあしう御[ご]さつたか、ひるすきよりあめかつけましてかせかわるう御[ご]さつたか、
(今日아츔구롬이사오납더니 낟지나며붇터비ᄲ리고ᄇᆞ람이사오납더니)

○「こんにち(今日)오늘」+「の」+「朝」+「の[助詞]」+「雲」+「が」+「あし(悪し)[形シク]나쁘다. 조악하다. 부적당하다」(ウ音便)+「御座る」(音便形)+「た」+「が」+「昼過ぎ」+「より」+「雨」+「が」+「つけ」(미상. 형태로 보면 〈つく[下2]→つける(付ける·着ける·就ける·即ける)[下1]〉로 봐야겠지만 이는 타동사이고 〈접촉시키다. 붙이다. 남기다. 바르다. 몸에 두르다. 켜다〉와 같은 뜻이므로 적절해보이지 않는다)+「まする[助動]겸양·정중」(連用形)+「て」+「風」+「が」+「悪い」(ウ音便)+「御座る」(音便形)+「た」+「が」. 이를 해석하면 〈오늘 아침의 구름이 나빴습니다만 낮 지나서부터 비가 내리고 바람이 나빴습니다만〉.

〈捷原1, 12앞〉

▢さためて①御[ご]くらうに②わたらしられてこそ御[ご]され③。
(일뎡슈고로이건너시도쇠)

① 「さだめて(定めて)[副]분명히. 틀림없이. 필시」.
② 「ご(御)[接頭]존경·겸양·정중의 뜻을 보탬」+「くらう→くろう(苦労)[形動]지치거나 고생하거나 하는 것(모양)」의 連用形「くらうに」.
③ 「わたる(渡る·涉る)[4]건너다. 도항(渡航)하다」의 未然形「わたら」+「しらる

「[助動]~하시다」의 連用形「しられ」+「て」+「こそ[係助詞]뜻을 강하게 함」(문말은 已然形)+「ござる(御座る)[4]①[존경어]계시다. 오시다. 가시다 ②(정중어)있습니다 ③~입니다」의 已然形「ござれ」(앞의〈こそ〉에 호응).

⇨ 필시 고생스럽게 건너오셨겠습니다.

〈捷改1, 17앞〉----------

✦さためて御[お]こころつかいに御[お]とかいなされましたて御[ご]さろう。
(일정슈고로이御渡海ㅎ시도쇠)

○「定めて」+「お(御)[接頭]존경・겸양・정중」+「こころづかひ→こころづかい(心遣・心使)방심하지 않는 것. 마음을 긴장시키는 것. 경계. 조심. 배려」+「に[助詞]」+「お(御)[接頭]」+「とかい(渡海)도해」+「なさる(為さる)[下2]하시다」(連用形)+「まする[助動]겸양・정중」(連用形)+「た[助動]과거・완료」+「だ[助動]단정・지정」(連用形)+「御座る」(未然形)+「む[助動]추량・의지」→「う」. 이를 해석하면〈필시 조심스레 도해하셨겠습니다〉.

〈捷原1, 12뒤〉

❏なかなか①ひたかいにて②つきまるせうお③、かせにゆられて④いままいて御[ご]さる⑤。
(올ㅅ외날이노파셔브틀거슬 ᄇᆞ룸의이치여이제야왓습니)

①「なかなか(中中)」〈1〉[名・副]①절반쯤. 중간 ②숫제. 차라리 ③오히려 ④꽤. 상당히 ⑤쉽게. 금세는〈2〉[感](상대방의 이야기에 긍정하는 대답을 할 때 쓰는 말)물론이다. 지당하다」.

②「ひ(日)해. 낮」+「たかし[形ク]→たかい(高い)[形]높다」(문법적으로는 連体

形인 〈たかき〉가 쓰일 자리로 보인다)+「にて[助詞]현대일본어의 〈で〉와 같은 쓰임」. 전체적으로는 「ひたかくして」 정도의 뜻으로 봐야겠다.

③ 「つく(着く・就く)[4]도착하다」의 連用形 「つき」+「まるする[助動]겸양・정중」의 未然形 「まるせ」+「む[助動]추량・의지」→「う」+「を[助詞]~한 것을. ~하는데」.

④ 「かぜ(風)바람」+「に[助詞]」+「ゆる(揺る)[4]전체가 출렁거리다. 흔들리다」의 未然形 「ゆら」+「る[助動]수동」의 連用形 「れ」+「て」.

⑤ 「いま(今)지금. 이제」+「まゐる→まいる(参る)[4]궁중이나 신분이 높은 사람이 있는 곳으로 가다. 궁중에 출사하다. 도착하다」의 連用形 「まゐり」+「て(본문은 〈まいて〉인데 音便形으로 봐야겠다)+「ござる(御座る)[4]①(존경어)계시다. 오시다. 가시다 ②(정중어)있습니다 ③~입니다」.

⇨ 그렇습니다. 해가 높을 때 도착할 것을 바람에 출렁여서 이제 왔습니다.

〈捷改1, 17뒤〉----------

◆[客]さやうて御[ご]さりますひたかいにつきまするはつお、かせのあしさにやうやくたたいまつきました。
(그러ᄒ 외날이노파셔븥틀거슬 ᄇᄅᆷ이사오납기예계요이제야완슴니)

○「さやう→さよう(然様・左様)[形動]그처럼. 그렇게」+「だ[助動]단정・지정」(連用形)+「ござる(御座る)[4]~입니다」(音便形)+「ます[助動]겸양・정중」+「日」+「高い」+「に[助詞]」+「着く」(連用形)+「まする[助動]겸양・정중」(連用形)+「はず(筈)당연한 일. 이치. 약속. 예정」+「を」+「風」+「の[助詞]」+「あし(悪し)[形シク]나쁘다」+「さ[接尾]形容詞의 語幹에 접속하여 명사를 만듦」+「に[助詞]~하니. ~때문에」+「やうやく→ようやく(漸く)[副]차츰. 한동안 지나서. 간신히. 겨우」+「ただいま(只今)지금」+「つく(着く・就く)[4]도착하다」(連用形)+「まする[助動]겸양・정중」(連用形)+「た[助動]과거・완료」. 이를 해석하면 〈그

렇습니다. 해가 높을 때 도착할 예정이었는데 바람의 나쁨 때문에 간신히 지금 도착했습니다〉.

〈捷原1,12뒤〉

□おくれたふねか①いつかたゑつくとも②、けうわよかふけまるしたほとに③、あすききつけてみさしられ④。
(뻐던비아므디붓텨셔도 오늘은밤이드러시니 니일듯보와보옵소)

① 「おくる[下2]→おくれる(遅れる・後れる)[下1]늦다. 뒤처지다」의 連用形 「おくれ」+「た[助動]과거・완료」+「ふね(船・舟・槽)배」+「か[助詞]」.

② 「いづかた→いずかた(何方)어느 방향. 어디」+「へ[助詞]~에」+「つく(着く・就く)[4]도착하다」의 終止形 「つく」+「とも[助詞]역접의 가정조건. ~해도」.

③ 「けふ→きょう(今日)오늘」+「は[助詞]」+「よ(夜)밤」+「か[助詞]」+「ふく[下2]→ふける(更ける・深ける)[下1]밤이 깊어지다. 늦다」의 連用形 「ふけ」+「まるする[助動]겸양・정중」+「た[助動]과거・완료」+「ほどに(程に)[接助]①~하면. ~하는 사이에 ②원인・이유. ~이므로」.

④ 「あす(明日)내일」+「ききつく[下2]→ききつける(聞き付ける)[下1]들어서 알다. 정보를 알다」의 連用形 「ききつけ」+「て」+「みる(見る)[上1]보다」의 未然形 「み」+「さしらる : ①[4・下2]하시다 ②[助動]~하시다」의 命令形 「さしられ」.

⇨ 뒤처진 배가 어디에 도착한다 해도 오늘은 밤이 깊었으니 내일 물어보십시오.

⟨捷改1, 18앞⟩----------

◆ おくれたふねかいつかたゑつきましても、こんにちわよにいりましたにより、みやうにちききあわせてみさつしやれい。
(써진빈아모듸부터셔도 今日은밤이드러시니 明日들보와보옵소)

○ 「遅れる」(連用形)+「た」+「船」+「が」+「何方」+「へ」+「着く」(連用形)+「ます[助動]겸양·정중」(連用形)+「ても[助詞]~해도」+「こんにち(今日)오늘」+「は」+「夜」+「に[助詞]」+「いる(入る)[4]들다. 들어가다」(連用形)+「ます[助動]겸양·정중」(連用形)+「た」+「に[助詞]」+「よる(因る·由る·拠る·依る)[4]~에 의거하다. 근거하다」(⟨~により⟩의 형태로 '~에 의해. ~이므로'의 뜻)+「みやうにち→みようにち(明日)내일」+「ききあはす[下2]→ききあわせる(聞き合わせる)[上1]문의하다. 조회하다」(連用形)+「て」+「見る」(未然形)+「さつしゃる[助動]~하시다」(命令形). 이를 해석하면 ⟨뒤처진 배가 어디에 도착하더라도 오늘은 밤이 들었으므로 내일 문의해 보십시오⟩.

⟨捷原1, 13앞⟩

❏ そのふねか①うみののなかお②こいて③おくれまるしたか④。
(그비슈종을너머셔떠디온가)

① 「その(其の)[連体]그」+「ふね(船·舟·槽)배. 선박」+「が[助詞]」.

② 본문을 그대로 풀이하자면 ⟨「うみ(海)바다」+「の[助詞]」+「のなか(野中)들판 가운데」+「を[助詞]」⟩가 될 것이다. 다만 이래서는 내용이 어색하므로 가운데 「のの」를 「の」의 잘못으로 볼 수도 있겠다. 그런데 ⟨개수본⟩에는 이 부분이 「そのふねわのなかおすきておくれましたか」이다. 즉 「のなか」에는 수정이나 변경이 이루어지지 않았으므로 원문을 그대로 풀이한다면 '바다 들판 속'으로 옮길 수밖에 없겠다. 그러나 내용상으로 여

전히 어색한데 「のなか」와 비슷한 「となか(門中)좁은 해협(海峽)의 입구. 해협 가운데. 바닷속」을 상정하면, 저자인 강우성의 발음과 표기상의 단순한 오류로 볼 수 있다는 점을 지적해 두겠다. 마지막으로 이 부분이 〈한글역〉에 「수종」으로 되어있는 것과 관련해서 〈표준국어대사전〉의 '수종(水宗)「명사」바다와 하늘이 맞닿은 것처럼 멀리 보이는 수평선의 두두룩한 부분'을 들어놓겠다.

③ 이는 우선 「こぐ(漕ぐ・榜ぐ)[4]배를 젓다」의 連用形 「こぎ」(〈こい)는 音便形)+「て」로 볼 수 있겠다. 다만 이를 〈한글역〉에서 「너머셔」로 옮기고 있는 것을 볼 때 「こゆ[下2]→こえる(越える・超える)[下1]넘다」의 가능성 역시 배제하기 어렵다. 이 경우 「こゆ」는 「こえて」로 활용하므로 위와 마찬가지로 강우성의 발음과 표기상의 단순한 오류로도 볼 수 있겠다.

④ 「おくる[下2]→おくれる(遅れる・後れる)[下1]늦다. 뒤처지다」의 連用形 「おくれ」+「まるする[助動]겸양・정중」+「た[助動]과거・완료」+「か[助詞]의문・질문」.

⇨ 그 배가 물마루를 저어서 늦었습니까?

〈捷改1, 18뒤〉----------

◆[主]そのふねわのなかおすきておくれましたか。
(그빈는슈종을너머셔쩌지온가)

○「その」+「船」+「は[助詞]」+「のなか」+「を」+「すぐ[上2]→すぎる(過ぎる)[上1]지나다」(連用形)+「て」+「遅れる」(連用形)+「まする[助動]겸양・정중」(連用形)+「た」+「か」. 이를 해석하면 〈이 배는 물마루를 지나서 늦었습니까?〉.

〈捷原1, 13앞〉

❏たぶんまいりついて①、あくふうおあうて②おうふねに③ふなこう④もすこなうて⑤、
(거의다와셔 惡風을만나큰비예격군도젹고)

① 「たぶん(多分)[副]대개. 대략. 십중팔구. 아마」(〈원간본〉 1권 말미에 〈多分〉에 대해 「거의란말이라」라는 추가 설명이 붙어있다)+「まゐりつく[4]→まいりつく(参り着く)[5]도착하다. 도달하다」의 連用形 「まいりつき」(〈まいりつい〉는 音便形)+「て」.

② 「あくふう(惡風)해상에서 이는 큰바람. 폭풍」+「を[助詞]」+「あふ[4]→あう(会う・逢う・遭う・遇う)[5]만나다. 당하다」+「て」. 참고로 〈표준국어대사전〉에는 「악풍(惡風)」이 「①나쁜 풍속 ②모진 바람」으로 풀이되어 있다.

③ 「おほ→おお(大)[接頭]큰」+「ふね(船・舟・槽)배」+「に[助詞]」.

④ 본문의 한글음주가 「후낭고우」이므로 「ふなごう」로 봐야겠는데 이는 사전에 등재되지 않은 말이다. 「ふな(船・舟)배」에 「ごう」가 붙은 말인 듯싶은데 상정되는 단어가 마땅치 않다. 〈개수본〉에는 「すいふ」로 바뀌어있으며 이는 「すいふ(水夫)수부. 뱃사람. 하급선원」로 봐야겠다. 이를 보면 「こぐ(漕ぐ・榜ぐ)[4]배를 젓다」와의 관련을 생각해볼 수 있겠지만 확실치 않다.

⑤ 「も[助詞]」+「すくなし[形ク]→すくない(少ない・尠い・寡い)[形]적다」의 連用形 「すくなく」(〈-こ-〉는 미상. 〈-う〉는 音便形)+「て」.

⇨ 아마 다다라서 모진 바람을 만나서 큰 배에 뱃사람도 적고,

〈捷改1, 19앞〉----------

◆ [客]さためておおかたまいりまして、あくふうにあいましてたいせんにすいふもすくなく、
(일경거의다와셔 惡風을만나大船에水夫도젹고)

○「さためて(定めて)[副]분명히. 틀림없이. 필시」+「おほかた→おおかた(大方)[副]거의. 대개」+「まゐる[4]→まいる(参る)[5]'오다·가다'의 겸양어」(連用形)+「まする[助動]겸양·정중」+「て」+「悪風」+「に[助詞]」+「遭う」(連用形)+「まする[助動]겸양·정중」+「て」+「たいせん(大船)대선. 큰 배」+「に」+「すいふ(水夫)뱃사람」+「も」+「少ない」(連用形). 이를 해석하면 〈필시 거의 와서 모진 바람을 만나서 대선에 뱃사람도 적고〉.

〈捷原1, 13뒤〉

□ ふねのとうぐもそろわんて①おくれまるしたほどに②、それてきつかいまるする③。
(비예연장도브딜ᄒ여뻐뎟ᄉ오니 글로ᄒ여근심ᄒ옵ᄂᆡ)

① 「ふね(船·舟·槽)배」+「の[助詞]」+「だうぐ→どうぐ(道具)도구」+「も[助詞]」+「そろふ[4]→そろう(揃う)[5]갖추어지다」의 未然形「そろわ」+「ず[助動]부정」의 連体形「ぬ」→「ん」+「で[助詞]원인·이유」.

② 「おくる[下2]→おくれる(遅れる·後れる)[下1]늦다. 뒤처지다」의 連用形「おくれ」+「まるする[助動]겸양·정중」+「た[助動]과거·완료」+「ほどに(程に)[接助]①~하면. ~하는 사이에 ②원인·이유. ~이므로」.

③ 「それて[接続]그 때문에. 그래서. 그리고」+「きづかふ[4]→きづかう(気遣う)[5]걱정하다. 근심하다」의 連用形「きづかい」+「まるする[助動]겸양·정중」.

⇨ 배의 도구도 갖추어지지 않아서 늦었기에 그래서 걱정합니다.

〈捷改1,19앞〉----------

♦ ふねにとうくもそろわすしておくれましたて御[ご]さろうほとに、それゆゑきつかいにそんしまする。
(빈예연장도ᄀ지몯ᄒ여ᄭ쳐젿ᄉ오니 그러키예근심ᄒ옵늬)

○「船」+「に[助詞]」+「道具」+「も」+「揃う」(未然形)+「ず[助動]부정」+「して[助詞]~하고. ~해서」+「遅れる」(連用形)+「まする[助動]겸양·정중」(連用形)+「た」+「だ[助動]단정·지정」(連用形)+「ござる(御座る)[4]~입니다」(未然形)+「む[助動]추량·의지」→「う」+「ほどに」+「それゆゑ→それゆえ(其故)[接続]그러므로. 그래서」+「きづかひ→きづかい(気遣い)걱정. 근심」+「に[助詞]」+「ぞんず(存ず)[サ変]'생각하다'의 겸양어」(連用形)+「まする[助動]겸양·정중」. 이를 해석하면〈배에 도구도 갖추어지지 않아서 뒤쳐졌을 것이므로 그 때문에 걱정으로 생각합니다〉.

〈捷原1,14앞〉

> ❏ いまくることもあれとも①、よかふけて②みゑまるせんほとに③
> (이제오ᄂᆞᆫ법도잇건마ᄂᆞᆫ 밤이드러뵈디몯ᄒᆞ니)

① 「いま(今)지금. 이제」+「く(来)[カ変]오다」의 連体形「くる」+「こと(事)것. 일」+「も[助詞]」+「あり(有り)[ラ変]있다」의 已然形「あれ」+「ども[助詞]역접」.

② 「よ(夜)밤」+「が[助詞]」+「ふく[下2]→ふける(更ける·深ける)[下1]깊어지다. 심야가 되다」의 連用形「ふけ」+「て」.

③ 「みゆ[下2]→みえる(見える)[下1]보이다. 눈에 들어오다」의 連用形「みえ」+「まるする[助動]겸양·정중」+「ず[助動]부정」의 連体形「ぬ」→「ん」+「ほどに(程に)[接助]①~하면. ~하는 사이에 ②원인·이유. ~이므로」.

⇨ 지금 오는 경우도 있지만 밤이 깊어져서 보이지 않으므로.

〈捷改1, 20앞〉----------

◆[主]もしわいままいることも御[ご]さりませうけれとも、よにいるまてみゑませんゆゑ、
(힝혀논이지왐죽도ᄒᆞ건마는 밤드도록뵈지아니ᄒᆞ니)

○「もしは(若しは)[接続]또는. 혹은」+「今」+「まゐる[4]→まいる(参る)[5]'오다·가다'의 겸양어」+「事」+「も」+「ござる(御座る)[4]있습니다」(連用形)+「まする[助動]겸양·정중」+「む[助動]추량·의지」→「う」+「けれども[助詞]역접」+「夜」+「に[助詞]」+「いる(入る)[4]들다. 들어가다」+「まで(迄)[助詞]한도」+「見える」(連用形)+「まする[助動]겸양·정중」+「ず」(連体形)+「ゆゑ→ゆえ(故)이유. 원인. 연고」. 이를 해석하면 〈어쩌면 지금 오는 경우도 있겠습니다만 밤이 들기까지 보이지 않으므로〉.

〈捷原1, 14앞〉

❏もしいつかたゑつくとも①、とねき②ふさんかいに申[もうし]て③、
(힝혀아모디붓터도 東萊釜山浦예술와)

① 「もし(若し)[副]만일. 어쩌면」+「いづかた→いずかた(何方)어느 방향. 어디」+「へ[助詞]~에」+「つく(着く·就く)[4]도착하다」의 終止形 「つく」+「とも[助詞]역접의 가정조건. ~해도」.

② 본문의 「とねき」는 〈한글음주〉가 「동녕기」임을 볼 때 「とねぎ」인데 이는 사전에 등재되지 않은 말이다. 〈한글역〉에서는 「東萊」가 이에 대응하는데 문맥상 부산의 지명으로 보면 되겠다. 다만 「萊」는 일본어에서 呉音 漢音 모두 「ライ」이므로 읽기에 문제가 있다. 참고로 『개수본』에서는 이를 「とうらい」로 읽고 있다. 이하 「とねぎ(東萊)동래」로 풀이하겠다.

③ 「ふさんかい(釜山浦)부산포」(〈捷原1,9앞〉 풀이 참조)＋「に[助詞]」＋「まうす[4]
→もうす(申す)[5]'말하다·고하다'의 겸양어. 부탁드리다」의 連用形 「もう
し」＋「て」.

⇨ 만일 어디에 도착하더라도 동래 부산포에 아뢰어서.

〈捷改1,20앞〉----------

◆もしいつかたゑつきましても、とうらいふさんゑ申[もうし]て
 (힝혀아모듸부터도 東萊釜山에솔와)
○「もし」＋「何方」＋「へ」＋「着く」(連用形)＋「まする[助動]겸양·정중」(連用形)
＋「ても[助詞]~해도」＋「とうらい(東萊)동래」＋「ふさん(釜山)부산」＋「へ[助詞]」
＋「申す」(連用形)＋「て」. 이를 해석하면〈만일 어디에 도착해도 동래
부산에 아뢰어서〉.

〈捷原1,14앞〉

❏かたかたゑ①あちこちたつねまるせうほとに②、きつかいさしらるな③。
 (方方彼此의굿ᄌ올거시니 근심마읍소)

① 「かたがた(方方)①여러분 ②여기저기. 방방. 곳곳」＋「へ[助詞]~에」.
② 「あちこち(彼方此方)이쪽저쪽. 방방」＋「たづぬ[下2]→たずねる(尋ねる)[下1]
찾다. 묻다」의 連用形 「たづね」＋「まるする[助動]겸양·정중」의 未然形 「ま
るせ」＋「む[助動]추량·의지」→「う」＋「ほどに(程に)[接助]①~하면. ~하는
사이에 ②원인·이유. ~이므로」.
③ 「きづかふ[4]→きづかう(気遣う)[5]걱정하다. 우려하다. 배려하다」의 連用形
「きづかひ」＋「さしらる：①[4·下2]하시다 ②[助動]~하시다」＋「な[助詞]금지」.

⇨ 여기저기에 이쪽저쪽 찾아볼 테니 걱정하시지 마십시오.

〈捷改1,20뒤〉----------

♦はうはうあちらこちらゑたつねつかわしませうほとに、御[お]きつかいなされまするな。
(方方彼此의 쵸즈올거시니 근심마옵소)

○「はうばう→ほうぼう(方方)방방. 여기저기. 모든 곳」+「あちらこちら(彼方此方)여기저기」+「尋ぬ」(連用形)+「つかはす[4]→つかわす(使わす・遣わす)[5]심부름 보내시다. 파견하시다. 시키시다. 보내다. 가게하다」(連用形)+「まする[助動]겸양・정중」+「む」→「う」+「ほどに」+「お(御)[接頭]존경・겸양・정중」+「気遣う」(連用形)+「なさる(為さる)[下2]하시다」(連用形)+「まする[助動]겸양・정중」+「な」. 이를 해석하면 〈방방곡곡 여기저기 찾아 보낼 테니 걱정하시지 마십시오〉.

〈捷原1,14뒤〉

☐おろかにさしられすに①あすさうさう②たつねさしられ③。
(얼현이 마르시고 니일 부부 ᄎᆞᄌᆞ쇼셔)

① 「おろか(疎か)[形動]적당히 하는 것. 소홀함. 대충」의 連用形「おろかに」+「さしる:①[4・下2]하시다 ②[助動]~하시다」의 未然形「さしられ」+「ず[助動]부정」+「に[助詞]」.
② 「あす(明日)내일」+「さうさう→そうそう(早早)서둘러. 일찍. 곧」.
③ 「たづぬ[下2]→たずねる(尋ねる)[下1]찾다. 묻다」의 未然形「たづね」+「さしる:①[4・下2]하시다 ②[助動]~하시다」의 命令形「さしられ」.

⇨ 소홀히 하시지 말고 내일 일찍 찾으십시오.

〈捷改1, 21앞〉----------

◆ [客]おろかになされませすみやうにちはやはやたつねにつかわされません。
(얼현이마르시고明日早早ᄎᄌ쇼셔)

○「おろか」(連用形)+「なさる(為さる)[下2]하시다」(連用形)+「まする[助動]겸양·정중」(未然形)+「ず」+「みやうにち→みょうにち(明日)내일」+「はやばや(早早)[副]매우 일찍. 서둘러」+「尋ぬ」(連用形)+「に[助詞]~하러」+「つかはす[4]→つかわす(使わす·遣わす)[5]심부름 보내시다. 파견하시다. 시키시다. 보내다. 가게하다」(未然形)+「る[助動]존경」(連用形)+「まする[助動]겸양·정중」(命令形). 이를 해석하면 〈소홀히 하시지 마시고 내일 일찍 찾으러 보내십시오〉.

〈捷原1, 15앞〉

▢ そうしまるせうほとに①こころやす②おもわしられ③。
  (그리ᄒ올거시니ᄆᆞ음편히녀기웁소)

① 「さう→そう(然う)[副]그렇게. 그만큼」+「す(為)[サ変]하다」의 連用形「し」+「まるする[助動]겸양·정중」의 未然形「まるせ」+「む[助動]추량·의지」→「う」+「ほどに(程に)[接助]①~하면. ~하는 사이에 ②원인·이유. ~이므로」.
② 「こころやすし(心安し)[形ク]안심이다. 편안하다」의 連用形「こころやすく」의 音便形「こころやすう」로 봐야겠다.
③ 「おもふ[4]→おもう(思う)[5]생각하다」의 未然形「おもわ」+「しらる[助動]~하시다」의 命令形「しられ」.

⇨ 그렇게 할 테니 편안히 생각하십시오.

〈捷改1, 21뒤〉----------

◆ [主]さやうにいたしませうほどにきつかいなされまするな。
(그리ᄒᆞ올거시니근심마ᄋᆞ쇼)

○ 「さやう→さよう(然様・左様)[形動]그처럼. 그렇게」(連用形)+「いたす(致す)[4]하다(겸양)」(連用形)+「まする[助動]겸양・정중」+「む」→「う」+「ほどに」+「きづかふ[4]→きづかう(気遣う)[5]걱정하다. 우려하다. 배려하다」(連用形)+「なさる(為さる)[下2]하시다」(連用形)+「まする[助動]겸양・정중」+「な[助詞]금지」. 이를 해석하면 〈그렇게 하겠사오니 걱정하시지 마십시오〉.

〈捷原1, 15앞〉

▫しやうくわん①わたれて御[ご]さるか②。
(正官은뉘시온고)

① 본문의 「しやうくわん」은 문맥과 〈한글역〉을 보면 「正官」을 읽은 것일 텐데, 「正官」은 일본어에서는 「せいかん」으로 읽어서 '복수의 관리 가운데 주된 자리에 있는 자'의 뜻이다. 참고로 「正」은 漢音은 「セイ」이고 吳音이 「シヤウ→ショウ」다. 이하 「しやうくわん(正官)정관」으로 풀이한다.

② 「は[助詞]」+「たれ(誰)[代]누구」+「だ[助動]단정・지정」의 連用形「で」+「ござる(御座る)[4]①(존경어)계시다. 오시다. 가시다 ②(정중어)있습니다 ③~입니다」+「か[助詞]의문・질문」.

⇨ 정관은 누구십니까?

〈捷改1,21뒤〉----------

◆しやうくわんしわとなたにて御[ご]さりまするか。
(正官은뉘시온고)

○「正官」+「し(士)」(吳音은〈ジ〉①벼슬아치 ②남자의 경칭 ③일정한 자격이나 역할을 가진 사람」+「は」+「どなた(何方)[代어느 분」(경의를 고려한 어휘 변경으로 봐야겠다)+「にて[助詞=で」+「御座る」(連用形)+「まする[助動]겸양·정중」+「か」. 이를 해석하면〈정관사는 어느 분이십니까〉.

〈捷原1,15앞〉

❏われわとうせん①これわにせん②あれわ③ふうしん④てこそ御[ご]さる⑤。
(나는 都船이논 二船뎌논 封進이옵도쇠)

① 「われ(我·吾)[代나, 저」+「は[助詞]」+「とうせん」(〈한글역〉이〈都船〉이므로 이와 관련된 말로 봐야겠지만 사전에는 등재되어 있지 않다. 일본어에서〈都〉는 吳音이〈ツ〉漢音이〈ト〉이므로 읽기에도 문제가 있다. 이하「とうせん : 도선(都船)」으로 풀이하겠다).

② 「これ(此·是·之·惟)[代이것」+「は[助詞]」+「にせん」(〈한글역〉이〈二船〉인데 두 번째 배라는 뜻으로 보이지만 확실치 않다).

③ 「あれ(彼)[代저것」+「は[助詞]」.

④ 「ふうしん」에 대한〈한글역〉은〈封進〉인데 이는 일본 사전에는 등재되지 않은 말이다.「封」은 吳音이〈フ〉漢音이〈ホウ〉慣用音이〈フウ〉이고「進」은 吳音 漢音 모두〈シン〉이다.〈표준국어대사전〉에는〈봉진(封進)〉이 '밀봉하여 올림'의 뜻으로 풀이되어 있어서 여전히 문맥상 어색하다.

⑤ 「だ[助動]단정·지정」의 連用形「で」+「こそ[係助詞]뜻을 강하게 함」(문말

은 已然形)+「ござる(御座る)[4]①(존경어)계시다. 오시다. 가시다 ②(정중어)있습니다 ③~입니다」(〈こそ〉에 호응하여 〈ござれ〉가 쓰여야 함).

⇨ 나는 도선이고 이는 이선이고 저것은 봉진입니다.

〈捷改1,22앞〉----------

◆[客]わたくしわとうせんちうこれわにせんちうあれわふうしんて御[ご]さりまする。
 (나ᄂᆞᆫ都船主이ᄂᆞᆫ二船主져ᄂᆞᆫ封進이옵도쇠)

○「わたくし(私)[代저]」+「は」+「都船」+「ちう」(이에 대한〈한글역〉은〈主〉인데〈主〉는 吳音이〈ス〉漢音이〈シュ〉이므로 읽기에 문제가 있다)+「これ」+「は」+「二船」+「ちう」+「あれ」+「は」+「封進」+「だ」(連用形)+「御座る」(連用形)+「まする[助動]겸양·정중」. 이를 해석하면〈저는 도선주 이는 이선주 저것은 봉진이옵니다〉.

〈捷原1,15뒤〉

❏しやうくわんわ①とこに御[ご]さるか②。
 (正官은어디겨시온고)

① 「しやうくわん(正官)정관」+「は[助詞]」.
② 「どこ(何処·何所)[代어디]」+「に[助詞]」+「ござる(御座る)[4]①(존경어)계시다. 오시다. 가시다 ②(정중어)있습니다 ③~입니다」+「か[助詞]의문·질문」.

⇨ 정관은 어디에 계시는가?

〈捷改1,22뒤〉----------

◆[主]しやうくわんしわとれに御[ご]さりまするか。

(正官은어듸계시온고)

○「正官」+「し(士)」(吳音은〈ジ〉①벼슬아치 ②남자의 경칭 ③일정한 자격이나 역할을 가진 사람」+「は」+「どれ(何)[代]어느 것. 어디. 누구」+「に」+「御座る」(連用形)+「まする[助動]겸양·정중」+「か」. 이를 해석하면〈정관사는 어디에 계십니까〉.

〈捷原1, 15뒤〉

▫しやうくわんわ①ふなけ②にて③、しやうたいなく④したにふしまるした⑤。
(正官은비멸믜ᄒ여 인ᄉ몰라이러누어숩늬)

① 「しやうくわん(正官)정관」+「は[助詞]」.
② 본문의「ふなけ」는〈한글역〉이「비멀믜」이고〈개수본〉에는 이 부분이「ふねによわれまして」로 바뀌어있으므로「ふな(船·舟)」에「け(気)」를 붙여서 만든 말로 봐야겠지만 이는 사전에 등재되지 않은 말이다.
③ 「にて[助詞]현대일본어의〈で〉와 같은 쓰임」.
④ 「しやうたい→しょうたい(正体)본모습. 제정신」(본문의〈한글음주〉가〈쇼운다이〉로 되어 있으므로〈-だ-〉로 읽기를 바란 모양이지만 본래〈-た-〉)+「なし(無し)[形]없다」의 連用形「なく」.
⑤ 「した(下)아래」+「に[助詞]」+「ふす(伏す·臥す)눕다. 엎드리다」의 連用形「ふし」+「まるする[助動]겸양·정중」+「た[助動]과거·완료」.

⇨ 정관은 배멀미로 정신없이 아래에 누웠습니다.

〈捷改1, 22뒤〉----------

◆[客]しやうくわんわふねによわれまして、しやうたいなうねていられまする。
(正官은비믤믜ᄒ여 正體업시줍드럳습늬)

○「正官」+「は」+「ふね(船)배」+「に[助詞]」+「よふ[4]→よう(酔う)[5]취하다. 멀미하다」(未然形)+「る[助動]존경」(連用形)+「まする[助動]겸양・정중」+「て」+「正体」+「無し」(ウ音便)+「ねる(寝る)[下1]자다. 눕다」(連用形)+「て」+「ゐる→いる(居る)[上1]있다」(未然形)+「らる[助動]존경」(連用形)+「まする[助動]겸양・정중」. 이를 해석하면 〈정관은 배에 멀미하셔서 정신없이 자고 계십니다〉.

〈捷原1,16앞〉

> ❏しよけいお①たさしられたらは②みまるせう③.
> (書契를 내셔든 보옵새)

① 「しよけい(書契)①글자를 적어넣은 것. 또는 글자. ②글자로 기록한 약속 증명서. 계약서 등」+「を[助詞]」. 참고로 「서계(書契)」「명사」①글자로 사물을 표시하는 부호. ②『역사』조선 시대에, 일본 정부와 주고받던 문서. ③『역사』조선 시대에, 왜인(倭人)이나 야인(野人)의 추장이나 유력자에게 통호(通好)를 허가하던 신임장」(표준국어대사전). 아울러 〈개수본〉에서는 「しよかん」으로 바뀌고 〈한글역〉도 「書簡」이다.

② 「だす(出す)[4]내다. 보내다」의 未然形 「ださ」+「しらる[助動]~하시다」의 連用形 「しられ」+「たり[助動]완료・존속」의 未然形 「たら」+「ば[助詞]가정조건」.

③ 「みる(見る・視る・観る)[上1]보다」의 連用形 「み」+「まるする[助動]겸양・정중」의 未然形 「まるせ」+「む[助動]추량・의지」→「う」.

⇨ 서계를 보내셨다면 보겠습니다.

〈捷改1, 23앞〉----------

◆[主]しよかんおいたされませいうわかきおみませう。
(書簡을내옵소건틱쓴거슬보옵새)

○「しよかん(書簡·書翰)서간. 서한. 편지」+「を」+「いだす(出だす)[4]꺼내다. 제출하다」(未然形)+「る[助動]존경」(連用形)+「ます(る)[助動]겸양·정중」(命令形)+「うはがき→うわがき(上書)편지나 책이나 상자 따위의 표면에 수취인이나 명칭, 제목을 쓰는 것. 또는 그 글자」+「を[助詞]」+「見る」(連用形)+「ます(る)[助動]겸양·정중」+「む」→「う」. 이를 해석하면 〈서간을 내십시오. 표지의 글을 보겠습니다〉.

〈捷原1, 16앞〉

❏そうしまるせうか①、ふかういりまるしたほどに②、へちのことも御[ご]さらんほどに③、あすこらんしられ④。
(그리ᄒ오려니와 깁피드럿ᄉ오니 別ᄒ일도업ᄉ오니 ᄂ일보옵소)

① 「さう→そう(然う)[副]그렇게. 그만큼」+「す(為)[サ変]하다」의 連用形 「し」+「まるする[助動]겸양·정중」의 未然形 「まるせ」+「む[助動]추량·의지」→「う」+「が[助詞]역접」.

② 「ふかし[形ク]→ふかい(深い)[形]깊다. 깊숙하다」의 連用形 「ふかく」의 音便形 「ふかう」+「いる(入る)[4]들어가다」의 連用形 「いり」+「まるする[助動]겸양·정중」+「た[助動]과거·완료」+「ほどに(程に)[接助]①~하면. ~하는 사이에 ②원인·이유. ~이므로」.

③ 「べち(別)다른. 특별한. 각별한」+「の[助詞]」+「こと(事)것. 일」+「も[助詞]」+「ござる(御座る)[4](존경어)계시다. 오시다. 가시다」의 未然形 「ござら」+「ず[助動]부정」의 連体形 「ぬ」→「ん」+「ほどに(程に)[接助]①~하면. ~하

는 사이에 ②원인·이유. ~이므로」. 참고로 본문의 「ん」은 「ず[助動]부정」로 봐야겠지만 추량이나 의지의 뜻을 나타내는 조동사 「む」 역시 未然形에 접속하고 「ん」으로 바뀌는 말이므로 경우에 따라서는 잘못 풀이할 수도 있다. 즉 「다른 일도 있으실 테니」로 해석될 가능성이 있다는 것인데, 그래선지 〈개수본〉에서는 이 부분이 「べちのこともござるまいほどに」로 바뀌어 그러한 오역의 가능성이 완전히 차단되어 있다.

④ 「あす(明日)내일」+「ごらんぜらる(御覧ぜらる)(〈御覧ず[サ変]〉에 수동·존경의 조동사 〈らる〉가 붙은 말)보시다. 봐 주시다」의 命令形 「ごらんぜられ」(본문은 〈-じ-〉인데 〈御覧ず[サ変]〉의 未然形은 고전문법에서는 〈ごらんぜ〉, 현대어에서는 〈ごらんじ〉)).

⇨ 그렇게 하겠습니다만, 깊숙이 들어갔기에, 별다른 일도 없으니 내일 살펴 주십시오.

〈捷改1, 23앞〉----------

◆ [客]さやうにいたしませうけれとも、ふかういれておきましたにより、へちのことも御[ご]さるまいほとに、みやうにち御[ご]らんなされませい。
(그리ᄒ 올려니와 김히녀허인ᄉ오니 別흔 일도업ᄉ오니 明日보옵소)

○ 「さやう→さよう(然様·左様)[形動]그처럼. 그렇다」(連用形)+「いたす(致す)[4]하다(겸양)」(連用形)+「まする[助動]겸양·정중」+「む」→「う」+「けれども[助詞]역접」+「深い」(ウ音便)+「いる[下2]→いれる(入れる)[下1]넣다」(連用形)+「まする[助動]겸양·정중」(連用形)+「た[助動]과거·완료」+「に[助詞]」+「よる(因る·由る·拠る·依る)[4]~에 의거하다. 근거하다」(〈~により〉의 형태로 '~에 의해. ~이므로'의 뜻)+「別」+「の」+「事」+「も」+「御座る」+「まい[助動]부정의 추량·의지」+「ほとに」+「みやうにち→みょうにち(明日)내일」+「ごらん(御覧)'보다'의 존경어」+「なさる(為さる)[下2]하시다」(連用形)+「まする[助動]겸양·정중」(命令形). 어휘나 표현은 다수 바뀌었지만 내용은

동일하다. 이를 해석하면 〈그렇게 하겠습니다만 깊숙이 넣었으므로 별다른 일도 없을 테니 내일 보십시오〉.

〈捷原1, 16뒤〉

❏ そうわそうちやか①しよけいおわれらしきにみて②、そなたしゆのうちな③おして④、
(그는 그러커니와 書契를 내친히 보고 자니네 姓名을 아라)

① 「さう→そう(然う)[副]그렇게. 그만큼」+「は[助詞]」+「さう→そう(然う)[副] 그렇게」+「ぢや→じや[助動](〈である〉의 준말인 〈であ〉가 변한 말)~다」+「が[助詞]역접」. 이 부분 역시 일본어가 어색한데 〈개수본〉에서는 「それわさやうでもござりませうが」로 바뀌어 있다.

② 「しよけい(書契)서계. 약속 증명서. 계약서」+「を[助詞]」+「われら(我等)[代] 우리들. 나. 너희들」+「じきに(直に)[副]직접. 바로」+「みる(見る・視る・観る)[上1]보다」의 連用形「み」+「て」.

③ 「そなた(其方)[代名]그쪽. 자네」+「しゆ(衆)다른 말 아래에 붙여서 그에 해당하는 복수(複數)의 사람에게 가벼운 경의(敬意)나 친밀감을 나타내는 말」+「の[助詞]」+「うぢな→うじな(氏名)성」

④ 「をして[連語]수단. 방법」. 또는 〈한글역〉이 「아라」이므로 「しる(知る)[4] 알다」의 音便形 「しつ」+「て」일 수도 있다. 〈개수본〉에서는 「うけたまはる(承る)[4]받잡다」로 바뀌어 있다.

⇨ 그건 그렇지만 서계를 우리가 직접 보고 그쪽 이름을 가지고,

〈捷改1,24앞〉----------

✦[主]それわさやうても御[ご]さりませうかしよかんわわれわれかしきにみまして、そこもとのせいめいおうけたまわりまして、
(그는 그러도 ᄒᆞ거니와 書簡은 내 친히 보고 자ᄂᆡ 네 姓名을 아라)

○「それ(其・夫)[代]그것. 그때. 그곳」+「は」+「さやう→さよう(然様・左様)[形動]그처럼. 그렇게」(連用形)+「だ[助動]단정・지정」(連用形)+「も[助詞]」+「ござる(御座る)[4]~입니다」(連用形)+「まする[助動]겸양・정중」(連用形)+「む[助動]추량・의지」→「う」+「が」+「しょかん(書簡・書翰)서간. 서한. 편지」+「を」+「われわれ(我我)[代]우리」+「が」+「直に」+「見る」(連用形)+「まする[助動]」+「て」+「そこもと(其処許)[代]그쪽. 거기. 당신」+「の」+「せいめい(姓名)성명」+「を」+「うけたまはる(承る)[4]삼가 받다. 명을 따르다. 삼가 듣다」(連用形)+「まする[助動]」+「て」. 이를 해석하면 〈그것은 그렇기도 하겠습니다만 서간은 우리가 직접 보고서 그쪽의 성명을 받잡아서〉.

〈捷原1,16뒤〉

▫ふさんかいに申[もうし]て①ちうしんしまるせうほとに②、しよけいおたさしられ③。
(釜山浦예 슬와 注進ᄒᆞᆯ 거시니 書契를 내읍소)

① 「ふさんかい(釜山浦)부산포」+「に[助詞]」+「まうす[4]→もうす(申す)[5]'말하다・고하다'의 겸양어. 부탁드리다」의 連用形「もうし」+「て」.

② 「ちゅうしん(注進)큰일이나 사건을 서둘러 보고하는 것」(〈한글역〉도 「注進」으로 되어 있으나 이는 〈표준국어대사전〉에는 등재되지 않은 말이다. 다만 같은 발음의 「주진(奏陳)임금에게 아뢰던 일」이 등재되어 있다)+「す(為)[サ変]하다」의 連用形「し」+「まるする[助動]겸양・정중」의 未然

形「まるせ」+「む[助動]추량·의지」→「う」+「ほどに(程に)[接助]①~하면. ~하는 사이에 ②원인·이유. ~이므로」.

③ 「しょけい(書契)서계」+「を[助詞]」+「だす(出す)[4]내다. 꺼내다. 보내다」의 未然形「ださ」+「しらる[助動]~하시다」의 命令形「しられ」.

⇨ 부산포에 아뢰어서 서둘러 보고하겠사오니 서계를 내십시오.

〈捷改1,24뒤〉----------

◆ふさんに申[もうし]てちうしんしませうほどに、御[ご]めんとうなから、御[ご]しよかんお御[お]たしなされくたされいかしとそんしまする。
(釜山에슬와註進홀거시니 어렵ᄉᆞ거니와 書簡을내여쥬시과쟈너기옵닉)

〇「ふさん(釜山)부산」+「に」+「申す(連用形)」+「て」+「注進」+「す(連用形)」+「まする[助動]겸양·정중」+「む」→「う」+「ほどに」+「ご(御)[接頭]존경·겸양·정중」+「めんだう→めんどう(面倒)[形動]볼품없다. 성가시다. 귀찮다」+「ながら(乍ら)[助詞]앞선 상태가 이어지는 모습. ~채로. ~하면서. ~인데」+「ご(御)[接頭]」+「しょかん(書簡·書翰)서간. 서한. 편지」+「を」+「お(御)[接頭]」+「出(だ)す(連用形)」+「なさる(為さる)[下2]하시다」(連用形)+「くださる[下2]→くだされる(下される)[下1]주시다」(命令形)+「かし[助詞]다짐하며 뜻을 강하게 함」+「と[助詞]~라고」+「ぞんず(存ず)[サ変]'생각하다'의 겸양어」(連用形)+「まする[助動]겸양·정중」. 이를 해석하면 〈부산에 아뢰어서 서둘러 보고하겠사오니 성가시시겠습니다만 서간을 부디 내주시기를 생각합니다〉.

〈捷原1, 17앞〉

❏ われらなわ①なにかして御[ご]さる②。
　(우리일홈은아뫼읍도쇠)

① 「われら(我等)[代]우리들. 나. 너희들」+「な(名)이름」+「は[助詞]」.
② 「なにがし(某・何某)[代]①사람이나 물건, 장소 따위의 이름을 모르거나, 알면서도 일부러 이름 대신 쓰는 말. 아무개 ②(1인칭)나」+「だ[助動]단정・지정」의 連用形 「で」+「ござる(御座る)[4](정중어)~입니다」.

⇨ 우리 이름은 아무개입니다.

〈捷改1, 25앞〉------------

◆[客]わたくしわなにかしと申[もうす]。
　(우리는아모가히라니ᄅ옵닉)

○ 「わたくし(私)[代]저」+「は」+「なにがし」+「と[助詞]~라고」+「まうす[4]→もうす(申す)[5]아뢰다. 하다(겸양)」. 이를 해석하면〈저는 아무개라고 합니다〉.

〈捷原1, 17앞〉

❏ そうして①なりまるすまい②。
　(그리ᄒ여몯ᄒ오리)

① 「さう→そう(然う)[副]그렇게. 그만큼」+「す(為)[サ変]하다」의 連用形 「し」+「て」.
② 「なる(生る・成る・為る)[4]생기다. 되다. 할 수 있다」의 連用形 「なり」+「ま

るする[助動]겸양・정중」+「まい[助動]부정의 추량」.

⇨ 그렇게 해서 되지 않을 겁니다.

〈捷改1, 25뒤〉----------

◆[主]そういたしてわなりますまい。
(그리ᄒ여ᄂ몯ᄒ오리)

○「然う」+「いたす(致す)[4]하다(겸양)」(連用形)+「て」+「は[助詞]」+「なる」(連用形)+「ます[助動]겸양・정중」+「まい」. 이를 해석하면 〈그렇게 해서는 되지 않을 겁니다〉.

〈捷原1, 17앞〉

❏しよけいにいちしもちかゑは①、とちのためにも②ようも御[ご]さらんほとに③せひともたさしられ④。
(書契의ᄒ지라도어근나면 아ᄆ의히도됴티아니ᄒ오니브디냅소)

① 「しよけい(書契)서계. 약속 증명서. 계약서」+「に[助詞]」+「いちじ(一字)한 글자」+「も[助詞]」+「ちがふ[4]→ちがう(違う・交う)[5]다르다. 벗어나다」+「ば[助詞]가정조건」(문맥상 가정조건이므로 고전문법에 기반하면 〈ちがはば〉가 기대되는 부분이다. 또한 현대일본어와 같은 활용이라고 보더라도 〈ちがえば〉일 것이므로 〈-ゑ-〉는 정서법에 어긋난다).

② 「どち(何方)[代]어느 쪽」+「の[助詞]」+「ため(為)이익. 이득. 위함」+「に[助詞]」+「も[助詞]」.

③ 「よし(良し・善し・好し)[形ク]좋다. 이익이다」의 連用形「よく」의 音便形「よう」+「も[助詞]」+「ござる(御座る)[4]①(존경어)계시다. 오시다. 가시다 ②(정중어)있습니다 ③~입니다」의 未然形「ござら」+「ず[助動]부정」의 連体形

「ぬ」→「ん」+「ほどに(程に)[接助]①~하면. ~하는 사이에 ②원인·이유. ~이므로」.

④「ぜひとも(是非とも)[副]꼭. 무슨 일이 있어도. 반드시」+「だす(出す)[4]내다. 보내다」의 未然形「ださ」+「しらる[助動]~하시다」의 命令形「しられ」.

⇨ 서계에 한 글자라도 다르면 어느 쪽을 위해서도 좋지 않을 테니 꼭 내십시오.

〈捷改1, 25뒤〉----------

◆御[ご]しょかんにいちしのちがひかあつても、とちのためにもよう御[ご]ざりませぬかなにふんにも御[お]いたしなされて御[お]みせなされません。
(書簡에 훈 ᄌᆞ어근나미이셔도 아모의히도됴치아니ᄒ오니아모려나내여뵈옵소)

○「ご(御)[接頭]존경·겸양·정중」+「しょかん(書簡·書翰)서간. 서한. 편지」+「に」+「一字」+「の[助詞]」+「ちがひ→ちがい(違い)다름」+「が[助詞]」+「あり[ラ変]→ある(有る)[5]있다」(音便形)+「ても[助詞]~해도」+「何方」+「の」+「ため」+「に」+「も」+「良し」(ウ音便)+「御座る」(連用形)+「まする[助動]겸양·정중」+「ず」→「ぬ」+「が[助詞]」+「なにぶんにも(何分にも)[副]아무래도. 부디」+「お(御)[接頭]」+「いだす(出だす)[4]내보내다. 꺼내다. 보내다」(連用形)+「なさる(為さる)[下2]하시다」(連用形)+「て」+「お(御)[接頭]」+「みす[下2]→みせる(見せる)[下1]보이다」(連用形)+「なさる(為さる)[下2]하시다」(連用形)+「まする[助動]겸양·정중」(命令形). 이를 해석하면 〈서간에 한 글자의 다름이 있어도 어느 쪽을 위해서도 좋지 않사오니 부디 꺼내셔서 보여주십시오〉.

〈捷原1,17뒤〉

❏ そうしまるせう①。
　(그리ᄒ옴새)

① 「さう→そう(然う)[副]그렇게. 그만큼」+「す(為)[サ変]하다」의 連用形 「し」 +「まるする[助動]겸양・정중」의 未然形 「まるせ」+「む[助動]추량・의지」→ 「う」.

⇨ 그렇게 하겠습니다.

〈捷改1,26앞〉----------

◆[客]そういたしませうか、
　(그리ᄒ오려니와)

○ 「然(そ)う」+「いたす(致す)[4]하다(겸양)」(連用形)+「まする[助動]겸양・성중」 +「む」→「う」+「か[助詞]역접」. 이를 해석하면 〈그렇게 하겠습니다만〉.

〈捷原1,17뒤〉

❏ よかいりまるしたほとに①、まつ御[ご]しゆひとつこしめし②。
　(밤이드러시니 아직御酒ᄒ나자읍소)

① 「よ(夜)밤」+「が[助詞]」+「いる(入る)[4]들다. 경과되다」의 連用形 「いり」+ 「まるする[助動]겸양・정중」+「た[助動]과거・완료」+「ほどに(程に)[接助]①~ 하면. ~하는 사이에 ②원인・이유. ~이므로」.

② 「まづ→まず(先ず)[副]우선. 먼저. 아무튼」+「ご(御)[接頭]존경・겸양・정 중의 뜻을 보탬」+「しゅ(酒)술」+「ひとつ(一・一つ)하나. 한 잔」+「こしめ

す[4]드시다. 마시시다」의 連用形「こしめし」(문맥상 命令形인「こしめせ」가 기대되는 부분이다. 다만 현대일본어에서도 連用形으로 명령의 뜻을 나타내는 경우가 있다).

⇨ 밤이 들었으므로 우선 술 한 잔 드십시오.

〈捷改1, 26앞〉----------

◆ よにいりましたにより、まつ御[ご]しゆひとつあかりませい。
(밤이드러시니 아직御酒ᄒ나자ᄋ소)

○「夜」+「に[助詞]」+「入る」(連用形)+「まする[助動]겸양・정중」(連用形)+「た」+「に[助詞]」+「よる(因る・由る・拠る・依る)[4]~에 의거하다. 근거하다」(〈~により〉의 형태로 '~에 의해. ~이므로'의 뜻)+「先づ」+「御」+「酒」+「一つ」+「あがる(上がる)[4]들다. 드시다」(連用形)+「まする[助動]겸양・정중」(命令形). 해석은 원간본과 같다.

〈捷原1, 18앞〉

❏ けく①て御[ご]さるほとに②ゆるさしられ③。
(下口 | 오니마ᄅ쇼셔)

① 본문의「けく」(〈한글음주〉는 〈계구〉)는 문맥상「げこ(下戸)술을 못 마시는 사람」의 잘못으로 봐야겠다. 아울러 이에 대한 〈한글역〉이「下口」인데 역시「下戸」의 잘못으로 보인다.「下口」는 일본어에서「おりくち・さがりくち・したぐち・しもぐち」로 읽으며 문맥이 전혀 통하지 않는다.
②「だ[助動]단정・지정」의 連用形「で」+「ござる(御座る)[4]~입니다」의 連体形「ござる」+「ほどに(程に)[接助]①~하면. ~하는 사이에 ②원인・이유. ~이므로」.

③ 「ゆるす(許す・赦す・聴す)」[4]느슨하게 하다. 경계심을 풀어주다. 사면하다. 면제하다」의 未然形 「ゆるさ」+「しらる[助動]~하시다」의 命令形 「しられ」.

⇨ 술 못하는 사람이오니 봐주십시오.

〈捷改1,26뒤〉----------

◆[主]けこて御[ご]さるほどに御[お]ゆるしなされませい。
(下戸 | 오니마룾쇼셔)

○「げこ(下戸)술을 못 마시는 사람」+「だ」(連用形)+「御座る」+「ほどに」+「お(御)[接頭]존경・겸양・정중」+「許す」(連用形)+「なさる(為さる)[下2]하시다」(連用形)+「まする[助動]겸양・정중」(命令形). 해석은 원간본과 같다.

〈捷原1,18앞〉

> □つしまにても①こなたわ②しやうぐ③とききおよひまるしたほどに④、しんしやくめさるな⑤。
> (對馬島셔도자니ᄂᆞᆫ上口 | 신줄聞及ᄒᆞ엿ᄉᆞ오니 斟酌마옵소)

① 「つしま(対馬)대마도」+「にて[助詞]현대일본어의〈で〉와 같은 쓰임. ~에서」+「も[助詞]」.
② 「こなた(此方)[代]이쪽. 이 사람. 저. 당신. 그쪽」+「は[助詞]」.
③ 본문의 「じやぐ」(〈한글음주〉는 '쇼웅구')는 「じょうご(上戸)술을 즐기는 사람. 술을 좋아해 많이 마시는 사람」의 잘못으로 봐야겠다. 아울러 이에 대한〈한글역〉이 「上口」인데 역시 「上戸」의 잘못으로 보인다. 「上口」는 일본어에서 「あがりぐち・うえくち・うわぐち・かみぐち・のぼりぐち」로 읽는데 문맥이 전혀 통하지 않는다.

④「と[助詞]인용. ~라고」+「ききおよぶ(聞き及ぶ)[4]전해 들어서 알다」의 連用形「ききおよび」+「まるする[助動]겸양・정중」+「た[助動]과거・완료」+「ほどに(程に)[接助]①하면. ~하는 사이에 ②원인・이유. ~이므로」.
⑤「しんしゃく(斟酌)참작하다. 조절하다. 삼가다. 사양하다」(〈한글역〉이 '斟酌'으로 되어 있는데〈표준국어대사전〉에는〈짐작(斟酌)「명사」사정이나 형편 따위를 어림잡아 헤아림〉으로 풀이되어 있다)+「めさる(召さる)[下2]하시다」의 終止形「めさる」+「な[終助詞]금지」.

⇨ 쓰시마에서도 그쪽은 술 즐기는 분이라고 들어 알고 있었사오니 마다하시지 마십시오.

〈捷改1,27앞〉----------

◆[客]つしまにてもそこもとわしやうことききおよひましたに、しんしゃくなされまするな。
(對馬島셔도자닉는上口ㅣ신줄聞及ᄒ엿ᄉ오니 斟酌마ᄋ소)
○「対馬」+「にて」+「も」+「そこもと(其処許)[代]그쪽. 거기. 당신」+「は」+「じょうご(上戸)술을 즐기는 사람. 술을 좋아해 많이 마시는 사람」+「と」+「聞き及ぶ」(連用形)+「まする[助動]겸양・정중」+「た」+「に[助詞]~하니. ~인데」+「斟酌」+「なさる(為さる)[下2]하시다」(連用形)+「まする[助動]겸양・정중」+「な」. 해석은 원간본과 같다.

〈捷原1,18뒤〉

☐あまりおしらるるほとに①ひとつたひまるせう②。
(하니르시니ᄒ나먹ᄉ오리)

①「あまり(余)[副]너무. 지나치게」+「おしらる[下2]〈おほせらる〉의 준말〈おせ

らる〉가 바뀐 말)말씀하시다」(문법적으로는 連體形인 〈おしらるる〉가 쓰여야 함)+「ほどに(程に)[接助]①~하면. ~하는 사이에 ②원인·이유. ~이므로」.

② 「ひとつ(一·一つ)하나. 한 잔」+「たぶ(賜ぶ·給ぶ·食ぶ)[4]주시다. 받잡다」의 連用形 「たび」(문맥상 〈たぶ(食ぶ)[下2]먹다〉가 적당하지만 이는 連用形이 〈たべ〉이므로 형태상 문제가 남는다)+「まるする[助動]겸양·정중」의 未然形 「まるせ」+「む[助動]추량·의지」 → 「う」.

⇨ 하도 말씀하시니 한 잔 받잡겠습니다.

〈捷改1, 27뒤〉----------

◆ [主]あまりおおせられまするほとにひとつたへませう。
(하니ᄅ시니ᄒ나먹ᄉ오리)

○ 「あまり」+「おほせらる[下2] → おおせられる(仰せられる)[下1]말씀하시다. 명령하시다」(連用形)+「まする[助動]겸양·정중」+「ほどに」+「一つ」+「たぶ[下2] → たべる(食べる)[下1]먹다」(連用形)+「まする[助動]」+「む」. 이를 해석하면 〈하도 말씀하시니 한 잔 먹겠습니다〉.

〈捷原1, 18뒤〉

❏ そなたことはか①つしまにてききおようたやうに②、ようつうしまるする③めてたう御[ご]さる④。
(자니말이對馬島셔聞及ᄒ두시 잘通ᄒ시니 아룸답ᄉ외)

① 「そなた(其方)[代名]그쪽. 자네」+「ことば(言葉·詞·辞)말. 언어. 말투」+「が[助詞]」.

② 「つしま(対馬)대마도」+「にて[助詞]현대일본어의 〈で〉와 같은 쓰임. ~에서」+「ききおよぶ(聞き及ぶ)[4]전해 들어서 알다」의 連用形 「ききおよび」(音便이 발생한다면 〈ききおよん〉의 꼴이 기대되는데 본문에서는 〈ウ音便〉이다)+「た[助動]과거·완료」+「やうだ→ようだ(様だ)[助動](주로 連用形으로 써서)행동의 기준이 되는 방법, 상황, 형태나 목적을 나타냄」의 連用形「やうに」.

③ 「よう(善う·良う·能う)[副](〈よく〉의 音便)충분히. 상세히. 능숙하게. 잘. 매우. 흔히. 종종」+「つうず(通ず)[サ変]통하다. 이해되다」의 連用形「つうじ」+「まるする[助動]겸양·정중」.

④ 「めでたし[形ク]훌륭하다. 멋지다. 경하할만하다. 기쁘다」의 連用形「めでたく」의 音便形「めでたう」+「ござる(御座る)[4]①(존경어)계시다. 오시다. 가시다 ②(정중어)있습니다 ③~입니다」.

⇨ 그쪽 말이 쓰시마에서 전해 들어 아는 것처럼 잘 통합니다. 기쁩니다.

〈捷改1, 27뒤〉----------

◆[客]そこもとのことはのきわつしまにてよくききおよひましたうり、よくつうしましてよろこはしうそんします。
(자닉말은對馬島셔죠히聞及ᄒ엳ᄃ시 잘通ᄒ시니깃비너기옵닉)

○「そこもと(其処許)[代]그쪽. 거기. 당신」+「の[助詞]」+「言葉」+「の[助詞]」+「ぎ(技)솜씨. 기예」(또는 〈ぎ(儀)예법. 예식. 사항〉)+「は[助詞]」+「対馬」+「にて」+「よく(善く·能く)[副]잘. 충분히. 자주」+「聞き及ぶ」(連用形)+「まする[助動]겸양·정중」(連用形)+「た[助動]」+「とほり→とおり(通り)~와 같이」(본문의 〈たうり〉는 정서법에 어긋남)+「よく(善く·能く)[副]잘. 충분히. 자주」+「通ず」(連用形)+「まする[助動]겸양·정중」+「て」+「よろこばし[形シク]→よろこばしい(喜ばしい)[形]기쁘다. 즐겁다」(ウ音便)+「ぞんず(存ず)[サ変]'생각하다'의 겸양어」(連用形)+「まする[助動]」. 이를 해석하면 〈그쪽의 말솜

씨는 대마도에서 충분히 전해 들어 아는 것과 같이 잘 통해서 기쁘게 생각합니다〉.

〈捷原1,19앞〉

❏わかことはお①ほめさしらるほとに②、うれしいわ御[ご]されとも③、まことらしにわ御[ご]さらん④。
(내말을기리시니 깃브옵거니와 고디듧돈아니ᄒᆞ외)

① 「わが(我が・吾が)[連体]나의. 자신의」+「ことば(言葉・詞・辞)말」+「を[助詞」.
② 「ほむ[下2]→ほめる(誉める・褒める)[下1]축복하다. 칭찬하다」의 未然形 「ほめ」+「さしらる : ①[4・下2]하시다 ②[助動]~하시다」+「ほどに(程に)[接助]①~하면. ~하는 사이에 ②원인・이유. ~이므로」.
③ 「うれし[形シク]→うれしい(嬉しい)[形]기쁘다. 고맙다」+「は[助詞」(문법적으로는 〈うれしくは〉가 기대된다)+「ござる(御座る)[4]①[존경어]계시다. 오시다. 가시다 ②(정중어)있습니다 ③~입니다」의 已然形 「ござれ」+「ども[助詞역접」.
④ 「まこと(真・実・誠)진짜. 진실. 정말」+「らし[助動]~인 것 같다」+「に[助詞」+「は[助詞」+「ござる(御座る)[4]①(존경어)계시다. 오시다. 가시다 ②(정중어)있습니다 ③~입니다」의 未然形 「ござら」+「ず[助動]부정」→「ん」.

⇨ 내 말을 치켜세우시니 기쁘기는 합니다만 진짜 같지는 않습니다.

〈捷改1,28뒤〉----------
◆[主]わたくしのことはおほめさつしやるほとに、うれしうわ御[ご]されとも、まことらしうわ御[ご]さりませぬ。
(내말을기리시니 긷부옵거니와 고지듧돈아니ᄒᆞ외)

○「わたくし(私)[代]저」+「の[助詞]」+「言葉」+「を」+「誉める」(未然形)+「さっしゃる[助動]~하시다」+「ほどに」+「嬉し」(ウ音便)+「は」+「御座る」(已然形)+「ども」+「まこと」+「らし」(ウ音便)+「は」+「御座る」(連用形)+「まする[助動] 겸양·정중」+「ず」→「ぬ」. 해석은 원간본과 같다.

〈捷原1, 19앞〉

❏ちとわけか①きこゑまるするか②。
(져기아라듯ᄌ올쏜가)

① 「ちと(些と·少と)[副]조금. 다소. 잠시」+「わけ(訳)조리. 이치. 의미」+「が[助詞]」.
② 「きこゆ(聞ゆ)[下2]→きこえる(聞こえる)[下1]들리다. 이해되다」의 連用形「きこえ」(〈-ゑ〉는 정서법에 어긋남)+「まるする[助動]겸양·정중」+「か[終助詞] 의문·질문」.

⇨ 조금 뜻이 들리십니까?

〈捷改1, 29앞〉----------

◆ちつとわけかきこゑますするか。
(져기아라듣ᄌ올쏜가)

○「ちっと(些と)[副]조금」+「訳」+「が」+「聞ゆ」(連用形)+「まする[助動]겸양·정중」+「か」. 해석은 원간본과 같다.

〈捷原1,19뒤〉

> ❏いかうみこと①つうしまるする②。
> (ᄀ장춤히通ᄒᆞ옵시니)

① 「いかう(厳う)[副]매우. 대단히」+「みごと(見事・美事)[副]훌륭하게. 제대로」.
② 「つうず(通ず)[サ変]통하다. 이해되다」의 連用形「つうじ」+「まるする[助動] 겸양・정중」.

⇨ 대단히 잘 통합니다.

〈捷改1,29앞〉----------

◆[客]いかうよくつうしまする。
(ᄀ쟝잘通ᄒᆞ옵시니)

○「いかう」+「よく(善く・能く)[副]잘. 충분히」+「通ず」(連用形)+「まする[助動]겸양・정중」. 해석은 원간본과 같다.

〈捷原1,19뒤〉

> ❏さけおは①も②おかしられ③。
> (술란ᄒ마마옵소)

① 「さけ(酒)술」+「をば : (格助詞〈を〉에 係助詞〈は〉가 붙어 濁音化한 것)〈を〉의 뜻을 강하게 함」.
② 본문의「も」는 문맥상 그리고 〈개수본〉을 참고하면「もう[副]이제. 이미. 곧. 더」로 봐야겠다.
③ 「おく(置く)[4]두다. 놓다. 중단하다」의 未然形「おか」+「しらる[助動]~하시

다」의 命令形「しられ」.

⇨ 술을 이제 놓으십시오.

〈捷改1, 29앞〉----------

◆[主]さけわもう御[お]とりなされませい。
(술란그만ᄒ여앗줍소)

○「酒」+「は[助詞]」+「もう[副]이제」+「お(御)[接頭]존경·겸양·정중」+「とる(取る)[4]잡다. 지키다. 빼앗다. 떼다」(連用形)+「なさる(為さる)[下2]하시다」(連用形)+「まする[助動]겸양·정중」(命令形). 이를 해석하면 〈술은 이제 치우십시오〉.

〈捷原1, 20앞〉

❏あまりいやとおしらるほとに①、まつとりまるせう②。
(하마다니르시니 아직앗줍새)

① 「あまり(余)[副]너무. 지나치게」+「いや(否·嫌·厭)(感動·形動)아니다. 싫어하다」+「と[助詞]인용」+「おしらる[下2](〈おほせらる〉의 준말〈おせらる〉가 바뀐 말)말씀하시다」(본래는 連体形인 〈おしらるる〉가 쓰여야 함)+「ほどに(程に)[接助]①~하면. ~하는 사이에 ②원인·이유. ~이므로」.

② 「まづ→まず(先ず)[副]우선. 먼저. 아무튼」+「とる(取る·採る·捕る·執る·撮る)[4]쥐다. 들다. 취하다. 떼다」의 連用形「とり」+「まるする[助動]겸양·정중」의 未然形「まるせ」+「む[助動]추량·의지」→「う」.

⇨ 하도 아니라고 말씀하시니 우선 치우겠습니다.

〈捷改1,29뒤〉----------

◆[客]あまりいやとおおせきけられまするにより、まつとりませう。
(하마다니르시니아직앗줍새)

○「あまり」+「いや」+「と」+「おおせきける(仰せ聞ける)[下1]들려주시다. 깨우치시다」(未然形)+「らる[助動]존경」(連用形)+「まする[助動]겸양·정중」+「に[助詞]」+「よる(因る·由る·拠る·依る)[4]~에 의거하다. 근거하다」(〈~により〉의 형태로 '~에 의해. ~이므로'의 뜻)+「先づ」+「取る」(連用形)+「まする[助動]」+「む」→「う」. 이를 해석하면 〈너무 싫다고 들려주시므로 우선 치우겠습니다〉.

〈捷原1,20앞〉

❏みかいま①ふさんかいに申[もうし]て②ちうしんしまるして③、
(내이제釜山浦의술와注進ᄒ고)

① 「み(身)[名·代]몸. 나. 자신」+「が[助詞]」+「いま(今)지금. 이제」.
② 「ふさんかい(釜山浦)부산포」+「に[助詞]」+「まうす[4]→もうす(申す)[5]'말하다·고하다'의 겸양어. 부탁드리다」의 連用形「もうし」+「て」.
③ 「ちゅうしん(注進)큰일이나 사건을 서둘러 보고하는 것」+「す(為)[サ変]하다」의 連用形「し」+「まるする[助動]겸양·정중」+「て」.

⇨ 내가 지금 부산포에 아뢰어 서둘러 보고해서,

〈捷改1,30앞〉----------

◆[主]わたくしかたたいまふさんに申[もうし]てちうしんいたしまして、
(내이제釜山에슬와註進ᄒ고)

○「わたくし(私)[代]저」+「が」+「ただいま(只今)지금」+「ふさん(釜山)부산」+「に」+「申す(連進)(連用形)」+「て」+「注進」+「いたす(致す)[4]하다(겸양)」(連用形)+「まする[助動]겸양・정중」+「て」. 해석은 원간본과 같다.

〈捷原1, 20앞〉

❏あすのあさわ①とねぎゑのほて②、そさのやうすお③申[もうし]てまいるほとに④、ゆるりとくつろかしられ⑤。
(니일아츰은東萊올라가 送使의樣子를슯고올거시니 죵용히쉬옵소)

① 「あす(明日)내일」+「の[助詞]」+「あさ(朝)아침」+「は[助詞]」.
② 「とねぎ(東萊)동래」+「へ[助詞]~로」+「のぼる(上る・登る・昇る)[4]올라가다. 찾아뵙다」의 連用形「のぼり」+「て」(본문의 〈한글음주〉가 '노보떼'이므로 促音便으로 봐야겠다).
③ 「そさ(送使)송사」+「の[助詞]」+「やうす→ようす(樣子)모습. 상황. 사정. 기척」+「を[助詞]」.
④ 「まうす[4]→もうす(申す)[5]'말하다・고하다'의 겸양어」의 連用形「もうし」+「て」+「まゐる[4]→まいる(參る)[5]'오다・가다'의 겸양어」의 連体形「まいる」+「ほどに(程に)[接助]①~하면. ~하는 사이에 ②원인・이유. ~이므로」.
⑤ 「ゆるりと(緩りと)[副]서두르지 않고. 천천히. 편안하게」+「くつろぐ(寬ぐ)[4]휴식하다. 안심하다」의 未然形「くつろが」+「しらる[助動]~하시다」의 命令形「しられ」.

➪ 내일 아침은 동래에 올라가서 송사의 사정을 아뢰고 올 테니 편안히 쉬십시오.

〈捷改1,30앞〉----------

◆みやうてうわとうらいゑのぼりまして、御[ご]そさのやうすお申[もうし]てまいりませうほどに、ゆるりと御[お]やすみなされませい。
(明朝는 東萊올나가 送使의 様子을 솗고올거시니 종용히쉬옵소)

○「みやうてう→みょうちょう(明朝)내일 아침」+「は」+「とうらい(東萊)동래」+「へ」+「上る」(連用形)+「まする[助動]겸양・정중」+「て」+「ご(御)[接頭]존경・겸양・정중」+「送使」+「の」+「様子」+「を」+「申す」(連用形)+「て」+「参る」(連用形)+「まする[助動]」+「む[助動]추량・의지」→「う」+「ほどに」+「ゆるりと」+「お(御)[接頭]」+「やすむ(休む)[4]쉬다」(連用形)+「なさる(為さる)[下2]하시다」(連用形)+「まする[助動]」(命令形). 어휘가 상당 부분 바뀌었지만 해석은 원간본과 같다.

〈捷原1,20뒤〉

❏あすのはんにわ①、にうくわんしまるして②みまいまるせう③。
(니일나죄란 入舘ᄒ여보옵새이다)

① 「あす(明日)내일」+「の[助詞]」+「ばん(晩)저녁. 밤」+「に[助詞]」+「は[助詞]」.
② 「にうくわん→にゅうかん(入館)입관. 관청에 들어가는 것」+「す(為)[サ変]하다」의 連用形「し」+「まるする[助動]겸양・정중」+「て」.
③ 「みまふ[4]→みまう(見舞う)[5]순시하다. 방문하다. 문안하다」의 連用形「みまい」+「まるする[助動]겸양・정중」의 未然形「まるせ」+「む[助動]추량・의지」→「う」.

⇨ 내일 저녁에는 입관하여서 문안하겠습니다.

〈捷改1,30뒤〉----------

◆あすのはんにわにこうくわんいたして御[お]めにかかりませう。
　(뉘일나죄란入舘ᄒ여보옵새이다)

○「明日」+「の」+「晩」+「に」+「は」+「入舘」+「いたす(致す)[4]하다(겸양)」(連用形)+「て」+「お(御)[接頭]존경・겸양・정중」+「め(目)」+「に[助詞]」+「かかる(掛かる)[4]」(〈お目にかかる〉의 형태로 '보다・만나다'의 겸양표현)+「まする[助動]겸양・정중」+「む」→「う」. 이를 해석하면 〈내일 밤에는 입관하여 뵙겠습니다〉.

〈捷原1,21앞〉

□そうさしられ①御[ご]くらうて御[ご]さる②。
　(그리ᄒ옵소슈고ᄒ옵시니)

① 「さう→そう(然う)[副]그렇게. 그만큼」+「さしらる : ①[4・下2]하시다 ②[助動]~하시다」의 命令形「さしられ」.
② 「ごくらう→ごくろう(御苦労)다른 사람의 고생(수고)을 높여 이르는 말」+「だ[助動]단정・지정」의 連用形「で」+「ござる(御座る)[4]~입니다」.

⇨ 그렇게 하십시오. 애쓰십니다.

〈捷改1,31앞〉----------

◆[客]そうさつしやれませい御[ご]くらうて御[ご]さる。
　(그리ᄒ옵소슈고ᄒ옵시니)

○「然う」+「さつしやる(4・下2)하시다」(連用形)+「まする[助動]겸양・정중」(命令形)+「御苦労」+「だ」(連用形)+「御座る」. 해석은 원간본과 같다.

〈捷原1,21앞〉

❏みぎに申[もうし]た①おくれふねお②、御[ご]ねんおいれて③きもいらしられ④。
(앗가숣던뗘딘비룰 御念入ᄒ셔肝煎ᄒ옵소)

① 「みぎ(右)오른 쪽. 위쪽. 이전」+「に[助詞]」+「まうす[4]→もうす(申す)[5] '말하다·고하다'의 겸양어」의 連用形「もうし」+「た[助動]과거·완료」.

② 「おくる[下2]→おくれる(遲れる·後れる)[下1]늦다. 뒤처지다」의 連用形「おくれ」+「ふね(船·舟·槽)배. 선박」+「を[助詞]」.

③ 「ご(御)[接頭]존경·겸양·정중의 뜻을 보탬」+「ねん(念)생각. 주의. 조심」+「を[助詞]」+「いる(入る)[下2]→いれる(入れる)[下1]넣다」의 連用形「いれ」+「て」(〈念を入れる〉는 '빠짐이 없도록 매우 주의하다'의 뜻).

④ 「きもいる(肝煎る)[4]마음 졸이다. 수고하다」의 未然形「きもいら」+「しらる[助動]~하시다」의 命令形「しられ」. 참고로〈표준국어대사전〉에는「간전(肝煎)」이「소나 돼지 따위의 간을 얇게 저며 소금으로 간하고 밀가루를 묻힌 뒤 달걀 푼 것을 씌워 기름에 지진 음식」으로 풀이되어 있다.

⇨ 앞서 아뢰었던 뒤처진 배를 유념하여 애쓰십시오.

〈捷改1,31앞〉----------

◆さいぜん申[もうし]ましたおくれましたふねお、御[ご]ねんいれられてきもいらしやれません。
(몬져숣던쩌진비룰 御念入ᄒ셔肝煎ᄒ옵소)

○ 「さいぜん(最前)가장 먼저. 좀 전에」+「申す」(連用形)+「まする[助動]겸양·정중」(連用形)+「た」+「遲れる」(連用形)+「まする[助動]」(連用形)+「た[助動]과거·완료」+「船」+「を」+「御」+「念」+「入れる」(連用形)+「らる[助動]존경」

(連用形)＋「て」＋「肝煎る」(未然形)＋「しゃる[助動]~하시다」(連用形)＋「ます る[助動]」(命令形). 해석은 원간본과 같다.

〈捷原1, 21뒤〉

❏またおしられても①ちよさい②御[ご]さるまい③.
(쏘아니니르셔도얼현이아니ᄒ오리)

① 「また(又·亦·復)[副]다시. 같이. 달리. 또한. 게다가」＋「おしらる[下2]말씀 하시다」의 未然形「おしられ」＋「ず[助動]부정」→「ん」＋「でも[助詞]~해도」.
② 이는 「ちよさい(樗才)저재. 쓸모없는 재목이나 재능(인재). 자신의 겸칭」 로 봐야겠다. 다만 문맥상 어색하므로 〈개수본〉을 참조하여 다소의 의역이 필요한 듯싶다.
③ 「ござる(御座る)[4]①(존경어)계시다. 오시다. 가시다 ②(정중어)있습니다 ③~입니다」＋「まい[助動]부정의 추량」.

⇨ 다시 말씀하지 않으셔도 문제가 없을 겁니다.

〈捷改1, 31뒤〉----------

◆[主]またおおせられすともおろかにわそんしませす.
(쏘니르지아니셔도얼현이는아니ᄒ오리)

○「また」＋「おほせらる[下2]→おおせられる(仰せられる)[下1]말씀하시다. 명령 하시다」(未然形)＋「ず」＋「とも[助詞]~하더라도」＋「おろか(疎か)[形動]적당 히 하는 것. 소홀함. 대충」(連用形)＋「は[助詞]」＋「ぞんず[存ず][サ変]생각 하다(겸양)」(連用形)＋「まする[助動]겸양·정중」＋「ず[助動]부정」. 이를 해 석하면 〈다시 말씀하시지 않더라도 소홀히는 생각하지 않습니다〉.

〈捷原1,21뒤〉

❏とねきより①いまもとりまるした②。
　(東萊로셔앗가도라왓숩니)

① 「とねぎ(東萊)동래」+「より[助詞]①동작·장소·시간의 起點. ~부터 ②동작이 이루어지는 경유지. ~을 지나 ③비교의 기준. ~보다」.
② 「いま(今)지금. 이제」+「もどる(戻る)[4]돌아오다」의 連用形「もどり」+「まるする[助動 겸양·정중]」+「た[助動 과거·완료]」.

⇨ 동래에서 이제 돌아왔습니다.

〈捷改1,32앞〉----------

◆とうらいよりさきほとかゑつてまいりました。
　(東萊로셔앗가도라왓습니)

○「とうらい(東萊)동래」+「より」+「さきほど(先程)조금 전. 아까」+「かへる[4]→かえる(帰る·還る)[5]돌아오다(가다)」(音便形)+「て」+「まるる[4]→まいる(参る)[5]'오다·가다'의 겸양어」(連用形)+「ます[助動]겸양·정중」(連用形)+「た」. 이를 해석하면〈동래에서 조금 전 돌아왔습니다〉.

〈捷原1,21뒤〉

❏とねきよりも①きのうわひよりわるいに②、
　(東萊겨셔도어제논일긔사오나온더)

①「とねぎ(東萊)동래」+「より[助詞]동작·장소·시간의 起點. ~부터」+「も[助詞]」.

② 「きのふ→きのう(昨日)어제」+「は[助詞]」+「ひより(日和)해상의 (좋은) 날씨. 맑은 날씨. 어떤 일을 하기에 적합한 날씨」+「わるし[形ク]→わるい(悪い)[形]나쁘다. 정상이 아니다」+「に[助詞]~하니. ~하는데」.

⇨ 동래로부터도 어제는 날씨가 나쁘니,

〈捷改1,32앞〉----------

◆とうらい申[もう]されまするわさくしつわひよりもあしう御[ご]さつたところに、
(東萊니르시문昨日은日吉利도사오나온듸)

○「とうらい(東萊)동래」+「まうす[4]→もうす(申す)[5]아뢰다. 말하다」(未然形) +「る[助動]존경」(連用)+「まする[助動]겸양·정중」+「は[助詞]」+「さくじつ(昨日)어제」+「は」+「日和」+「も[助詞]」+「あし(悪し)[形シク]나쁘다. 조악하다. 부적당하다」(ウ音便)+「ござる(御座る)[4]~입니다」(音便形)+「た[助動]과거·완료」+「ところに(所に)[助詞]~하면. ~했는데」. 이를 해석하면 〈동래 말씀하시기는 어제는 날씨도 나빴었습니다만〉. '말씀하시다'를 예컨대 〈おおせらる〉가 아니라 굳이 겸양어인 〈申す〉에 존경의 뜻을 가진 助動詞인 〈る〉를 접속하여 표현하는 점이 특징적이다.

〈捷原1,21뒤〉

❏なんほう御[ご]くらうに①、わたらしられたと②御[ご]かして③、もんあん④
さしられまるするえ。
(언머슈고로이 건너시도다녀녀ᄒ시고 問安ᄒᆞ읍시데)

① 「なんぼう(何ぼう)[副]①어느 정도. 꽤. 너무. 아무리 ②상식의 정도를 넘은 어떤 사태에 대해 놀라워하는 뜻을 나타냄. 어찌. 어디까지. 정말로. 심하게」+「ごらう→ごくろう(御苦労)다른 사람의 고생(수고)을 높여

이르는 말」+「に[助詞]」.

② 「わたる(渡る·涉る)[4]건너다. 도항(渡航)하다」의 未然形 「わたら」+「しらる[助動]~하시다」의 連用形 「しられ」+「た[助動]과거·완료」+「と[助詞]~라고」.

③ 이 부분은 〈한글음주〉가 「ㄱ간시데」이므로 「ごかんじて」로 보고 풀이하겠다. 「ご(御)[接頭]존경·겸양·정중의 뜻을 보탬」+「かんず(感ず)[サ変]느끼다. 감동하다. 감탄하다. 마음으로 생각하다. 생각을 떠올리다」의 連用形 「かんじ」+「て」.

④ 본문의 「もんあん」은 이에 대한 〈한글역〉이 「問安」이므로 이를 音讀한 것으로 보이는데 『広辞苑』(2008)과 『日本国語大事典』(1976)에는 이 말이 표제어로 등재되어 있지 않다. 그런데 『日本国語大辞典』(2003)에는 새로이 등재되어 「もんあん(問安)윗사람의 안부를 묻는 것. 심기를 살피는 것」과 같이 풀이되어 있다.

⑤ 「さしらる:①[4·下2]하시다 ②[助動]~하시다」의 連用形 「さしられ」+「まるする[助動]겸양·정중」.

⇨ 엄청나게 고생하셔서 건너셨다고 보시고서 문안드립니다.

〈捷改1,32뒤〉----------

◆御[お]とかいなされさそ御[ご]くらうにおほしめされませうと、御[お]みまいお申[もう]せとことづていたされました。
(御渡海ᄒᆞ시니ᄌᆞ키슈고로이너기시랴ᄒᆞ셔 보옴을슬오라코젼갈ᄒᆞ시ᄋᆞᆸ데)

○「お(御)[接頭]존경·겸양·정중」+「とかい(渡海)도해」+「なさる(為さる)[下2]하시다」(連用形)+「さぞ(嘸)[副]그처럼. 필시. 분명」+「御苦労」+「に」+「おぼしめす(思し召す)[4]생각하시다」(未然形)+「る[助動]존경」(連用形)+「まする[助動]겸양·정중」+「む[助動]추량·의지」→「う」+「と[助詞]~라고」+「お(御)[接頭]」+「みまふ[4]→みまう(見舞う)[5]순시하다. 방문하다. 문안하다」

의 連用形「みまい」+「まうす[4]→もうす(申す)[5]아뢰다. 하다」(命令形)+「と[助詞]~라고」+「ことづて(言伝て)전언. 전갈. 전문」+「いたす(致す)[4]하다(겸양)」(未然形)+「る[助動]존경」(連用形)+「まする[助動]겸양·정중」(連用形)+「た[助動]과거·완료」. 이를 해석하면〈도해하셔서 필시 고생으로 생각하시리라고 문안 아뢰라고 전갈하셨습니다〉. '하시다'를 예컨대〈なさる〉가 아니라 굳이 겸양어인〈致す〉에 존경의 뜻을 가진 助動詞인〈る〉를 접속하여 표현하는 점이 특징적이다.

〈捷原1,22앞〉

❏またくんくわんも①やらしらりたか②まいたか③。
(쏘軍官도보내시더니왓숩던가)

① 「また(又·亦·復)[副]다시. 같이. 달리. 또한. 게다가」+「ぐんくわん→ぐんかん(軍官)군사(軍事)를 관할하는 관리. 무관(武官)」+「も[助詞]」. 참고로 「군관(軍官)」「명사」『역사』 조선 시대에, 각 군영과 지방 관아의 군무에 종사하던 낮은 벼슬아치」(표준국어대사전).

② 「やる(遣る·行る)[4]보내다. 파견하다」의 未然形「やら」+「しらる[助動]~하시다」+「た[助動]과거·완료」+「が[助詞]역접」.

③ 「まゐる[4]→まいる(参る)[5]궁중이나 신분이 높은 사람이 있는 곳으로 가다. 궁중에 출사하다. 도착하다」의 連用形「まい」+「た[助動]과거·완료」(본문은 音便이 반영된 것으로 보인다)+「か[助詞]의문·질문」.

⇨ 또한 군관도 보내셨습니다만 왔는가?

〈捷改1,33앞〉----------

◆さてまたくんくわんもさし御[ご]されましたかまいりましたか。
(그리코쬬軍官도보내시더니왓습던가)

○「さて(接続)그리고. 그런데」+「また」+「軍官」+「も」+「さし御され」+「まする[助動]겸양·정중」(連用形)+「た」+「が」+「参る」(連用形)+「まする[助動]」(連用形)+「た」+「か」. 여기에서 「さし御され」는 풀이가 쉽지 않다. 우선 「さし」는 〈한글역〉이 〈보내〉이므로 동사 「さす(差す·指す)[4]가리키다. 향하다. 파견하기 위해 임명하다. 어떤 역할을 정해 파견하다」의 連用形에 「ござる」가 접속한 것으로 볼 수 있겠지만 「ござる」는 4단동사이므로 「ござり」로 활용해야 한다. 개수본이 오히려 이해하기 어려운 경우다. 이를 해석하면 〈그런데 또 군관도 파견하셨습니다만 왔습니까〉.

〈捷原1,22뒤〉

❏ただいまあいまるした①。
(앗가만낫습니)

① 「ただいま(只今)지금. 방금」+「あふ[4]→あう(会う·逢う·遭う)[5]만나다」의 連用形「あひ」+「まるする[助動]겸양·정중」+「た[助動]과거·완료」.

⇨ 지금 만났습니다.

〈捷改1,33뒤〉----------

◆[客]さきほとあいました。
(앗가만낫습늬)

○「さきほど(先程)조금 전. 아까」+「会う」(連用形)+「まする[助動]겸양·정중」(連用形)+「た」. 이를 해석하면 〈좀 전에 만났습니다〉.

〈捷原1,22뒤〉

□とういところゑ①御[ご]ねんころに②くんくわんおやらしられ③とわしらるほとに④、かたしけなう御[ご]さる⑤。
(먼디극진이軍官을보내여무르시니 감격ᄒ여ᄒ옵니)

① 「とほし[形ク]→とおい(遠い)[形]멀다」+「ところ(所・処)곳. 바. 상황」+「へ[助詞]」.
② 「ご(御)[接頭]존경・겸양・정중의 뜻을 보탬」+「ねんごろ(懇ろ)[形動]정성스러운 모양. 친절함. 공손함. 친밀함」의 連用形 「ねんごろに」.
③ 「ぐんくわん→ぐんかん(軍官)군관. 무관(武官)」+「を[助詞]」+「やる(遣る・行る)[4]보내다. 파견하다」의 未然形 「やら」+「しらる[助動]~하시다」의 連用形 「しられ」.
④ 「とふ[4]→とう(問う・訪う)[5]묻다. 방문하다」의 未然形 「とは」+「しらる[助動]~하시다」+「ほどに(程に)[接助]①~하면. ~하는 사이에 ②원인・이유. ~이므로」.
⑤ 「かたじけなし[形ク]→かたじけない(忝い・辱い)[形]창피하다. 면목이 없다. 사무치게 고맙다. 황송하다」의 連用形 「かたじけなく」의 ウ音便 「かたじけなう」+「ござる(御座る)[4]①(존경어)계시다. 오시다. 가시다 ②(정중어)있습니다 ③~입니다」.

⇨ 먼데 정성스레 군관을 보내셔서 찾으시니 황공합니다.

〈捷改1,33뒤〉----------

◆ゑんほう御[ご]ねんころにくんくわんおもつて御[お]たつねにあつかりまして、かたしけなうそんしまする。
(먼듸극진히軍官을써무르시니 감격히너기옵닉)

○「えんぽう(遠方)먼 쪽. 멀리 떨어진 곳」+「御」+「懇ろ」(連用形)+「軍官」+「を」+「もって(以て)」(「を[助詞]」에 이어져서)수단이나 원인 등을 나타냄. ~로써. ~때문에」+「お(御)[接頭]존경·겸양·정중」+「たづぬ[下2]→たずねる(尋ねる)[下1]찾다. 묻다」(連用形)+「に[助詞]」+「あづかる[4]→あずかる(与る)[5]관계하다. 윗사람으로부터 받다」(連用形)+「まする[助動]겸양·정중」+「て」+「かたじけなし」(ウ音便)+「ぞんず(存ず)[サ変]생각하다(겸양)」(連用形)+「まする[助動]겸양·정중」. 이를 해석하면 〈멀리 정성스레 군관으로써 방문하심을 받아서 황공하게 생각합니다〉.

〈捷原1,23앞〉

❏いましやうくわん①みまいにいきまるするほとに②、かさねてみまるせう③。
(이제正官보오라가오니 다시보옵새)

① 「いま(今)지금. 이제」+「しやうくわん(正官)정관」(〈捷原1,15앞〉풀이 참조).
② 「みまひ→みまい(見舞)순시. 방문. 문안」+「に[助詞]~하러」+「いく(行く)[4]가다」의 連用形 「いき」+「まるする[助動]겸양·정중」+「ほどに(程に)[接助]①~하면. ~하는 사이에 ②원인·이유. ~이므로」.
③ 「かさねて(重ねて)[副]다시. 재차. 다음에」+「みる(見る·視る·観る)[上1]보다」의 連用形 「み」+「まるする[助動]겸양·정중」의 未然形 「まるせ」+「む[助動]추량·의지」→「う」.

⇨ 지금 정관을 문안하러 가겠사오니 다시 봅시다.

〈捷改1,34앞〉-----------
◆[主]たたいましやうくわんしのはうゑみまいにまいりまするゆゑ、かさねて御[お]めにかかりませう。

(이저正官의보오라가오니 다시보옵새)
○「ただいま(只今)지금」+「正官」+「し(士)(呉音은 〈ジ〉①벼슬아치 ②남자의 경칭 ③일정한 자격이나 역할을 가진 사람」+「の[助詞]」+「はう→ほう(方)쪽. 편」+「へ[助詞]」+「見舞」+「に」+「参る」(連用形)+「まする[助動] 겸양・정중」+「ゆゑ→ゆえ(故)이유. 원인. 연고」+「かさねて」+「お(御)[接頭]존경・겸양・정중」+「め(目)」+「に[助詞]」+「かかる(掛かる)[4](〈お目にかかる〉의 형태로 '보다・만나다'의 겸양표현)+「まする[助動]」+「む」→「う」. 이를 해석하면 〈지금 정관사 쪽으로 문안하러 가는 고로 다시 뵙겠습니다〉.

〈捷原1,23앞〉

❏しやうくわんしゑ①みも②ひとおやりまるせうほどに③、
(正官의나도사룸을보내올거시니)

① 「しやうくわん(正官)정관」+「し(士)(呉音은 〈ジ〉①벼슬아치 ②남자의 경칭 ③일정한 자격이나 역할을 가진 사람」(또는 〈じ(地)땅. 그 지방. 지역. 구역〉)+「へ[助詞]」.
② 「み(身)[名・代]몸. 나. 자신」+「も[助詞]」.
③ 「ひと(人)사람. 다른 사람」+「を[助詞]」+「やる(遣る・行る)[4]보내다. 파견하다」의 連用形「やり」+「まるする[助動]겸양・정중」의 未然形「まるせ」+「む[助動]추량・의지」→「う」+「ほどに(程に)[接助]①~하면. ~하는 사이에 ②원인・이유. ~이므로」.

⇨ 정관사에게 나도 사람을 보낼 테니,

〈捷改1, 24뒤〉----------

◆ [客]しやうくわんしのはうゑわたくしよりもひとつかいいたしませうほどに、
(正官끠내계셔도사룸 부리올거시니)

○ 「正官」+「土」+「の[助詞]」+「はう→ほう(方)쪽. 편」+「へ」+「わたくし(私)[代]저」+「より[助詞]기점」+「も」+「ひとづかひ→ひとづかい(人使い)심부름꾼. 다른 사람을 부리는 것」+「いたす(致す)[4]하다(겸양)」(連用形)+「まする[助動 겸양・정중」+「む」→「う」+「ほどに」. 이를 해석하면 〈정관사 쪽으로 저로부터도 심부름꾼 하겠사오니〉가 되어서 개수본 쪽이 더 이해하기 어렵게 된다. 다만 「いたす」를 「いだす(出だす)[4]나가게 하다. 일 보내다」로 보면 〈심부름꾼 보내겠사오니〉가 되므로 전혀 문제가 없다. 이러한 혼란은 「いたし」에 붙은 〈한글음주〉가 「이다시」인 점이 영향을 미치기 때문인데, 요컨대 『첩해신어』는 〈한글음주〉만으로 일본어의 淸濁을 빠짐없이 이해할 수 없다.

〈捷原1, 23뒤〉

> □こなたも①こつうしお②さきにやてみて御[ご]され③。
> (자니도 小通事를 몬져 보내여 보고가읍소)

① 「こなた(此方)[代]이쪽. 이 사람. 저. 당신. 이래. 이후. 그보다 이전」+「も[助詞]」.
② 「こつうじ(小通事・小通詞)에도(江戶)시대, 나가사키(長崎)에 있던 唐通事(とうつうじ)・和蘭(オランダ)通詞(つうじ)의 계급 가운데 하나. 大通事(おおつうじ)・大通詞(おおつうじ)를 보좌하는 역할」+「を[助詞]」.
③ 「さきに(先に・曩に)[副]이전에. 먼저. 전에」+「やる(遣る・行る)[4]보내다. 파견하다」의 連用形「やり」+「て」+「みる(見る・視る・觀る)[上1]보다」의 連用

形「み」+「て」+「ござる(御座る)」[4]①(존경어)계시다. 오시다. 가시다 ② (정중어)있습니다 ③~입니다」의 命令形「ござれ」.

⇨ 그쪽도 소통사를 먼저 보내보십시오.

〈捷改1, 35앞〉----------

◆そこもともこつうしおやらしやれてあうて御[ご]さりませい。
(자닉도小通事를보닉여보고가옵소)

○「そこもと(其処許)[代]그쪽. 거기. 당신」+「も」+「小通事」+「を」+「遣る(未然形)+「しやる[助動]~하시다」(連用形)+「て」+「あふ[4]→あう(合う・会う・逢う・遭う)[5]만나다」+「て」+「御座る」(連用形)+「まする[助動]겸양・정중」(命令形). 이를 해석하면〈그쪽도 소통사를 보내셔서 만나고 가십시오〉.

〈捷原1, 23뒤〉

▫️いまひとおやたれは①よひあると申[もうす]②。
(앗가사룸을보내오니브르더라ᄒ옵니)

① 「いま(今)지금. 이제」+「ひと(人)사람. 다른 사람」+「を[助詞]」+「やる(遣る・行る)[4]보내다. 파견하다」의 連用形「やり」(본문은 音便形)+「たり[助動완료・존속」의 已然形「たれ」+「ば[助詞]확정조건. 원인・이유」.
② 「よぶ(呼ぶ・喚ぶ)[4]부르다. 초대하다」의 連用形「よび」(명사)+「あり(有り)[ラ変]있다」+「と[助詞]~라고」+「まうす[4]→もうす(申す)[5]'말하다・고하다'의 겸양어」.

⇨ 지금 사람을 보냈더니 부름이 있다고 합니다.

〈捷改1, 35뒤〉----------

◆ [主]さいせんひとおつかわしましたれはかのはうよりも御(お)よひなさるると申[もうす]ことて御[ご]さる。
(앗가사룸을보내오니져러로셔도부르시더라ᄒᆞᆸᄂᆡ)

○「さいぜん(最前)가장 먼저. 좀 전에」+「人」+「を」+「つかはす[4]→つかわす(使わす·遣わす)[5]심부름 보내시다. 파견하시다. 가게하다. 보내다」(連用形)+「まする[助動 겸양·정중」(連用形)+「たり」(已然形)+「ば」+「かの(彼の)[連体]저」+「はう→ほう(方)쪽. 편」+「より[助詞]기점」+「も[助詞]」+「お(御)[接頭 존경·겸양·정중」+「呼ぶ」(連用形)+「なさる(為さる)[下2]→なされる(為される)[下1]하시다」(본문에는 옛말의 連体形인〈なさるる〉가 쓰였다)+「と」+「申す」+「こと(事)것. 일」+「だ[助動 단정·지정](連用形)+「ござる(御座る)[4]~입니다」. 이를 해석하면〈좀 전에 사람을 보냈더니 저쪽에서도 부르신다고 하는 것입니다〉.

〈捷原1, 23뒤〉

❏ そうならば①さき御[ご]され②。
(그러커든 몬져가읍소)

① 「さう→そう(然う)[副]그렇게. 그만큼」+「なり[助動 단정·지정」의 未然形「なら」+「ば[助詞]가정조건」.

② 「さき(先·前)앞. 먼저」+「ござる(御座る)[4](존경어)계시다. 오시다. 가시다」의 命令形「ござれ」.

➪ 그렇다면 먼저 가십시오.

〈捷改1, 36앞〉----------

◆[客]しからはさきゑゆかしやれい。
(그러커든몬져가읍소)

○「しからば(然らば)[接続]그렇다면. 그러면」+「先」+「へ[助詞]」(문맥으로 보면 〈に〉가 적절함)+「ゆく(行く)[4]가다」(未然形)+「しゃる[助動]~하시다」(命令形). 해석은 원간본과 같다.

〈捷原1, 24앞〉

❑われもあとから①それいきまるせう②。
(나도미처그리가오리)

① 「われ(我·吾)[代]나. 저」+「も[助詞]」+「あと(後)뒤. 이후」+「から[助詞]~부터」.
② 「それ(其·夫)[代]그것. 그때. 그곳」+「いく(行く)[4]가다」의 連用形「いき」+「まるする[助動]겸양·정중」의 未然形「まるせ」+「む[助動]추량·의지」→「う」.

⇨ 저도 나중에 거기에 가겠습니다.

〈捷改1, 36앞〉----------

◆わしもおつつけそれゑまいりませう。
(나도미처그리가오리)

○「わし(私)[代]1인칭. 저. 근세(近世) 주로 여성이 썼다. 현재는 손아랫사람에 대해 중년 남성이 사용한다」+「も」+「おつつけ(追っ付け)[副]금방. 곧바로. 금세」+「それ」+「へ[助詞]」+「まゐる[4]→まいる(参る)[5]오다·가다」의 겸양어」(連用形)+「ます[助動]겸양·정중」+「む」→「う」. 이를 해석하면 〈저도 금세 거기로 가겠습니다〉.

〈捷原1,24앞〉

❏こなた御[ご]らんしらるやうに①、はかい②あれてむさいほとに③、
(자니보시ᄃ시 방새파락ᄒ야누추ᄒ니)

① 「こなた(此方)[代]이쪽. 이 사람. 저. 당신」+「ごらんず(御覧ず)[サ変]보시다」의 未然形「ごらんぜ」(본문에는 〈-じ〉인데 이는 고전문법에서는 잘못이지만 현대일본어 문법에는 부합한다. 한편 원문은 〈御ろん〉으로 적힌 것으로 보이고 〈한글음주〉 역시 〈론〉이므로 문제가 있어 보이는데, 이는 첩해신어 전체에 걸쳐 발생하는 일관된 문제이며 개수본에서 모두 〈한글음주〉가 〈란〉으로 변경되어 있다는 사실까지 고려하여 본서에서는 논의하지 않으며 이하 원문 역시 〈ら〉로 바꾸어 제시하겠다)+「らる[助動수동·존경]」의 連体形「らるる」(본문의 〈らる〉는 비문법적)+「やうだ→ようだ(様だ)[助動](주로 連用形으로 써서)행동의 기준이 되는 방법, 상황, 형태나 목적을 나타냄」의 連用形「やうに」.

② 본문의 「はかい」는 〈한글음주〉가 「황가이」이므로 「はがい」로 봐야겠다. 그런데 「はがい」를 사전에서 찾아보면 「はがい(羽交)새의 좌우 날개가 교차하는 부분. 새의 날개」뿐으로 문맥상 전혀 통하지 않는다. 이에 대한 〈한글역〉은 「방새」인데 이와 관련된 어휘로는 「방사(坊舎)」「명사」『불교』승려가 거처하는 방」(표준)「방사(房舎)」「명사」①『건설』'방'을 전문적으로 이르는 말. ②방만 있는 건물」(표준)을 들 수 있겠지만 불확실하다. 여기에서는 일단 '방'으로 풀이하고 이하 「はがい:방」과 같이 기술하겠다.

③ 「ある[下2]→あれる(荒れる)[下1]거칠다. 황폐하다. 낡다」의 連用形「あれ」+「て」+「むさし[形ク]→むさい[形]천박하다. 불결하고 불쾌하다. 더럽다. 누추하다」+「ほどに(程に)[接助]①~하면. ~하는 사이에 ②원인·이유.

~이므로.

⇨ 그쪽이 보시는 바와 같이 방이 낡고 누추하므로,

〈捷改1, 36앞〉──────────

◆そなたのみさつしやるたうり、いゑかそんしてきたなうて、
　(자닉보시ᄃ시 집이파락ᄒ여더러워)

○「そなた(其方)[代名]그쪽. 자네」+「の[助詞]~이」+「みる(見る)[上1]보다」(未然形)+「さつしゃる[助動]~하시다」+「とほり→とおり(通り)~와 같이」(본문의 〈たうり〉는 정서법에 어긋남)+「いへ→いえ(家)집」+「が[助詞]」+「そんして」(이에 대한 〈한글음주〉는 〈손ᄉ|떼〉이므로 〈ぞんず(存ず)[サ変]생각하다(겸양)〉의 連用形 〈ぞんじ〉+〈て〉로 봐야겠지만 뜻이 통하지 않는다. 〈한글음주〉를 무시하고 〈そんず(損ず)[サ変]부서지다. 상하다. 나빠지다〉의 連用形 〈そんじ〉+〈て〉로 보는 편이 맞겠다)+「きたなし(汚し・穢し)[形ク]더럽다. 흉하다」(ウ音便+「て」. 이를 해석하면 〈그쪽이 보시는 대로 집이 상하고 흉해서〉.

〈捷原1, 24앞〉

❏いちやお①ようよう②かんにんしまるしたほとに③、
　(一夜를계유堪忍ᄒ엿ᄉ오니)

① 「いちや(一夜)일몰에서 일출까지」+「を[助詞]」.
② 「やうやう→ようよう(漸う)[副]점점. 가만히. 겨우. 간신히」.
③ 「かんにん(堪忍)견디는 것. 참는 것」(〈한글역〉이 〈堪忍〉인데 〈표준국어대사전〉에도 〈감인(堪忍)〉이 등재되어 있으며 '참고 견딤'으로 풀이되어 있다)+「す(為)[サ変]하다」의 連用形 「し」+「まるする[助動]겸양・정중」

+「た[助動]과거·완료」+「ほどに(程に)[接助]①~하면. ~하는 사이에 ②원인·이유. ~이므로」.

⇨ 하룻밤을 간신히 견뎠으므로.

〈捷改1, 36뒤〉----------

◆いちやおやうやうかんにんいたしましたにより、
(一夜를 계요 堪忍ㅎ여시니)

○「一夜」+「を」+「漸う」(歷史的仮名표기법의 〈やうやう〉가 現代仮名표기법에서 〈ようよう〉로 변화했으므로 개수본이 원간본에 비해 표기법에서 오히려 역행한 것으로 볼 수 있겠다)+「堪忍」+「いたす(致す)[4]하다(겸양)」(連用形)+「まする[助動]겸양·정중」(連用形)+「た」+「に[助詞]+「よる(因る·由る·拠る·依る)[4]~에 의거하다. 근거하다」(〈~により〉의 형태로 '~에 의해. ~이므로'의 뜻). 해석은 원간본과 같다.

〈捷原1, 24뒤〉

> ◻おうたけとうと① こもころくまいほと②、さきいれてくたされ③.
> (큰대열과 공셕 五六枚만 몬져드려주옵소)

① 「おほたけ → おおたけ(大竹)굵은 대나무」+「とを → とお(十)열」+「と[助詞]~와」.
② 「こも(菰·薦)줄. 거적」+「ご(五)다섯」+「ろく(六)여섯」+「まい(枚)매. 장」+「ほど(程)정도. 쯤」.
③ 「さき(先·前)앞. 먼저」+「いる(入る)[下2] → いれる(入れる)[下1]넣다」의 連用形「いれ」+「て」+「くださる(下さる)[4]주시다. 내리시다」의 命令形「ください」.

⇨ 굵은 대나무 열 그루와 거적 대여섯 장 남짓 먼저 넣어주십시오.

〈捷改1, 36뒤〉----------

◆ふといたけとそのほかこさいもくお、さきにいれてくたされい。
(큰대와그받긔小材木를 몬져드려주옵소)

○「ふとし[形ク]→ふとい(太い)[形]두껍다」+「たけ(竹)대나무」+「と」+「その(其の)[連体]그」+「ほか(外・他)밖」+「こ(小)[接頭]소. 작은」+「ざいもく(材木)재목. 목재」+「を[助詞]」+「さきに(先に・曩に)[副]이전에. 앞에. 먼저」+「入れる」(連用形)」+「て」+「くださる」(命令形인〈くだされ〉가〈ください〉로 변화하는데 본문은 그 과도기적인 형태로 봐야할 듯싶다). 이를 해석하면 〈굵은 대나무와 그밖에 작은 목재를 앞서 넣어주십시오〉.

〈捷原1, 24뒤〉

❏それわいまとねきゑ①申[もうし]やて②、いるるやうにしまるせうか③、たしかにかきつけておかしられ④。
(글란이제東萊술와보내야 드릴양으로ᄒᆞ오려니와 ᄌᆞ셰히뎌거두옵소)

① 「それ(其・夫)[代]그것. 그때. 그곳」+「は[助詞]」+「いま(今)지금. 이제」+「とねぎ(東萊)동래」+「へ[助詞]」.

② 본문의「申やて」는「もうしやって」로 보이는데「もうしやる」는 사전에 등재되지 않은 말이다. 이는「いひやる(言ひ遣る)[4]구두나 서면으로 고하여 알리다」의 겸양 표현으로 봐야겠다.

③ 「いる(入る)[下2]→いれる(入れる)[下1]넣다」의 連体形「いるる」(옛말 쪽을 선택했다. 이는 아래 개수본도 마찬가지다)+「やうだ→ようだ(様だ)[助動(주로 連用形으로 써서)행동의 기준이 되는 방법, 상황, 형태나 목적

을 나타냄」의 連用形「やうに」+「す(爲)[サ変하다」의 連用形「し」+「まるする[助動]겸양·정중」의 未然形「まるせ」+「む[助動]추량·의지」→「う」+「が[助詞]역접」.

④ 「たしか(確か·慥か)[形動]확실함. 명확함」의 連用形「たしかに」+「かきつく[下2]→かきつける(書き付ける)[下1]적어 놓다. 기록하다」의 連用形「かきつけ」+「て」+「おく(置く)[4]두다. 놓다. 중단하다」의 未然形「おか」+「しゃる[助動]~하시다」의 命令形「しゃれ」.

⇨ 그것을 지금 동래에 고해바쳐서 들이도록 하겠으나 분명히 적어 두십시오.

〈捷改1, 37앞〉----------

◆[主]それわいまとうらいゑ申[もうし]つかわして、いるるやうにしませうけれとも、たしかにかきつけておかしゃれませい。
（글란이제東萊슬와보내여 드릴양으로ᄒ오려니와 ᄌ셔히져거두옵소）

○「それ」+「は」+「今」+「とうらい(東萊)동래」+「へ」+「もうしつかはす(申し遣はす)[4]고해 올리다. 고해바치다」(連用形)+「て」+「入(い)る」(連体形)+「様だ」(連用形)+「す」+「まする[助動]겸양·정중」+「む」→「う」+「けれども[助詞]역접」+「たしか」(連用形)+「書き付ける」(連用形)+「て」+「置く」(未然形)+「しゃる[助動]~하시다」(連用形)+「まする[助動]겸양·정중」(命令形). 해석은 원간본과 같다.

〈捷原1, 25앞〉

❑さたまてくたさるものお①申[もうす]てわ御[ご]さらん②。
（명ᄒ여주논거슬슬온거시아니라）

① 「さだまる(定まる)[4]정해지다. 관례로 정착하다. 정식으로 결정되다」의 連用形 「さだまり」(促音便으로 봐야겠다)+「て」+「くださる(下さる)[4]주시다. 하사하시다」의 連体形「くださる」+「もの(物)것. 물건」+「を[助詞]」.

② 「まうす[4]→もうす(申す)[5]'말하다·고하다'의 겸양어. 부탁드리다」+「だ[助動]단정·지정」의 連用形 「で」+「は[助詞]」+「ござる(御座る)[4]①(존경어)계시다. 오시다. 가시다 ②(정중어)있습니다 ③~입니다」의 未然形 「ござら」+「ず[助動]부정」→「ん」.

⇨ 정해져서 주시는 것을 아뢰는 것은 아닙니다.

〈捷改1, 37뒤〉----------

◆ [客]さたまてくたさるるものお申[もうし]て御[ご]さらす。
(졍ᄒᆞ여주는거슬슬론거시아니라)

○「定まる」(音便形)+「て」+「くださる(下さる)[下2]주시다」(여기에는 連体形이 와야 하는데 〈くださるる〉와 같이 활용했다. 〈くださる〉는 원래 下2단활용 동사인데 근세 이후에 4단활용으로 바뀌었다고 한다. 원간본은 4단, 개수본은 下2단이 쓰인 것으로 변화의 흐름에 역행하는 셈이다)+「物」+「を」+「申す」(連用形)+「て」+「御座る」(未然形)+「ず」. 이를 해석하면 〈정해져서 주시는 것을 아뢰지 않습니다〉.

〈捷原1, 25앞〉

❏ へちに申[もうし]て①くたされうかと②申[もうし]まるする③。
(別로솔와주실가ᄒᆞ여솔왓ᄂᆞ니)

① 「べち(別)다른. 특별한. 각별한」+「に[助詞]」+「まうす[4]→もうす(申す)[5] '말하다·고하다'의 겸양어. 부탁드리다」의 連用形「もうし」+「て」.

② 「くださる(下さる)[下2]→くだされる(下される)[下1]주시다. 내리시다. 하사하시다」의 未然形「くだされ」+「む[助動]추량・의지」→「う」+「か[助詞]의문・질문」+「と[助詞]~라고」.
③ 「まうす[4]→もうす(申す)[5]'말하다・고하다'의 겸양어. 부탁드리다」의 連用形「もうし」+「まるする[助動]겸양・정중」.

⇨ 따로 아뢰어서 주실 수 있을까 하고 아룁니다.

〈捷改1, 38앞〉----------

◆へちに申[もうし]てくだされうかとそんして申[もうし]まする。
(別로 술와주실까너겨 술와숩닉)

○「別」+「に」+「申す」(連用形)+「て」+「くださる」(未然形)+「む」→「う」+「か」+「と」+「ぞんず(存ず)[サ変]'생각하다'의 겸양어」(連用形)+「て」+「申す」(連用形)+「まする[助動]겸양・정중」. 이를 해석하면 〈따로 아뢰어서 주실 수 있을까 하고 생각하여 아룁니다〉.

〈捷原1, 25뒤〉

❏そうならは①わたくしに②ゐることわ御[ご]さらんほとに③、
(그러ᄒ면 ᄉᆞᄉᆞ로이 어들일은 아니오니)

① 「さう→そう(然う)[副]그렇게. 그만큼」+「なり[助動]단정・지정」의 未然形「なら」+「ば[助詞]가정조건」.
② 「わたくし(私)[名]공적(公的)인 것에 반대로 자기 일신에 관한 사항. 사적. 비밀」+「に[助詞]」.
③ 「う(得・獲)[下2]얻다. 획득하다」의 連体形「える」(〈ゑ-)는 정서법에 어긋

남」+「こと(事)것. 일」+「は[助詞]」+「ござる(御座る)[4]①(존경어)계시다. 오시다. 가시다 ②(정중어)있습니다 ③~입니다」의 未然形「ござら」+「ず[助動]부정」→「ん」+「ほどに(程に)[接助]①~하면. ~하는 사이에 ②원인·이유. ~이므로」.

▷ 그러면 사적으로 얻는 것은 없을 테니.

〈捷改1, 38앞〉----------

◆ [主]しからはないしよてもとむることてわ御[ご]さらぬにより、
(그러면스스로求홀일은아니오니)

○「しからば(然らば)[接續]그렇다면. 그러면」+「ないしょ(内緒·内所)자기들끼리의 비밀」+「だ[助動]단정·지정」(連用形)+「もとむ[下2]→もとめる(求める)[下1]찾다. 구하다. 요구하다」(連体形)+「事」+「だ[助動]단정·지정」(連用形)+「は」+「御座る」(未然形)+「ず」→「ぬ」+「に[助詞]」+「よる(因る·由る·拠る·依る)[4]~에 의거하다. 근거하다」(〈~により〉의 형태로 '~에 의해. ~이므로'의 뜻). 이를 해석하면〈그렇다면 내밀하게 구할 일은 아니므로〉.

〈捷原1, 25뒤〉

❑みかしきにとねきにまいて①、ねんころに申[もうし]まるせうか②、こなたも③たんしお④かいてやらしられ⑤。
(내친히東萊가 극진이술오려니와 자니도單字룰써보내읍소)

① 「み(身)[名·代몸. 나. 자신」+「が[助詞]」+「じきに(直に)[副]직접. 바로」+「とねぎ(東萊)동래」+「に[助詞]」+「まゐる[4]→まいる(参る)[5]궁중이나 신분이 높은 사람이 있는 곳으로 가다. 궁중에 출사하다. 도착하다」의 連用形「まいり」(促音便으로 봐야겠다)+「て」.

② 「ねんごろ(懇ろ)[形動]정성스러운 모양. 친절함. 공손함. 친밀함」의 連用形 「ねんごろに」+「まうす[4]→もうす(申す)[5]'말하다・고하다'의 겸양어. 부탁드리다」의 連用形 「もうし」+「まるする[助動]겸양・정중」+「む[助動]추량・의지」→「う」+「が[助詞]역접」.

③ 「こなた(此方)[代]이쪽. 이 사람. 저. 당신. 이래. 이후. 그보다 이전」+「も[助詞]」.

④ 「たんじ(単字)한 글자」+「を[助詞]」.

⑤ 「かく(書く)[4]쓰다. 적다」의 連用形 「かき」(イ音便)+「て」+「やる(遣る・行る)[4]보내다. 파견하다」의 未然形 「やら」+「しゃる[助動]~하시다」의 命令形 「しゃれ」.

⇨ 내가 직접 동래에 가서 간곡히 아뢸 테니 그쪽도 한 글자 써서 보내십시오.

〈捷改1, 38뒤〉----------

◆わたくしかしきにとうらいにのほりまして、くわしう申[もうす]わいたしませうか、そなたもかきつけおしてやらしゃれい。
(내친히東萊을나가 주셔히숣기는ᄒ려니와 자네도單子을ᄒ여보내옵소)
○「わたくし(私)[代]저」+「が」+「直に」+「とうらい(東萊)동래」+「に」+「のぼる(上る)[4]올라가다」(連用形)+「まする[助動]겸양・정중」+「て」+「くはし(精し・詳し・委し)[形シク]자세하다. 상세하다. 정통하다」(ウ音便)+「申す」(連体形)+「は[助詞]」+「いたす(致す)[4]하다(겸양)」(連用形)+「まする[助動]」+「む」→「う」+「が」+「そなた(其方)[代名]그쪽. 자네」+「も」+「かきつけ(書付)①용건 따위를 적은 종이. 메모 ②에도(江戸)시대 쇼군(将軍) 등의 명령을 전한 공문서」+「をして[連語]수단. 방법」(또는 〈を[助詞]〉+〈す(為)[サ変]하다〉의 連用形 〈し〉+〈て〉)+「遣る」(未然形)+「しゃる[助動]~하시다」(命令形). 이를 해석하면 〈제가 직접 동래에 올라가서 자세하게 아뢰기

는 하겠습니다만 그쪽도 간단한 글로써 보내십시오).

〈捷原1,26앞〉

▢それわそうしまるせう①。
(글란그리ᄒ오리)

① 「それ(其·夫)[代]그것. 그때. 그곳」+「は[助詞]」+「さう→そう(然う)[副]그렇게. 그만큼」+「す(為)[サ変]하다」의 連用形「し」+「まるする[助動]겸양·정중」의 未然形「まるせ」+「む[助動]추량·의지」→「う」.

⇨ 그것은 그렇게 하겠습니다.

〈捷改1,39앞〉----------

◆それわそうしませう。
(글란그리ᄒ오리)

○「それ」+「は」+「然う」+「す」(連用形)+「まする[助動]겸양·정중」+「む」→「う」. 해석은 원간본과 같다.

〈捷原1,26앞〉

▢されいわ①いつころしまるせうか②。
(茶禮ᄂᆞᆫ어니ᄢᅴᄒ올고)

① 「されい(茶礼)다도의 예식(예의범절)」(〈표준국어대사전〉에는 다례(茶禮)가 '①차를 대접하는 의식 ②음력 매달 초하룻날과 보름날, 명절날, 조상 생일 등의 낮에 지내는 제사'로 풀이되어 있다)+「は[助詞]」.

② 「いつごろ(何時頃)언제쯤」+「す(為)[サ変]하다」의 連用形 「し」+「まるする [助動]겸양·정중」의 未然形 「まるせ」+「む[助動]추량·의지」→「う」+「か [助詞]의문·질문」.

⇨ 다례는 언제쯤 할까요?

〈捷改1,39앞〉----------

◆[客]されいわいつころにいたしませうか。
(茶禮ᄂᆞᆫ 어ᄂᆡ 씌 ᄒᆞ올고)

○「茶礼」+「は」+「何時頃」+「に[助詞]」+「いたす(致す)[4]하다(겸양)」(連用形) +「まする[助動]겸양·정중」+「む」→「う」+「か」. 해석은 원간본과 같다.

〈捷原1,26앞〉

❏はやするやうに①さしられ②。
(수이 홀양으로 ᄒᆞᆸ소)

① 「はや(早)[副]빨리. 일찍」+「す(為)[サ変]하다」의 連体形 「する」+「やうだ →ようだ(様だ)[助動](주로 連用形으로 써서)행동의 기준이 되는 방법, 상황, 형태나 목적을 나타냄」의 連用形 「やうに」.
② 「さしらる : ①[4·下2]하시다 ②[助動]~하시다」의 命令形 「さしられ」.

⇨ 빨리 하도록 하십시오.

〈捷改1,39뒤〉----------

◆はやうするやうにさつしやれい。
(수이 홀양으로 ᄒᆞᆸ소)

○「はやし(早し)[形ク]빠르다. 이르다」(ウ音便)+「す」(連体形)+「様だ」(連用形)+「さつしゃる(4・下2)하시다」(命令形). 해석은 원간본과 같다.

〈捷原1,26뒤〉

❏とねきかこのあいた①きあいけ②て御[ご]さたに③、ちとなおりまるしたほとに④、
(東萊가요ᄉ이편티아냐ᄒ시더니 잠깐ᄒ려겨시니)

① 「とねぎ(東萊)동래」+「が[助詞]」+「このあひだ(此の間)요사이. 요즘. 지난번」.
② 본문의 「きあいけ」는 사전에 등재되지 않은 말이다. 〈개수본〉에서는 이 부분이 「とうらいかこのあいたわ御ひやうきて御さつたか(東萊가요ᄉ이는 病드러계시더니)」 즉 「病気(びょうき)」로 바뀌어있다. 「きあひ(気合)①마음이 맞는 것 ②마음가짐. 기분 ③호흡 ④기합」에 「け(気)느낌. 모습. 병」나 「げ(気)[接尾]겉으로 봐서 추측되는 기척, 모습, 느낌, 경향 등을 나타냄」가 이어진 것으로 봐야겠는데 확실하지 않다. 이하「きあいけ」는 「편치 않은 모습」으로 풀이하겠다.
③ 「だ[助動]단정・지정」의 連用形 「で」+「ござる(御座る)[4]①(존경어)계시다. 오시다. 가시다 ②(정중어)있습니다 ③~입니다」(본문은 促音 표기는 없으나 音便形으로 봐야겠다. 개수본에는 促音도 표기된다)+「た[助動]과거・완료」+「に[助詞]~하니. ~하는데」.
④ 「ちと(些と・少と)[副]조금. 다소. 잠시」+「なほる[4]→なおる(直る・治る)[5]낫다. 회복하다」의 連用形 「なおり」+「まるする[助動]겸양・정중」+「た[助動]과거・완료」+「ほどに(程に)[接助]①~하면. ~하는 사이에 ②원인・이유. ~이므로」.

⇨ 동래가 요사이 편치 않았습니다만 조금 나았기에,

〈捷改1, 39뒤〉----------

◆[主]とうらいかこのあいたわ御[ご]ひやうきて御[ご]さつたか、すこし御[お]こころよう御[ご]さるにより、
(東萊가요亽이ᄂᆞᆫ病드러계시더니 져기ᄒᆞ려겨시오니)

○「とうらい(東萊)동래」+「が」+「此の間」+「は[助詞]」+「ご(御)[接頭]존경·겸양·정중」+「びやうき→びょうき(病気)병, 질병」+「だ」(連用形)+「御座る」(音便形)+「た」+「が[助詞]역접」+「すこし(少し)[副]조금」+「お(御)[接頭]존경·겸양·정중」+「こころよし(快し)[形ク]기분이 좋다. 유쾌하다. 쾌차하다」(ウ音便)+「ござる(御座る)[4]계시다. ~입니다」+「に[助詞]」+「よる(因る·由る·拠る·依る)[4]~에 의거하다. 근거하다」(〈~により〉의 형태로 '~에 의해. ~이므로'의 뜻). 이를 해석하면 〈동래가 요전에는 병환이셨습니다만 조금 쾌차하셔서〉.

〈捷原1, 26뒤〉

❏にさんにちのうちに①さしらるやうに②しまるせう③。
  (二三日內예훌양으로ᄒᆞ오리)

① 「に(二)2」+「さん(三)3」+「にち(日)일」+「の[助詞]」+「うち(內)내. 안」+「に[助詞]」.
② 「さしらる : ①[4·下2]하시다 ②[助動]~하시다」+「やうだ→ようだ(様だ)[助動](주로 連用形으로 써서)행동의 기준이 되는 방법, 상황, 형태나 목적을 나타냄」의 連用形「やうに」.
③ 「す(為)[サ変]하다」의 連用形「し」+「まるする[助動]겸양·정중」의 未然形「まるせ」+「む[助動]추량·의지」→「う」.

⇨ 이삼일 안에 하시도록 하겠습니다.

〈捷改1, 40앞〉----------

◆にさんにちうちにさつしゃるやうにしませう。
(二三日內에 홀 양으로 ᄒᆞ오리)

○「二」+「三」+「日」+「內」+「に」+「さつしゃる(4・下2)하시다」+「様だ」(連用形)+「す」(連用形)+「まする(助動 겸양・정중)」+「む」→「う」. 해석은 원간본과 같다.

〈捷原1, 27앞〉

☐されいわみやうにちしまるするほどに①、まゑかとこしらゑて御[ご]さて②、いてさしらるやうにさしられ③。
(茶禮ᄂᆞᆫ 明日 ᄒᆞ오니 미리 출혀겨시다가 나실양으로 ᄒᆞ쇼셔)

① 「されい(茶礼)다례」+「は[助詞]」+「みやうにち(明日)내일」+「す(爲)[サ変]하다」의 連用形「し」+「まるする(助動 겸양・정중)」+「ほどに(程に)[接助]①~하면, ~하는 사이에 ②원인・이유, ~이므로」.

② 「まへかど(前廉)이전에, 앞서서, 미리」(〈-ゑ-〉는 정서법에 어긋남)+「こしらふ(拵ふ)[下2]→こしらえる(拵える)[下1]준비하다, 차리다」의 連用形「こしらえ」(〈-ゑ-〉는 정서법에 어긋남)+「て」+「ござる(御座る)[4](존경어)계시다, 오시다, 가시다」의 連用形「ござり」의 音便形「ござっ」(促音은 표기되지 않음)+「て」.

③ 「いづ(出づ)[下2]나가다」의 未然形「いで」+「さしらる(助動~하시다」의 連体形「さしらる」+「やうだ→ようだ(様だ)[助動](주로 連用形으로 써서)행동의 기준이 되는 방법, 상황, 형태나 목적을 나타냄」의 連用形「やうに」+「さしらる[4・下2]하시다」의 命令形「さしられ」.

⇨ 다례는 내일 하올 테니 미리 준비하고 계시다가 나오시도록 하십시오.

〈捷改1, 40뒤〉----------

◆ [主]されいわみやうにちて御[ご]さりまする。かねて御[ご]よういなされましたか。御[お]いてなさるるやうにさつしやれません。
(茶禮는 明日이오니 미리출혀겨시다가 나실양으로ᄒ쇼셔)

○「茶礼」+「は」+「明日」+「だ[助動]단정·지정」(連用形)+「ござる(御座る)[4]~입니다」(連用形)+「まする[助動]겸양·정중」.「かねて(予て)[副]미리. 먼저. 사전에」+「ご(御)[接頭]존경·겸양·정중」+「ようい(用意)준비. 주의. 차비」+「なさる(爲さる)[下2]하시다」(連用形)+「まする[助動]겸양·정중」(連用形)+「た[助動]과거·완료」+「か」(이 부분은 〈한글음주〉가 〈마시따까〉이므로 의문·질문을 나타내는 助詞 〈か〉로 봐야겠다. 〈한글역〉과는 차이가 크다).「おいで(御出)'오다·가다·있다'의 존경어」+「なさる(爲さる)[下2]하시다」(連体形)+「様だ」(連用形)+「さつしゃる(4·下2)하시다」(連用形)+「まする[助動]겸양·정중」(命令形). 이를 해석하면 〈다례는 내일입니다. 미리 준비하셨습니까? 오시도록 하십시오〉.

〈捷原1, 27앞〉

❑こころゑまるした①そうしまるせう②。
(아옵게 그리ᄒ오리)

① 「こころう(心得)[下2]이해하다. 납득하다. 알다」의 連用形「こころえ」(〈-ゑ-〉는 정서법에 어긋남)+「まるする[助動]겸양·정중」+「た[助動]과거·완료」.
② 「さう→そう(然う)[副]그렇게. 그만큼」+「す(爲)[サ変]하다」의 連用形「し」+「まるする[助動]겸양·정중」의 未然形「まるせ」+「む[助動]추량·의지」→「う」.

⇨ 알겠습니다. 그렇게 하겠습니다.

〈捷改1, 41앞〉----------

◆ [客]こころゑましたそうしませう。
(아옵셰 그리ᄒ오리)

○「心得」(連用)+「まする[助動]겸양·정중」(連用形)+「た」.「然う」+「す」(連用形)+「まする[助動]」+「む」→「う」. 해석은 원간본과 같다.

〈捷原1, 27뒤〉

□たたししゃうくわんし①そうして②やまいけなひとて御[ご]さたに③、
(다만正官이본ᄃᆡ병든사ᄅᆞᆷ이옵더니)

① 「ただし(但し)[接続]그런데. 다만. 어쩌면」+「しゃうくわん(正官)정관」+「し(士)(呉音은〈ジ〉①벼슬아치 ②남자의 경칭 ③일정한 자격이나 역할을 가진 사람」.

② 본문의 「そうして」는 「さうして→そうして(然うして)[接続]그리고. 그에 이어서」 또는 「そうじて(総じて)[副]모두. 대체로. 대개. 일반적으로」로 봐야겠다. 이에 대한〈한글음주〉는 「소우시뎨」이므로 전자로 봐야겠지만 문맥상 후자가 적절할 듯싶다.

③ 「やまひけ(病気)병 기미. 아픈 기색」+「な[助動]지정」(또는 앞선 단어를 形容動詞로 보고 그 連体形일 수도 있다)+「ひと(人)사람」+「だ[助動]단정·지정」의 連用形「で」+「ござる(御座る)[4]①(존경어)계시다. 오시다. 가시다 ②(정중어)있습니다 ③~입니다」의 連用形「ござり」의 音便形「ござっ」(促音은 표기되지 않음)+「た[助動]과거·완료」+「に[助詞]~하니. ~하는데」.

⇨ 다만 정관은 대체로 편찮은 기운이 있는 사람이었는데.

〈捷改1, 41앞〉----------

◆しかししやうくわんわもとひやうしんなひとて御[ご]さりまするに、
(다만正官은본듸病身엔사룸이옵더니)

○「しかし(然し・併し)[接続]그러나」+「正官」+「は[助詞]」+「もと(元・旧・故)옛날. 처음. 이전」(〈もともと〉는 副詞로서 '처음부터. 원래. 본래'의 뜻)+「びやうしん→びょうしん(病身)[形動]병신. 병에 걸린 몸. 병약한 것. 자주 병에 걸리는 것」(連体形)+「人」+「だ」(連用形)+「御座る」(連用形)+「まする[助動]겸양・정중」+「に」. 이를 해석하면 〈하지만 정관은 원래 병을 달고 사는 사람이오니〉.

〈捷原1, 27뒤〉

❏なとやら①くるといなや②、またきあいけて③、くいものもゑくわす④ふせていまるするほとに⑤、
(엇디훈디오며셔브터 또병드러 머글쩟도잘못먹고누엇ᄉᆞ오니)

① 이에 대한 〈한글음주〉는 「난또야라」다. 「なんとやら(何とやら)어떻게든. 왠지」.
② 「く(来)[カ変]오다」의 連体形 「くる」+「と[助詞]」+「いなや(否や)[副](〈~やいなや〉의 꼴로)그렇게 하자마자. 곧바로」.
③ 「また(又・亦・復)[副]다시. 같이. 달리. 또한. 게다가」+「きあいけ: 편치 않은 모습」(〈捷原1, 26뒤〉풀이 참조)+「で[助詞]」.
④ 「くひもの→くいもの(食い物)먹을 것. 음식」+「も[助詞]」+「え(得・能)[副](부정표현을 수반하여)불가능의 뜻을 나타냄」(〈ゑ〉는 정서법에 어긋남)+「くふ[4]→くう(食う・喰う)[5]먹다」의 未然形「くわ」+「ず[助動]부정」.
⑤ 「ふす[下2]→ふせる(伏せる・臥せる)[下1]눕다. 엎드리다」의 連用形 「ふせ」

+「て」+「ゐる→いる(居る)[上1]있다」의 連用形 「い」+「まるする[助動]겸양·정중」+「ほどに(程に)[接助]①~하면. ~하는 사이에 ②원인·이유. ~이므로」.

⇨ 무슨 일인지 오기가 무섭게 또 편치 않은 모습으로, 먹을 것도 먹지 못하고 누워 있으니.

〈捷改1, 41뒤〉----------
◆なにといたされたやらちゃくみぎりより、またいたまして、しよくしもなりませすうちふしていられますにより、
(엇지ᄒ지오며셔부터 쪼알ᄒ 食事도몯ᄒ고안히누어일ᄉ오매)

○「なにと(何と)[副]어떻게」+「いたす(致す)[4]하다(겸양)」(未然形)+「る[助動]존경」(連用形)+「た[助動]과거·완료」+「やら[助詞](어떤 일에 대해 불확실한 생각을 품고 있다는 것을 나타냄)~인지. ~든지」+「ちゃく(着)착. 다다르는 것」+「みぎり(砌)곳. 때. 즈음」+「より[助詞]~부터」+「また」+「いたます(痛ます)[4]아프게 하다. 골머리 앓다」(連用形. 또는 動詞〈痛(いた)む〉의 未然形〈いたま〉에 使役·尊敬의 助動詞인〈す〉가 접속한 것으로도 볼 수 있겠다)+「て」+「しょくじ(食事)식사」+「も」+「なる(生る·成る·為る)[4]생기다. 되다. 할 수 있다」(連用形)+「まする[助動]겸양·정중」+「ず」+「うちふす(打ち臥す)[4]드러눕다」+「て」+「居る」(未然形)+「らる[助動]존경」(連用形)+「まする[助動]」+「に[助詞]」+「よる(因る·由る·拠る·依る)[4]~에 의거하다. 근거하다」(〈~により〉의 형태로 '~에 의해. ~이므로'의 뜻). 이를 해석하면〈어떻게 하셨는지 도착할 무렵부터 또 편찮아서 식사도 하지 못하고 드러누워서 계시므로〉.

〈捷原1, 28앞〉

❏いてまるするまいかと①おもいまるするほとに②、われらはかり③いてまるせう④。
(나디몬홀가녀기오니 우리똔나올쇠)

① 「いづ(出づ)[下2]나가다」의 連用形 「いで」+「まるする[助動]겸양·정중」+「まい[助動]부정의 추량」+「か[助詞]의문·질문」+「と[助詞]~라고」.

② 「おもふ[4]→おもう(思う)[5]생각하다」의 連用形 「おもい」+「まるする[助動]겸양·정중」+「ほどに(程に)[接助]①~하면. ~하는 사이에 ②원인·이유. ~이므로」.

③ 「われら(我等)[代]우리들. 나. 너희들」+「ばかり(許り)[助詞](체언이나 용언의 連体形에 접속)~만. ~뿐」.

④ 「いづ(出づ)[下2]나가다」의 連用形 「いで」+「まるする[助動]겸양·정중」의 未然形 「まるせ」+「む[助動]추량·의지」→「う」.

▷ 나가지 못하지 않을까 생각하오니 우리만 나가겠습니다.

〈捷改1, 42앞〉----------

◆しゆつきんいたしゐられますするまいかとそんしまするほとに、わたくしはかりまかりてませう。
(참예ᄒ지몬홀가녀기오니 우리똔나올쇠)

○ 「しゆつきん(出勤)출근」+「いたす(致す)[4]하다(겸양)」(連用形)+「う[下2]→える(得る)[下1](동사의 連用形에 접속하여)~할 수 있다」(未然形)+「らる[助動]존경」(連用形)+「まする[助動]겸양·정중」+「まい」+「か」+「と」+「ぞんず(存ず)[サ変]생각하다(겸양)」(連用形)+「まする[助動]」+「ほどに」+「わたくし(私)[代]저」+「ばかり」+「まかりいづ(罷り出づ)[下2]→まかりでる(罷り出

る)[下1]귀인의 앞에서 물러나다. 나가다(겸양). 나서다(겸양)」(連用形)+「まする[助動]」+「む→「う」. 이를 해석하면 〈출근하실 수 없으실까 하고 생각하오니 저만 나가겠습니다〉. 전반부가 원간본에 비해 훨씬 복잡한 구조로 이루어져 있으며, 또한 말미에 〈한글음주〉가 「마가리떼 마쑈우」로 되어있어서 혼란스럽다.

〈捷原1, 28앞〉

❏ そうならば①なせにせひとも②あすさしらるやうに③おしらりたか④。
(그러면엇디브듸늬일ᄒ 실양으로니르옵시던고)

① 「さう→そう(然う)[副]그렇게. 그만큼」+「なり[助動]단정・지정」의 未然形「なら」+「ば[助詞]가정조건」.
② 「なぜに(何故に)어째서. 왜」+「ぜひとも(是非とも)[副]꼭. 반드시」.
③ 「あす(明日)내일」+「さしらる[4・下2]하시다」+「やうだ→ようだ(様だ)[助動](주로 連用形으로 써서)행동의 기준이 되는 방법, 상황, 형태나 목적을 나타냄」의 連用形「やうに」.
④ 「おしらる[下2](〈おほせらる〉의 준말〈おせらる〉가 바뀐 말)말씀하시다」의 連用形「おしらり」+「た[助動]과거・완료」+「か[助詞]의문・질문」.

⇨ 그렇다면 어째서 무슨 일이 있어도 내일 하시도록 말씀하셨는가?

〈捷改1, 42뒤〉----------

◆[主]さやう御[ご]さらはなせにいよいよみやうにちなされませうとおおせられましたか。
(그러면얻지부듸明日ᄒ시게니ᄅ 옵시던고)

○「さやう→さよう(然様・左様)[形動]그처럼. 그렇게」+「ござる(御座る)[4]~입

니다」(未然形)+「ば」+「何故に」+「いよいよ(弥·愈·愈愈)[副]더욱. 틀림없이. 분명히. 마침내」+「みやうにち→みょうにち(明日)내일」+「なさる(為さる)[下2]하시다」(連用形)+「まする[助動]겸양·정중」+「む[助動]추량·의지」→「う」+「と[助詞]~라고」+「おほせらる[下2]→おおせられる(仰せられる)[下1] 말씀하시다. 명령하시다」(連用形)+「まする[助動]」(連用形)+「た」+「か」. 이를 해석하면 〈그러하시다면 어째서 틀림없이 내일 하시겠다고 말씀하셨습니까?〉.

〈捷原1,28뒤〉

❏しやうくわんしの①きあいもそんせす②、
(正官의氣相도아디몯ᄒ고)

① 「しやうくわん(正官)정관」+「し(士)(呉音은〈ジ〉①벼슬아치 ②남자의 경칭 ③일정한 자격이나 역할을 가진 사람」+「の[助詞]」.

② きあひ(気合)①마음이 맞는 것 ②마음가짐. 기분 ③그 상황의 상태나 분위기 ④호흡 ⑤기합」(〈한글역〉이 '氣相'인데 이는 「きっさう→きっそう」로 읽으며 '기색이 얼굴에 드러난 것. 안색. 낯빛'의 뜻이다. 또한 앞에서는 「きあいけ: 편치 않은 모습」(〈捷原1,26뒤〉 풀이 참조)가 쓰이고 있어서 같은 뜻의 말로 보는 편이 타당할 듯싶다)+「も[助詞]」+「ぞんず(存ず)[サ変]생각하다. 알다'의 겸양어」의 未然形「ぞんぜ」+「ず[助動]부정」.

⇨ 정관의 상황(편찮음)도 모르고서,

〈捷改1, 43앞〉----------

◆しやうくわんしの御[ご]ひやうきのやうすおそんせす、
(正官의 病든 일을 아지 몯ᄒ고)

○「正官」+「士」+「の」+「ご(御)」[接頭 존경・겸양・정중]+「ひやうき → びょうき(病気)병. 질병」+「の[助詞]」+「やうす → ようす(様子)모습. 상황. 사정. 기척」+「を[助詞]」+「存ず」(未然形)+「ず」. 이를 해석하면 〈정관사의 병환의 상황을 모르고서〉.

〈捷原1, 28뒤〉

▫そさゑ①さしあいないやうに申[もうし]て②あすさために③、
(送使의 연고업ᄉ양으로 술와 니일로 뎡ᄒᆞ디)

① 「そさ(送使)송사」+「へ[助詞]~에. ~에게」.
② 「さしあひ(差合・指合)응대. 지장. 방해」+「なし(無し)[形ク]→ない(無い)[形]없다」+「やうだ → ようだ(様だ)[助動](주로 連用形으로 써서)행동의 기준이 되는 방법, 상황, 형태나 목적을 나타냄」의 連用形 「やうに」+「まうす[4]→もうす(申す)[5]'말하다・고하다'의 겸양어. 부탁드리다」의 連用形 「もうし」+「て」.
③ 「あす(明日)내일」+「さだむ[下2] → さだめる(定める)[下1]정하다. 결정하다」+「に[助詞]~하니. ~하는데」. 고전문법의 틀에서 보면 예컨대 「さだめたるに」 정도가 문맥상 통한다.

⇨ 송사에게 지장이 없도록 아뢰어서 내일로 정했는데,

〈捷改1, 43앞〉----------

◆そさしゆゑさしつかゑのないたんお申[もうし]あけてみやうにちにさためました ところに、
(送使의연고업슨일룰술와明日로졍ᄒ엳ᄂ듸)

○「送使」+「しゅ(衆)다른 말 아래에 붙여서 그에 해당하는 복수(複數)의 사람에게 가벼운 경의(敬意)나 친밀감을 나타내는 말」+「へ」+「さしつかへ→さしつかえ(差支え)형편이 나쁜 사정. 지장. 방해」+「の[助詞]」+「無い」+「だん(段)단. 일. 경우. 내용. 차례」(참고로 〈ないだん(内談)내밀히 이야기 나누는 것. 밀담〉도 있으나 문맥상 어색하다)+「を[助詞]」+「まうしあぐ[下2]→もうしあげる(申し上げる)[下1]아뢰다」(連用形)+「て」+「みやうにち→みょうにち(明日)내일」+「に[助詞]」+「定める」(連用形)+「まする[助動]겸양・정중」+「た[助動]과거・완료」+「ところに(所に)[助詞]~하면. ~했는데」. 이를 해석하면 〈송사들에게 나쁜 사정이 없다는 것을 아뢰어서 내일로 정했습니다만〉.

〈捷原1, 29앞〉

□いまになて①しやうくわんしのきあいと②おしらるほとに③、
(이제야셔正官의병이라니ᄅ시니)

① 「いま(今)지금. 이제」+「に[助詞]」+「なる(成る・為る)[4]되다」의 連用形「なり」(본문은 促音便으로 봐야겠다)+「て」.

② 「しやうくわん(正官)정관」+「し(士)(呉音은 〈ジ〉①벼슬아치 ②남자의 경칭 ③일정한 자격이나 역할을 가진 사람」+「の[助詞]현대일본어 〈が〉의 쓰임으로도 볼 수 있다」+「きあひ(気合)①마음이 맞는 것 ②마음가짐. 기분 ③그 상황의 상태나 분위기 ④호흡 ⑤기합」(〈きあいけ: 편치 않은

모습)의 준말로도 볼 수 있음)+「と[助詞]~라고」.
③「おしらる[下2](〈おほせらる〉의 준말〈おせらる〉가 바뀐 말)말씀하시다」(고전문법에서는 連体形인〈おしらるる〉가 쓰여야 함)+「ほどに(程に)[接助] ①~하면. ~하는 사이에 ②원인·이유. ~이므로」.

⇨ 지금 와서 정관의 상황(편찮음)이라고 말씀하시니,

〈捷改1, 43뒤〉----------
◆ たたいましやうくわんしの御[ご]ひやうきしやとおほせられまして、
(이제正官의病이라니ᄅ시고)

○「ただいま(只今)지금. 방금」+「正官」+「し」+「の」+「ご(御)[接頭]존경·겸양·정중」+「びやうき→びょうき(病気)병. 질병」+「ぢゃ→じゃ[助動]단정·지정」+「と」+「おほせらる[下2] → おおせられる(仰せられる)[下1]말씀하시다. 명령하시다」(連用形)+「まする[助動]겸양·정중」+「て」. 이를 해석하면〈지금 정관사가 병환이라고 말씀하셔서〉.

〈捷原1, 29앞〉

▢しやうくわんしいてられすば①、われらむてうはうわ②申[もうし]わけられんほとに③、
(正官이나디아니면 우리의그르믄발명못ᄒᆞᆯ거시니)

①「しやうくわん(正官)정관」+「し(士)(呉音은〈ジ〉①벼슬아치 ②남자의 경칭 ③일정한 자격이나 역할을 가진 사람」+「いづ(出づ)[下2]나가다」의 未然形「いで」+「らる[助動]수동·가능·존경」의 未然形「られ」+「ずば : 순접의 가정조건. ~하지 않는다면. ~하지 않아서는」.

② 「われら(我等)[代]우리들. 나. 너희들」+「ぶてうはふ→ぶちょうほう(無調法・不調法)부족한 것. 요령이 없는 것. 잘못. 과실」(〈無〉는 呉音이 〈ム〉漢音이 〈ブ〉. 개수본에서는 〈む〉가 〈ぶ〉로 변경됨)+「は[助詞]」.
③ 「申(もう)しわく」(〈いいわく(言い分く)[下2]변명하다. 설명하다)의 겸양어로 봐야겠다)의 未然形「もうしわけ」+「らる[助動]수동・존경・가능」의 未然形「られ」+「ず[助動]부정」→「ん」+「ほどに(程に)[接助]①~하면. ~하는 사이에 ②원인・이유. ~이므로」.
⇨ 정관이 나오시지 않으면 우리 잘못은 변명 올릴 수 없으니,

〈捷改1, 44앞〉----------

◆しやうくわんしか御[お]いてなされねは、われわれのふてうはうわ申[もうす]わけか御[ご]さらぬほとに、
(正官이나지아니시면 우리의그르믄발명몯홀꺼시니)

○「正官」+「士」+「が[助詞]」+「おいで(御出)'오다・가다・있다'의 존경어」+「なさる(為さる)[下2]하시다」(未然形)+「ず[助動]부정」(已然形)+「ば[助詞]확정조건. 원인・이유」+「われわれ(我我)[代]우리」+「の[助詞]」+「無調法」+「は」+「まうしわけ→もうしわけ(申分・申訳)변명」+「が[助詞]」+「ござる(御座る)[4]있습니다」(未然形)+「ず[助動]부정」(連体形)+「ほどに」. 이를 해석하면 〈정관사가 오시지 않으니 우리의 잘못은 변명이 없사오니〉.

❏たとゑしやうくわんし①御[おん]きあいに御[ご]さるとも②、されいわそつとのまちやほとに③、
(비록正官이병드르실따라도 茶禮ᄂᆞᆫ卒度之間이오니)

① 「たとへ→たとえ(仮令・縦・縦使)[副]가령. 만일」+「しやうくわん(正官)정관」+「し(士)(呉音은 〈ジ〉①벼슬아치 ②남자의 경칭 ③일정한 자격이나 역할

을 가진 사람」.

② 「おん(御)[接頭존경·겸양·정중의 뜻을 보탬」+「きあひ(気合)그 상황의 상태나 분위기」(〈きあいけ : 편치 않은 모습〉의 준말로도 볼 수 있음)+「に[助詞」+「ござる(御座る)[4]①(존경어)계시다. 오시다. 가시다 ②(정중어)있습니다 ③~입니다」+「とも[助詞]역접의 가정조건. ~해도. ~라도」.

③ 「されい(茶礼)다도의 예식(예의범절)」+「は[助詞」+「そつと[副]조금. 불과. 조용히. 남몰래」(〈한글역〉에는 「卒度」인데 이는 「そつど」로 읽으며 '조금. 불과'의 뜻이다)+「の[助詞」+「ま(間)사이. 동안」+「ぢや→じや[助動](〈である〉의 준말인 〈であ〉가 변한 말)~다」+「ほどに(程に)[接助]①~하면. ~하는 사이에 ②원인·이유. ~이므로」.

⇨ 설령 정관이 편찮으시다 해도 다례는 짧은 동안이므로,

〈捷改1, 44뒤〉------------

◆たとゑしやうくわんしの御[ご]ひやうきしやと申[もうし]ても、されいわさんしのまて御[ご]さるほとに、
(비록正官의病이라닐러도 茶禮는暫時之間이오니)

○「たとへ」+「正官」+「し」+「の[助詞」+「ご(御)[接頭존경·겸양·정중」+「びやうき→びょうき(病気)병. 질병」+「ぢや→じや[助動]단정·지정」+「と[助詞]~라고」+「まうす[4]→もうす(申す)[5]아뢰다. 하다(겸양)」(連用形)+「ても[助詞]~해도」+「茶礼」+「は」+「ざんじ(暫時)잠시」+「の」+「間」+「だ[助動]단정·지정」(連用形)+「ござる(御座る)[4]~입니다」+「ほどに」. 이를 해석하면 〈설령 정관사가 병환이라고 하더라도 다례는 잠시간이므로〉.

〈捷原1, 29뒤〉

❏ いてさしられて^①けにもたゑられすは^②、さきにおたちなさるとも^③、われらめいわくおほうしさしられかな^④。
(나셔과연견듸디못ᄒ거든 몬져니ᄅ실디라도 내迷惑을프ᄅ시과다)

① 「いづ(出づ)[下2]나가다」의 未然形 「いで」+「さしらる[助動]~하시다」의 連用形 「さしられ」+「て」.

② 「げにも(実にも)[副]정말로. 아무래도」+「たふ(堪ふ・耐ふ)[下2] → たえる(堪える・耐える)[下1]참다. 견디다」의 未然形 「たへ」+「らる[助動]수동・존경・가능」의 未然形 「られ」+「すは : 만일 ~하지 못한다면」(〈ずば〉도 같은 뜻).

③ 「さき(先・前)앞. 먼저」+「に[助詞]」+「お(御)[接頭]존경・겸양・정중의 뜻을 보탬」+「たつ(立つ・起つ)[4]서다. 자리를 뜨다」의 連用形 「たち」+「なさる(為さる)[4]하시다」+「とも[助詞]~하더라도」.

④ 「われら(我等)[代]우리들. 나. 너희들」+「めいわく(迷惑)곤란함. 어려움. 난처함. 폐. 낭패」+「を[助詞]」+「ほうず(封ず)[サ変]흙을 높이 쌓다. 막다. 닫다」(또는 〈ほうず(報ず)[サ変]받은 은혜를 갚다. 보답하다. 원한을 풀다. 되갚다. 알리다〉)의 未然形 「ほうじ」+「さしらる : ①[4・下2]하시다 ②[助動]~하시다」의 命令形 「さしられ」+「かな[終助]상대방에 대한 바람을 나타냄」. 이 부분은 문장의 뜻을 파악하기가 어렵다.

⇨ 나오셔서 아무래도 견딜 수 없으면 먼저 일어나시더라도, 우리의 난감함을 막으시기 바랍니다.

〈捷改1, 45앞〉----------

◆御[お]いてなされましてまことにこたゑかたう御[ご]さらは、さきに御[お]たちなされても、われわれのなんきにならぬやうになされてくたされません。

(나계셔진실로견듸기어렵거든 몬져니러실지라도 나의어려오미되디 아니케ᄒᆞ여주쇼셔)

○「おいで(御出)'오다·가다·있다'의 존경어」+「なさる(為さる)[下2]하시다」(連用形)+「まする[助動]겸양·정중」+「て」+「まことに(真に·実に)[副]정말로. 참으로」+「こたふ[下2]→こたえる(堪える)[下1]견디다. 참다. 인내하다. 지키다」(連用形)+「がたし(難し)[接尾]~하기 어렵다」(ウ音便)+「ござる(御座る)[4]~입니다」(未然形)+「ば[助詞]가정조건」+「先」+「に」+「御」+「立つ」(連用形)+「なさる(為さる)[下2]하시다」(連用形)+「ても[助詞]~해도」+「われわれ(我我)[代]우리」+「の[助詞]」+「なんぎ(難儀)[形動]어려운 일. 고생. 곤란. 큰일」(連用形)+「なる(成る·為る)[4]되다」(未然形)+「ず[助動]부정」(連体形)+「やうだ→ようだ(様だ)[助動](주로 連用形으로 써서)행동의 기준이 되는 방법, 상황, 형태나 목적을 나타냄」(連用形)+「なさる(為さる)[下2]하시다」(連用形)+「て」+「くださる(下さる)[下2]주시다. 내리시다. 하사하시다」(連用形)+「まする[助動]겸양·정중」(命令形). 이를 해석하면〈오셔서 참으로 견디기 어려우시면 먼저 일어나시더라도, 우리들의 곤란함이 되지 않게끔 해 주십시오〉.

〈捷原1, 30앞〉

❏おしらるところそうなれとも①、しやうくわんしさくはんより②わつらいついたほとに③、
(니르시논배그러ᄒᆞ옵거니와 正官昨晚브터병드럿ᄉᆞ오니)

① 「おしらる[下2](〈おほせらる〉의 준말 〈おせらる〉가 바뀐 말)말씀하시다」(본래는 連体形인 〈おしらるる〉가 쓰여야 함)+「ところ(所·処)곳. 바. 상황」+「さう→そう(然う)[副]그렇게. 그만큼」+「なり[助動]단정·지정」의 已然形 「なれ」+「ども[助詞]역접」.

② 「しやうくわん(正官)정관」+「し(士)」(吳音은 〈ジ〉①벼슬아치 ②남자의 경칭 ③일정한 자격이나 역할을 가진 사람」+「さくばん(昨晩)어젯밤」+「より[助詞]①동작・장소・시간의 起點. ~부터 ②동작이 이루어지는 경유지. ~을 지나 ③비교의 기준. ~보다」.

③ 「わづらひつく(煩ひ付く・患ひ付く)[4]병에 걸리다」의 連用形 「わづらひつき」(본문은 イ音便)+「た[助動]과거・완료」+「ほどに(程に)[接助]①~하면. ~하는 사이에 ②원인・이유. ~이므로」.

⇨ 말씀하시는 바는 그렇지만 정관이 어젯밤부터 병들었으니,

〈捷改1, 45뒤〉----------

◆ [客]おほせられまするところさやうて御[ご]されとも、しやうくわんしさくはんよりいたまれましたほどに、
(니르시는배그러ᄒᆞ옵거니와 正官昨晩븐터알파ᄒᆞ오니)

○ 「おほせらる[下2]→ おおせられる(仰せられる)[下1]말씀하시다. 명령하시다」(連用形)+「まする[助動]겸양・정중」+「ところ」+「さやう→ さよう(然様・左様)[形動]그처럼. 그렇다」+「だ[助動]단정・지정」(連用形)+「ござる(御座る)[4]~입니다」(已然形)+「ども[助詞]역접」+「正官」+「士」+「昨晩」+「より」+「いたむ(痛む)[4]고통을 느끼다. 아프다」(未然形)+「る[助動]존경」(連用形)+「まする[助動]」+「た」+「ほどに」. 이를 해석하면 〈말씀하시는 바는 그러합니다만 정관사가 어젯밤부터 편찮으셨으므로〉.

〈捷原1, 30뒤〉

❏ こなたゑかさねて①申[もうす]まもなさに②、そうてわ御[ご]さるか③、こりか④かとやまい⑤てわなし⑥。
(쟈닉게다시술올ᄉᆞ이도업ᄉᆞ매 그러ᄒᆞ거니와 이양병은아니오)

① 「こなた(此方)[代]이쪽. 이 사람. 저. 당신. 이래. 이후. 그보다 이전」+「へ[助詞]」+「かさねて(重ねて)[副]다시. 재차. 다음에」.
② 「まうす[4]→もうす(申す)[5]'말하다·고하다'의 겸양어. 부탁드리다」의 連体形「もうす」+「ま(間)사이. 짬」+「も[助詞]」+「なし(無し)[形ク없다]」의 語幹「な」+「さ[接尾]形容詞의 語幹에 접속하여 명사를 만듦」+「に[助詞]~하니. ~하는데」.
③ 「さう→そう(然う)[副]그렇게. 그만큼」+「だ[助動]단정·지정」의 連用形「で」+「は[助詞]」+「ござる(御座る)[4]①(존경어)계시다. 오시다. 가시다 ②(정중어)있습니다 ③~입니다」+「が[助詞]역접」.
④ 본문의 「こり」는 「これ(此·是)[代]이것」으로 봐야겠다. 여기에 「が[助詞]」가 붙은 것.
⑤ 이 부분은 〈한글음주〉가 「간도야마이」이므로 「かどやまい」로 봐야겠는데『広辞苑』에는 표제어로 등재되어 있지 않다. 그런데『時代別国語大辞典(室町時代編)』(1989)에는 「かど病」를 표제어로 해서 「偽って病気をよそおうこと。仮病」으로 풀이되어 있다. 또한 〈한글역〉은 「양병」인데 「양병(佯病)「명사」거짓으로 병을 앓는 체하는 짓. =꾀병」(표준). 아울러 이 부분은 〈개수본〉에 「これがさくびやうでわござらず」로 되어있다. 즉 「さくびょう(作病)꾀병」.
⑥ 「だ[助動]단정·지정」의 連用形「で」+「は[助詞]」+「なし(無し)[形ク부정. 아니다. 없다」.
⇨ 그쪽에 거듭 아뢸 새도 없어서 그렇기는 합니다만 이것이 꾸민 병이 아니다.

〈捷改1, 46앞〉----------
◆ そなたのはうにかさねて御[ご]さう申[もうし]まも御[ご]さらなんたゆゑ、そう

てわ御[ご]されとも、これかさくひやうてわ御[ご]さらす。
(자니다시긔별솔올수이도업소오매 그러는ᄒ거니와 이양病은아니오)

○「そなた(其方)[代名]그쪽. 자네」+「の[助詞]」+「はう→ほう(方)쪽. 편」+「に[助詞]」+「重ねて」+「ご(御)[接頭존경·겸양·정중]」+「さう→そう(左右)좌우. 소식. 모습. 상황. 정보. 결정. 명령」+「申す」(〈한글음주〉는 〈모우시〉인데 連体形이 쓰여야 한다)+「間」+「も」+「ござる(御座る)[4]있습니다」(未然形)+「なんだ[助動]과거의 부정」+「ゆゑ→ゆえ(故)이유. 원인. 연고」+「然う」+「だ」(連用形)+「は」+「御座る」(已然形)+「ども[助詞]역접」+「これ(此·是)[代]이것」+「が[助詞]」+「さくびょう(作病)꾀병」+「だ」(連用形)+「は」+「ござる(御座る)[4]~입니다」(未然形)+「ず[助動]부정」. 이를 해석하면 〈그쪽 편에 거듭 소식 아뢸 사이도 없었으므로 그렇기는 합니다만 이것이 꾀병은 아닙니다〉.

〈捷原1, 30뒤〉

❏しやうくわんきしよくが①、かんにんなるへきほとならは②、まかりいてたいとこそ③そんしられとも④、
(正官氣色이 견디염즉ᄒ면 나고져녀기오되)

① 「しやうくわん(正官)정관」+「きしよく(気色)기색. 안색」+「が[助詞]」.
② 「かんにん(堪忍)견디는 것. 참는 것」+「なる(生る·成る·為る)[4]생기다. 되다. 할 수 있다」의 終止形 「なる」+「べし[助動]의무·당연·추량·가능 등」의 連体形 「べき」+「ほど(程)정도. 사이. 때」+「なり[助動]단정·지정」의 未然形 「なら」+「ば[助詞]가정조건」.
③ 「まかりいづ(罷り出づ)[下2]→まかりでる(罷り出る)[下1]귀인의 앞에서 물러나다. 나가다(겸양). 나서다(겸양)」의 連用形 「まかりいで」+「たし→たい[助動]바람. 희망」+「と[助詞]~라고」+「こそ[係助詞]뜻을 강하게 함」(문말

은 已然形).

④「ぞんず(存ず)[サ変](겸양어)알다. 이해하다. 생각하다」의 未然形「ぞんじ」+「らる[助動]수동·존경·가능」의 已然形「られ」+「ども[助詞]역접」.

⇨ 정관의 기색이 견딜 수 있을만한 정도라면 나가고 싶다고 생각되지만.

〈捷改1,46뒤〉----------

◆しやうくわんしのきしよくか、つくろわるるほとならは、しゅつきんいたされたうそんしますれとも、
(正官氣色이 견듸염즉ᄒᆞ면 나고져너기오되)

○「正官」+「し(士)」(呉音은〈ジ〉①벼슬아치 ②남자의 경칭 ③일정한 자격이나 역할을 가진 사람」+「の[助詞]」+「気色」+「が」+「つくろふ[4]→つくろう(繕う)[5]갖추다. 병을 고치다. 요양하다. 꾸미다. 준비하다」(未然形)+「る[助動]가능·존경」(連体形)+「ほど」+「なり」(未然形)+「ば」+「しゅっきん(出勤)출근」+「いたす(致す)[4]하다(겸양)」(未然形)+「る[助動]존경」(連用形)+「たし」(ウ音便)+「存ず」(連用形)+「まする[助動]겸양·정중」(已然形)+「ども」. 이를 해석하면〈정관사의 기색이 차릴 수 있을 정도라면 출근하시고자 생각합니다만〉.

〈捷原1,31앞〉

❏とねききかしらりても①、かとやまいとわおほしめすまいほとに②、
(東萊드르셔도 양병이라는녀기디아니ᄒᆞ실거시니)

①「とねぎ(東萊)동래」+「きく(聞く·聴く)[4]듣다」의 未然形「きか」+「しらる[助動]~하시다」의 連用形「しらり」+「ても[助詞]~해도」.

② 「かどやまい(かど病)꾀병」+「と[助詞]~라고」+「は[助詞]」+「おぼしめす(思し召す)[4]생각하시다」+「まい[助動]부정의 추량」+「ほどに(程に)[接助]①~하면, ~하는 사이에 ②원인・이유, ~이므로」.

⇨ 동래가 들으셔도 꾸민 병이라고는 생각하시지 않을 테니,

〈捷改1,47앞〉----------

♦とうらいか御[お]ききなされても、さくひやうとわおほしめされぬて御[ご]さろうほどに、
(東萊드르셔도 양병이라는너기지아니ᄒ실거시니)

○「とうらい(東萊)동래」+「か[助詞]」+「お(御)[接頭]존경・겸양・정중」+「聞く(連用形)」+「なさる(為さる)[下2]하시다」(連用形)+「ても」+「さくびょう(作病)꾀병」+「と」+「は」+「思し召す」(未然形)+「る[助動]존경」(未然形)+「ぬ[助動]부정」+「だ[助動]단정・지정」(連用形)+「ござる(御座る)[4]~입니다」(未然形)+「む[助動]추량」→「う」+「ほどに」. 일부 어휘나 표현의 변경은 있지만 해석하면 원간본과 같다.

〈捷原1,31앞〉

▢こなたのむてうはうにわ①御[ご]さりそむなうこそ御[ご]さり②.
(자ᄂ그르다는아니ᄒ실돗ᄒ오리)

① 「こなた(此方)[代]이쪽, 이 사람, 저, 당신, 이래, 이후, 그보다 이전」+「の[助詞]」+「ぶてうはふ→ぶちょうほう(無調法・不調法)부족한 것, 요령이 없는 것, 잘못, 과실」(〈捷原1,29앞〉풀이 참조)+「に[助詞]」+「は[助詞]」.
② 「ござる(御座る)[4]①(존경어)계시다, 오시다, 가시다 ②(정중어)있습니다 ③~입니다」의 連用形「ござり」+「そむない[連語](〈そうもない〉가 변한 말)

동사의 連用形에 접속하여 그 동작을 하려는 모양이 없다는 뜻을 나타냄. ~할 것 같지도 않다'의 連用形 「そむなく」의 音便形 「そむなう」+「こそ[係助詞뜻을 강하게 함]」(문말은 已然形)+「ござる(御座る)[4]~입니다」의 已然形 「ござれ」(본문에 連用形인 〈ござり〉가 쓰인 것은 잘못이다).

⇨ 그쪽의 잘못은 아닌 듯합니다.

〈捷改1,47뒤〉----------

◆そなたのあやまりにわなりまするまいかとぞんしまする.
(자닉그른듸는 되지아닐까너기옵닉)

〇 「そなた(其方)[代名]그쪽. 자네」+「の[助詞]」+「あやまり(誤り・謬り)잘못」+「に[助詞]」+「は[助詞]」+「なる(生る・成る・爲る)[4]생기다. 되다. 할 수 있다」(連用形)+「まする[助動]겸양・정중」+「まい[助動]부정의 추량」+「か[助詞]의문・질문」+「と[助詞]~라고」+「ぞんず(存ず)[サ變]생각하다(겸양)」(連用形)+「まする[助動]」. 이를 해석하면 〈그쪽의 잘못으로는 되지 않을 것이라고 생각합니다〉.

〈捷原1,31뒤〉

▫これわこちか①わたくしに申[もうす]ことはちやか②、こなたしゆも③かかゑて御[ご]らんしられ④。
(이는내ᄉᆞᄉᆞ로솗는말이어니와 자닉네도혜아려보시소)

① 「これ(此・是)[代]이것」+「は[助詞]」+「こち(此方)[代]이쪽. 나」+「か[助詞]」.
② 「わたくし(私)[名]공적(公的)인 것에 반대로 자기 일신에 관한 사항. 사적. 비밀」+「に[助詞]」+「まうす[4]→もうす(申す)[5]'말하다・고하다'의 겸양어. 부탁드리다」의 連體形 「もうす」+「ことば(言葉・詞・辭)말. 이야기」+「ぢや

→「じゃ」[助動](「である」의 준말인 〈であ〉가 변한 말)~다」+「が」[助詞]역접」.
③「こなた(此方)」[代]이쪽. 이 사람. 저. 당신」+「しゅ(衆)」①수많은 사람. 사람이 많은 것 ②다른 말 아래에 붙여서 그에 해당하는 복수(複數)의 사람에게 가벼운 경의(敬意)나 친밀감을 나타내는 말」+「も」[助詞]」.
④「かんがふ」[下2]→かんがえる(考える)」[下1]생각하다. 판단하다」(〈한글음주〉가 〈강가예〉)+「て」+「ごらんず(御覽ず)」[サ變]보시다」의 未然形「ごらんぜ」(본문에는 〈-じ〉인데 이는 고전문법에서는 잘못이지만 현대일본어 문법에는 부합함)+「らる」[助動]수동·존경」의 命令形「られ」.
⇨ 이것은 이쪽이 사적으로 아뢰는 말이지만 그쪽 분들도 생각해보십시오.

〈捷改1, 48앞〉----------

◆「主にこれわわたくしのないしよて申[もうし]きて御[ご]されとも、おのおのさまもようりやうけんしてみさつしやれません。
(이는 내수수로솝는 일이어니와 자네도잘혜아려보시소)
○「これ」+「は」+「わたくし(私)」[名·代]사적인 것. 저」+「の」[助詞]」+「ないしょ(内緒·内所)자기들끼리의 비밀」+「だ」[助動]단정·지정」(連用形)+「申す」(連体形. 〈한글음주〉는 〈모우시〉)+「ぎ(儀)예식. 사항. 일. 까닭」+「だ」[助動]단정·지정」(連用形)+「ござる(御座る)」[4]~입니다」(已然形)+「ども」[助詞]역접」+「おのおの(各·各各)」①[名]각각. 각자 ②[代](對稱)여러분」+「さま(樣)분. 님」+「も」+「よう(善う·良う·能う)」[副](よく」의 音便)충분히. 상세히. 능숙하게. 잘. 매우. 흔히. 종종」+「れうけん→りょうけん(料簡·了簡·了見)궁리하는 것. 생각. 대처. 처치. 대책」+「す(為)」[サ變]하다」(連用形)+「て」+「みる(見る)」[下1]보다」(未然形)+「さっしゃる」[助動]~하시다」(連用形)+「まする」[助動겸양·정중」(命令形). 이를 해석하면 〈이것은 제 비밀로 아뢰는 일입니다만 여러분도 잘 생각해보십시오〉.

〈捷原1, 32앞〉

❏きゃくしんかきてこそ①、ていしゆかみまるするまいか②。
　(客人이와야 亭主ㅣ 보디아니ᄒᆞᆸᄂᆞᆫ가)

① 「きゃくじん(客人)손님」+「が(助詞)」+「く(来)[力変]오다」의 連用形「き」+「て」+「こそ(係助詞)뜻을 강하게 함」.

② 「ていしゆ(亭主)주인」+「が(助詞)」+「みる(見る・看る・視る・観る・診る)[上1]보다」의 連用形「み」+「まるする(助動)겸양・정중」+「まい(助動)부정의 추량」+「か(助詞)의문・질문」.

⇨ 손님이 와야만 주인이 보지 않겠는가?

〈捷改1, 48뒤〉----------

◆きゃくしんかきてこそ、ていしゆかあいまするてわ御[ご]さらぬか。
　(客人이와야 亭主ㅣ 보지아니ᄒᆞᆸᄂᆞᆫ가)

○「客人」+「が」+「来」(連用形)+「て」+「こそ」+「亭主」+「が」+「あふ[4]→あう(会)[5]만나다」(連用形)+「まする(助動)겸양・정중」+「だ(助動)단정・지정」(連用形)+「は(助詞)」+「ござる(御座る)[4]~입니다」(未然形)+「ぬ(助動)부정」+「か」. 이를 해석하면 〈손님이 와야만 주인이 만나지 않겠습니까〉.

〈捷原1, 32앞〉

❏そうなれとも①そこてきもいて②、このやうなたうりお③とねきゑ申[もうし]て④、
　(그러커니와게셔힘뼈 이런道理를 東萊ᄭᅴ엿ᄌᆞ와)

① 「さう→そう(然う)[副]그렇게. 그만큼」+「なり[助動]단정・지정」의 已然形「なれ」+「ども[助詞]역접」.
② 「そこ(其処・其所)[代]거기. 그쪽」+「で[助詞]」+「きもいる(肝煎る)[4]마음 졸이다. 수고하다」의 未然形「きもいり」(본문은 促音便으로 봐야겠다)+「て」.
③ 「この(此の・斯の)[連体]이」+「やうだ→ようだ(様だ)[助動](주로 連用形으로 써서)행동의 기준이 되는 방법, 상황, 형태나 목적을 나타냄」의 連体形「やうな」+「だうり→どうり(道理)도리. 이치. 까닭」+「を[助詞]」.
④ 「とねぎ(東萊)동래」+「へ[助詞]」+「まうす[4]→もうす(申す)[5]아뢰다. 하다(겸양)」의 連用形「もうし」+「て」.
⇨ 그러하지만 그쪽에서 수고해서 이러한 까닭을 동래에게 아뢰어서.

〈捷改1, 49앞〉----------

◆「客」さやうて御[ご]されともそこもとよりなにとそとりもつて、かやうのわけおとうらいに申[もうし]あけて、
(그러커니와게셔아모려나쥬션ᄒᆞ여 이런일를東萊ᄭᅴ엳ᄌᆞ와)

○「さやう→さよう(然様・左様)[形動]그처럼. 그렇다」+「だ[助動]단정・지정」(連用形)+「ござる(御座る)[4]~입니다」(已然形)+「ども」+「そこもと(其処許)[代]그쪽. 거기. 당신」+「より[助詞]기점」+「なにとぞ(何卒)[副]어떻게든. 부디. 꼭」+「とりもつ(取り持つ)[4]잡다. 쥐다. 손님이나 출석한 사람의 마음을 상하지 않게끔 능숙하게 상대하다. 주선하다」(본문은 音便形)+「て」+「かやう(斯様)[形動]이처럼. 이와 같다」+「の[助詞]」+「わけ(訳)사정. 이유. 까닭」+「を」+「とうらい(東萊)동래」+「に[助詞]」+「まうしあぐ[下2]→もうしあげる(申し上げる)[下1]아뢰다」(連用形)+「て」. 이를 해석하면〈그렇습니다만 그쪽에서 부디 주선해서 이러한 사정을 동래에게 아뢰어서〉.

〈捷原1,32뒤〉

❏あすせひとも①さしらるやうにさしられ②。
　(니일브디 홀양으로 ᄒᆞᆸ소)

① 「あす(明日)내일」+「ぜひとも(是非とも)꼭. 반드시」.
② 「さしらる : ①[4·下2]하시다　②[助動]~하시다」+「やうだ→ようだ(様だ)[助動] (주로 連用形으로 써서)행동의 기준이 되는 방법, 상황, 형태나 목적을 나타냄」의 連用形「やうに」+「さしらる[4·下2]하시다」의 命令形「さしられ」.

⇨ 내일 반드시 하시도록 하십시오.

〈捷改1,49뒤〉----------

◆みやうにちかならすなりまするやうになされませい。
　(明日부듸 홀양으로 ᄒᆞᆸ소)

○「みやうにち→みょうにち(明日)내일」+「かならず(必ず)[副]꼭. 반드시」+「なる(生る·成る·為る)[4]생기다. 되다. 할 수 있다」(連用形)+「まする[助動]겸양·정중」+「様だ」(連用形)+「なさる(為さる)[下2]하시다」(連用形)+「まする[助動]겸양·정중」(命令形). 이를 해석하면〈내일 반드시 할 수 있도록 하십시오〉.

〈捷原1,32뒤〉

❏すいぶん申[もうし]てみまるせうか①、とねきふさんかい御[ご]さても②、
　(힘뻐 술와 보오려니와　東萊釜山浦오셔도)

①「ずいぶん(随分)[副]매우. 꽤. 힘써. 극력」+「まうす[4]→もうす(申す)[5]'말

하다·고하다'의 겸양어. 부탁드리다'의 連用形「もうし」+「て」+「みる(見る)[上1]보다」의 連用形「み」+「まるする[助動 겸양·정중]」의 未然形「まるせ」+「む[助動 추량·의지]」→「う」+「が[助詞 역접].

② 「とねぎ(東萊)동래」+「ふさんかい(釜山浦)부산포」+「に[助詞]」+「ござる(御座る)[4](존경어)계시다. 오시다. 가시다」의 連用形「ござり」의 音便形「ござっ」(促音은 표기되지 않음)+「て」+「も[助詞]」.

⇨ 힘껏 아뢰어 보겠습니다만 동래 부산포에 가셔도,

〈捷改1, 39뒤〉----------

◆[主]せいたして申[もうし]あけてみませうけれとも、とうらいふさんまいられましても、
(힘뻐슬와보오려니와 東萊釜山오셔도)

○「せいだす(精出す)[4]열심히 노력하다. 힘쓰다」(連用形)+「まうしあぐ[下2]→もうしあげる(申し上げる)[下1]아뢰다」(連用形)+「て」+「見る」(連用形)+「まする[助動 겸양·정중]」+「む」→「う」+「けれども[助詞 역접]」+「とうらい(東萊)동래」+「ふさん(釜山)부산」+「まゐる[4]→まいる(参る)[5]'오다·가다'의 겸양어」(未然形)+「る[助動 존경]」+「まする[助動]」+「て」+「も」. 다수의 표현이 변경되었으나 해석은 원간본과 같다.

〈捷原1, 32뒤〉

❑ことのほかのこりおおい①おもわしられうほとに②、
(거르기섭섭이녀기실거시니)

① 「ことのほか(殊の外)생각 밖으로. 의외로. 특히」+「のこりおほし[形ク]→のこりおおい(残り多い)[形]마음에 남는 것이 많다. 유감이다. 아쉬워하다」

(문맥상 〈-く〉나 〈-う〉가 쓰여야 함).

② 「おもふ[4]→おもう(思う)[5]생각하다」의 未然形 「おもわ」+「しらる[助動]~하시다」의 未然形 「しられ」+「む[助動]추량·의지」→「う」+「ほどに(程に)[接助]①~하면. ~하는 사이에 ②원인·이유. ~이므로」.

⇨ 너무나 아쉽게 생각하실 테니,

〈捷改1, 50앞〉------------

◆ いかうふけうにおもわれませうほどに、
(ᄆ장섭섭이너기실거시니)

○ 「いかう(厳う)[副]매우. 대단히」+「ふきょう(不興)(〈ぶきょう〉로도 씀)흥이 깨지는 것. 재미없는 것. 주군이나 윗사람의 기분을 상하게 하는 것. 꾸지람 듣는 것」+「に[助詞]」+「思う(未然形)」+「る[助動]존경」(連用形)+「まする[助動]겸양·정중」+「む」→「う」+「ほどに」. 이를 해석하면 〈몹시 재미없게 생각하실 테니〉.

〈捷原1, 33앞〉

❏ いかさまよるにも①やうしやうさしられて②、いてさしらるやうに③してみさしられ④。
(아므리커나밤의도養性ᄒ여 나실양으로ᄒ여보읍소)

① 「いかさま(如何様)[副]어떻게든. 부디」+「よる(夜)밤」+「に[助詞]」+「も[助詞]」.
② 「やうじやう→ようじょう(養生)보양하다. 몸조리하다. 질병을 처치하다」+「さしらる[4·下2]하시다」의 連用形 「さしられ」+「て」.
③ 「いづ(出づ)[下2]나가다」의 未然形 「いで」+「さしらる[助動]~하시다」+「やうだ→ようだ(様)[助動](주로 連用形으로 써서)행동의 기준이 되는 방법,

상황, 형태나 목적을 나타냄」의 連用形 「やうに」.

④「す(爲)[サ變]하다」의 連用形 「し」+「て」+「みる(見る)[上1]보다」의 連用形 「み」+「さしらる[助動]~하시다」의 命令形 「さしられ」.

➪ 어떻게든 밤에라도 몸조섭하셔서 나오시도록 해보십시오.

〈捷改1, 50앞〉----------

◆なにとそこんやちうに御[ご]やうしやうなされまして、御[お]いてなさるるやうになされてみさつしやれません。
(아므리커나 今夜中에 御養性ᄒ셔 나실양으로ᄒ여보옵소)

○「なにとぞ(何卒)[副]어떻게든. 부디. 꼭」+「こんや(今夜)오늘 밤」+「ちゅう/ぢゅう→じゅう(中)①[名]중. 사이 ②[接尾]그 가운데 모두」+「に[助詞]」+「ご(御)[接頭]존경·겸양·정중」+「養生」+「なさる(爲さる)[下2]하시다」(連用形)+「まする[助動]겸양·정중」+「て」+「おいで(御出)'오다·가다·있다'의 존경어」+「なさる(爲さる)[下2]」(連体形)+「樣だ」(連用形)+「なさる(爲さる)[下2]」(連用形)+「て」+「見る」(未然形)+「さっしゃる(助動)~하시다」(連用形)+「まする[助動]겸양·정중」(命令形). 이를 해석하면〈모쪼록 오늘밤 사이에 몸조섭하셔서 나오시도록 해 보십시오〉.

〈捷原1, 33뒤〉

❏そうしまるせう①。
(그리ᄒ오리)

①「さう→そう(然う)[副]그렇게. 그만큼」+「す(爲)[サ變]하다」의 連用形 「し」+「まるする[助動]겸양·정중」의 未然形 「まるせ」+「む[助動]추량·의지」→「う」.

➪ 그렇게 하겠습니다.

〈捷改〉--(대응 문장 없음)--

〈捷原1,33뒤〉

案內《ᄂᆞᆫ先通之意》 御字《與尊字同》 念比《極盡之意》 気遣《憂慮之意》 無調法《서어탄 말이라》 無斗方《의지 업단 말이라》 日吉利《日氣之謂也》 多分《거의란 말이라》 遠見《儵望軍之稱》 油断《던득단 말이라》 卒度《暫刻也》 迷惑《悶望也》 亭主《主人也》 養性《調理也》

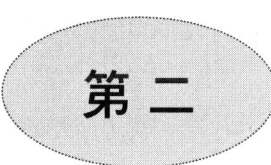

第 二

〈捷原2,1앞〉

▫ とねきおしらるわ①、わたるひわ②おりふしわるいかせに③、
(東萊니르심은 건너신날은마줌사오나온ᄇ람의)

① 「とねぎ(東萊)동래」(〈捷原1,14앞〉풀이 참조)+「おしらる[下2]말씀하시다」
  의 連体形「おしらるる」(본문은 비문법적)+「は[助詞]」.

② 「わたる(渡る・渉る)[4]건너다」+「ひ(日)날」+「は[助詞]」.

③ 「をりふし→おりふし(折節)[副]때마침. 우연히」+「わろし[形ク]→わるし[形ク]
  →わるい(悪い)[形]나쁘다」(〈わろし〉의 連体形은〈わろき〉)+「かぜ(風)바람」
  +「に[助詞]」.

⇨ 동래가 말씀하시기는, 건너는 날은 하필 사나운 바람에,

〈捷改2,1앞〉----------

✦[主]とうらいおつしやれますするわ、御(ご)とかいのひわおりふしかせもわるう
  御(ご)さつたれとも、
  (東萊니ᄅ심은 御渡海ᄒ신날은마줌ᄇ람도사오납ᄉ오되)

○「とうらい(東萊)동래」+「おつしやる(仰しやる)[4・下2]말씀하시다」(連用形)+「ま

する[助動]겸양·정중」+「は」+「ご(御)[接頭]존경·겸양·정중」+「とかい(渡海)도해」+「の[助詞]」+「日」+「は」+「折節」+「風」+「も[助詞]」+「悪い」(ウ音便)+「ござる(御座る)[4]~입니다」(音便形)+「たり[助動]단정」(已然形)+「ども[助動]역접」. 일부 어순 변경이 있다. 이를 해석하면 〈동래 말씀하시기는 도해(渡海)하시는 날은 하필 바람도 사나웠습니다만〉.

〈捷原2,1앞〉

☐ みなむしにとかいさしられて① めてたいとおしらりまるする②。
(다無事히渡海ᄒ시니아롬답다니ᄅ시옵늬)

① 「みな(皆)[名]모두. 모든 사람」+「むじ→ぶじ(無事)[形動]무사히」(〈捷原1,11앞〉풀이 참조)의 連用形「ぶじに」+「とかい(渡海)도해」+「さしらる[4·下2]하시다」의 連用形「さしられ」+「て」.

② 「めでたし[形ク]→めでたい[形]훌륭하다. 기쁘다. 경하할만하다」+「と[助詞]」+「おしらる[下2]말씀하시다」의 連用形「おしられ」(본문은 4단동사로 취급하여〈-り〉)+「まるする[助動]겸양·정중」.

⇨ 모두 무사히 도해하셔서 기쁘다고 말씀하십니다.

〈捷改2,1뒤〉------------

◆ みな御[ご]ぶじに御[お]とかいなされましてちんちやうにそんしまする。
(다무ᄉ이御渡海ᄒ시니깁비너기옵늬)

○ 「皆」+「ご(御)[接頭]존경·겸양·정중」+「無事」(連用形)+「お(御)[接頭]존경」+「とかい(渡海)도해」+「なさる(為さる)[下2]하시다」(連用形)+「まする[助動]겸양·정중」+「て」+「ちんちょう(珍重)[形動]진귀하고 소중한 모양. 기쁜 것. 축하해야 할 것」(連用形)+「ぞんず(存ず)[サ変]'생각하다'의 겸양어」

(連用形)+「まする[助動]겸양・정중」. 이를 해석하면 〈모두 무사히 도해하셔서 기쁘게 생각합니다〉. 이처럼 한국어로 해석을 해놓고 보면 거의 비슷하지만 예컨대 〈기쁘다〉에 대응하는 말은 원간본은 「めでたし」이고 개수본은 「珍重」이다. 요컨대 개수 과정에서 원간본의 「めでたし」를 변경할 필요를 느꼈기 때문일 텐데 단어의 풀이를 역시 한국어로 해놓고 보면 구별이 쉽지 않아서 시험 삼아 『広辞苑』의 원문을 그대로 옮겨놓아 보겠다. 「めでたい[形]①好み愛したい感じがする。②結構だ。立派だ。すばらしい。③祝うべきである。慶賀すべきである。喜ばしい。④(普通「お」を付けて用いる)人がよすぎて他人に欺かれやすい。」「ちんちょう(珍重)①珍しいとして大切にすること。②めでたいこと。祝うべきこと。③手紙文などで、人に自重自愛をすすめる語。④俳諧で、点者の評点の一つ。⑤禅僧が用いる辞去の挨拶。ごきげんよう。」「めでたし」의 ③과 「珍重」의 ②에서 의미가 겹치는데 특히 「珍重」의 설명을 「めでたい」로 하고 있어서 사전의 기술만으로는 원간본의 「めでたし」를 개수본에서 「珍重」로 변경할 적극적인 이유를 찾아낼 수 없다.

〈捷原2,1뒤〉

❏御[ご]い①かたしけなう御[ご]さる②。
(御意감격ᄒ여이다)

① 본문은 「ご(御)[接頭존경・겸양・정중]+「い(意)뜻. 마음」로 풀이할 수 있겠다. 다만 일본어에서 「御意」는 「ぎょい」로 읽으며 '생각하심. 지도하심. 말씀. 명령하심'의 뜻이므로 본문의 읽기에 문제가 있는 것으로 보는 편이 맞을 듯싶다. 이하 「ごい→ぎょい(御意)말씀. 하명」과 같이 풀이하겠다.

② 「かたじけなし(忝し・辱し)[形]①면목이 없다. 뼈에 사무치게 감사하다. 과

분하다. 황공하다」(본문은 ウ音便)+「ござる(御座る)[4]~입니다」.

⇨ 말씀이 황공합니다.

⟨捷改⟩--(대응 문장 없음)--

⟨捷原2,1뒤⟩

▫こちわ御[お]かけおもつて①、なにことなうつきまるして御[ご]さる②。
(우리눈덕분을써 아므일도업시완니이다)

① 「こち(此方)[代]이쪽. 나」+「は[助詞]」+「おかげ(御陰)덕분. 덕택」+「を[助詞]」+「もって(以て)(〈を[助詞]〉에 이어져서)수단이나 원인 등을 나타냄. ~로써. ~때문에」.

② 「なにごと(何事)어떤 일. 무슨 일」+「なし(無し)[形ク]없다」(본문은 ウ音便)+「つく(着く)[4]도착하다」의 連用形「つき」+「まるする[助動]겸양·정중」+「て」+「ござる(御座る)[4]있습니다. ~입니다」.

⇨ 이쪽은 덕분에 아무 일 없이 도착하여 있습니다.

⟨捷改2,1뒤⟩----------

✦[客]おふせられまするたうりわれわれにも御[お]かけおもつてふしにちやくつかまつりまして御[ご]さる。
(니르옵시드시우리들도御陰을써無事히완느이다)

○「おほせらる[下2]→おおせられる(仰せられる)[下1]말씀하시다. 명령하시다」
(連用形. 본문의〈-う〉는 미상)+「まする[助動]겸양·정중」+「とほり→とおり(通り)~와 같이」(본문의〈たうり〉는 정서법에 어긋남)+「われわれ(我我)

「[代]우리」+「に[助詞]」+「も[助詞]」+「御陰」+「を」+「以て」+「ぶじ(無事)[形動]무사하다」(連用形)+「ちゃく(着)착. 다다르는 것」+「つかまつる(仕る)[4]'하다'의 겸양어」(連用形)+「まする[助動]겸양・정중」+「て」+「御座る」. 이를 해석하면 〈말씀하시는 대로 우리도 덕분에 무사히 도착하여 있습니다〉.

〈捷原2,1뒤〉

❏しやうくわんをめつらしう^①みまるせうかとおもうたか^②、
(正官을반가이보올가녀겻습더니)

① 「しやうくわん(正官)정관」(〈捷原1,15앞〉풀이 참조)+「を[助詞]」+「めづらし[形シク]→めづらしい(珍しい)[形]멋지다. 귀하다. 드물다. 특별하다」(본문은 ウ音便).

② 「みる(見る)[上1]보다」의 連用形 「み」+「まるする[助動]겸양・정중」+「む[助動]추량・의지」→「う」+「か[助詞]의문」+「と[助詞]」+「おもふ[4]→おもう(思う)[5]생각하다」+「た[助動]과거・완료」+「が[助詞]역접」.

⇨ 정관을 모처럼 뵐까 생각했는데.

〈捷改2,2앞〉----------

◆[主]しやうくわんにうれしう御[お]めにかかりませうとそんしたに、
(正官의반가이보올까너기옵떠니)

○「正官」+「に[助詞]」+「うれし[形シク]→うれしい(嬉しい)[形]기쁘다. 고맙다」(ウ音便)+「お(御)[接頭]존경・겸양・정중」+「め(目)」+「に[助詞]」+「かかる(掛かる)[4]」(〈お目にかかる〉의 형태로 '보다・만나다'의 겸양표현)+「まする[助動]겸양・정중」+「む」→「う」+「と」+「ぞんず(存ず)[サ變]'생각하다'의 겸양어」(連用形)+「た」+「に[助詞]~하니. ~한데」. 이를 해석하면 〈정관

을 기쁘게 뵈려고 생각했는데〉. 원간본의 「見る」를 개수본에서 「お目に
かかる」로 변경하여 겸양의 뜻을 한층 명확히 했다.

〈捷原2, 2앞〉

☐ きあいけていてんと申[もうす]ほとに①、ことのほかのこりおお御[ご]さ
る②。
(병드러몯난다ᄒ니 ㄱ장섭섭ᄒ외)

① 「きあいけ : 편치 않은 모습」(〈捷原1, 26뒤〉풀이 참조) + 「て[助詞]」+ 「いづ
(出づ)[下2]」의 未然形「いで」+ 「ず[助動부정]」→「ん」+ 「と[助詞]」+ 「まうす
[4] → もうす(申す)[5] 아뢰다. 하다(겸양)」 + 「ほどに(程に)[接助]① ~하면. ~
하는 사이에 ②원인·이유. ~이므로」.

② 「ことのほか(殊の外)뜻밖에. 의외로. 각별히. 특히」+「のこりおほし[形ク]→
のこりおおい(残り多い)[形]마음에 남는 것이 많다. 유감이다. 아쉬워하다」
+ 「ござる(御座る)[4] 있습니다」.

⇨ 편찮아서 나오지 않는다고 하니 특히나 아쉬움이 있습니다.

〈捷改2, 2뒤〉----------

◆ 御[お]ふくわいに御[ざ]つて御[お]いてなされませいて、御[お]のこりおおそ
んしまする。
(병드러나디몯ᄒ시니 섭섭이너기읍ᄂᆡ)

◯ 「お(御)[接頭존경·겸양·정중]」+「ふくわい → ふかい(不快)[形動]불쾌. 불화.
질병 따위로 기분이 좋지 않은 모양. 병」(連用形)+「ござる(御座る)[4]계시
다. ~입니다」(音便形)+「て」+「おいで(御出)'오다·가다·있다'의 존경어」+
「なさる(為さる)[下2]하시다」(連用形)+「まする[助動겸양·정중]」+「いで[助

詞=ずに(부정)」+「お(御)[接頭]겸양」+「残り多し」(語幹)+「ぞんず(存ず)[サ変]'생각하다'의 겸양어」(連用形)+「まする[助動]겸양·정중」. 이를 해석하면 〈병환이셔서 나오시지 않으시니 아쉽게 생각합니다〉.

〈捷原2,2앞〉

> ❏御[ご]いもつともて御[ご]さる①。
> (御意맛당ᄒ여이다)

① 「ごい→ぎょい(御意)말씀. 하명」+「もっとも(尤も)[名]이치에 맞다. 지당하다」+「だ[助動]단정·지정」의 連用形 「で」+「ござる(御座る)[4]~입니다」.

⇨ 말씀이 지당하십니다.

〈捷改〉--(대응 문장 없음)--

〈捷原2,2뒤〉

> ❏としもよて①そうへつやまいあるひとて御[ご]さたに②、ふねにゆられて③きまるしたほとに④、
> (나토늙고본듸병인ᄂᆞ사ᄅᆞᆷ이옵더니 ᄇᆡ예이치여오오니)

① 「とし(年·歳)나이」+「も[助詞]」+「よる(寄る)[4]들다. 먹다」(본문은 音便形)+「て」.

② 「そうべつ(総別·惣別)[副]대체로. 대개. 모두」+「やまひ(病)병」+「あり(有り)[ラ変]있다」의 連体形 「ある」+「ひと(人)사람」+「だ[助動]단정·지정」의 連用形 「で」+「ござる(御座る)[4]~입니다」(본문은 音便形)+「た[助動]과거·완

료」+「に[助詞]~인데」

③ 「ふね(船)배」+「に[助詞]」+「ゆる(揺る)[4]흔들리다」의 未然形 「ゆら」+「る[助動]수동」의 連用形 「れ」+「て」.

④ 「く(来)[力変]오다」의 連用形 「き」+「まるする[助動]겸양・정중」+「た[助動]과거・완료」+「ほどに(程に)[接助]①~하면. ~하는 사이에 ②원인・이유. ~이므로」.

⇨ 나이도 들었고 대체로 병이 있는 사람이었습니다만, 배에 흔들려 왔기에,

〈捷改2, 3앞〉----------

◆[客]あのひとわらうしんと申[もうし]ひやうしんなひとのふねにゆられてまいられましたゆゑ、
(뎌사룸은老人이오病身에사룸이비예이치여오옵기예)

○「あの(彼の)[連体]저」+「ひと(人)사람」+「は[助詞]」+「らうじん→ろうじん(老人)노인」+「と[助詞]」+「まうす[4]→もうす(申す)[5]아뢰다. 하다(겸양)」(〈한글음주〉는 連用形)+「びやうしん→びょうしん(病身)[形動]병에 걸린 몸. 병약한 것. 자주 병에 걸리는 것」(連体形)+「人」+「の[助詞]주격」+「船」+「に」+「揺る(未然形)」+「る」(連用形)+「て」+「まゐる[4]→まいる(参る)[5]'오다・가다'의 겸양어」(未然形)+「る[助動]존경」(連用形)+「まする[助動]겸양・정중」+「た[助動]과거・완료」+「ゆゑ→ゆえ(故)이유. 원인. 연고」. 이를 해석하면 〈저 사람은 노인이라 하며 병약한 사람이 배에 흔들려서 오신 고로〉.

〈捷原2, 2뒤〉

❏ そう御[ご]さるやら①、しょくもいちゑんくいまるせす②、ふせていまるするほとに③めいわくに御[ご]さる④。
(그러ᄒᆞ온디 밥도일졀먹디몯ᄒᆞ고 누어잇ᄉᆞ오니민망ᄒᆞ여이다)

① 「さう→そう(然う)[副]그렇게. 그처럼」+「ござる(御座る)[4]~입니다. 계시다」+「やら[副助]어떤 일에 대해 불확실한 마음을 품고 있다는 것을 나타냄」.

② 「しょく(食)음식」+「も[助詞]」+「いちゑん→いちえん(一円)[副]모두. 죄다. 전혀. 조금도」+「くふ[4]→くう(食う)[5]먹다」의 連用形 「くい」+「まるする[助動]겸양·정중」(未然形)+「ず[助動]부정」.

③ 「ふす(伏す)[下2]→ふせる(伏せる)[下1]눕다. 엎드리다」의 連用形 「ふせ」+「て」+「ゐる→いる(居る)[上1]있다」의 連用形 「い」+「まるする[助動]겸양·정중」+「ほどに(程に)[接助]①~하면. ~하는 사이에 ②원인·이유. ~이므로」.

④ 「めいわく(迷惑)곤란함. 어려움. 난처함. 폐. 낭패」(뒤에 오는 〈に〉는 〈迷惑〉를 形容動詞로 보면 그 連用形)+「ござる(御座る)[4]~입니다」.

⇨ 그래선지 음식도 전혀 먹지 않고 누워있으니 난감합니다.

〈捷改2, 3뒤〉----------

◆ さやうに御[ご]さるやら、しょくしもいつせつなりませす、うちふしていられましてきのとくにそんします。
(그러ᄒᆞ온디 食事도일졀몯ᄒᆞᄋᆞᆸ고 안히누어잇ᄉᆞ오니민망히너기ᄂᆞ이다)

○ 「さやう→さよう(然様·左様)[形動]그처럼. 그렇다」(連用形)+「御座る」+「やら」+「しょくじ(食事)식사」+「も」+「いっせつ(一切)[副]일절. 전혀」+「なる(生る·成る·為る)[4]생기다. 되다. 할 수 있다」(連用形)+「まする[助動]겸양·정

중」(未然形)+「ず」+「うちふす(打ち臥す)[4]드러눕다」(〈한글역〉을 보면 〈うち(內)안〉+〈ふす(伏す)눕다〉의 가능성도 있다)+「て」+「居る」(未然形)+「らる[助動]존경」(連用形)+「まする[助動]」+「て」+「きのどく(気の毒)[形動]곤란하다. 부끄럽다. 불쌍하다. 애처롭다. 동정하다」(連用形)+「ぞんず(存ず)[サ變]'생각하다'의 겸양어」(連用形)+「まする[助動]겸양·정중」. 이를 해석하면 〈그래선지 식사도 일절 못하고 드러누워 계셔서 안쓰럽게 보입니다〉.

〈捷原2,3앞〉

❏ しよけいおみまるしたれば①、しまちうむしに御[ご]さるほとに②、めてたう御[ご]さる③。
(書契를보니 島中無事ᄒ시니 아롬다와ᄒ옵니)

① 「しよけい(書契)서계」(〈捷原1,16앞〉풀이 참조)+「を[助詞]」+「みる(見る)[上1]보다」의 連用形「み」+「まるする[助動]겸양·정중」(連用形)+「たり[助動]단정」의 已然形「たれ」+「ば[助詞]확정조건. 원인·이유」.

② 「しま(島)섬」+「ちゅう/ぢゅう→じゅう(中)①[名]중. 사이 ②[接尾]그 가운데 모두」+「むじ→ぶじ(無事)[形動]무사하다」(〈捷原1,11앞〉의 풀이 참조)의 連用形 「ぶじに」+「ござる(御座る)[4]계시다」+「ほどに(程こ)[接助]①~하면. ~하는 사이에 ②원인·이유. ~이므로」.

③ 「めでたし[形ク]훌륭하다. 멋지다. 경하할만하다. 기쁘다」(본문은 ウ音便)+「ござる(御座る)[4]~입니다」.

⇨ 서계를 보았더니 온 섬이 무사히 계시므로 기쁘옵니다.

〈捷改2,4앞〉----------

✦[主]しよけいおみますれは、しまちう御[ご]ふしに御[ご]さつてちんちやうに御[ご]さる。
(書契을보니 島中無事ᄒ시니긴보외)

○「書契」+「を」+「見る」(連用形)+「まする[助動]겸양·정중」(已然形)+「ば」+「島」+「中」+「ご(御)[接頭]존경·겸양·정중」+「無事」(連用形)+「御座る」(音便形)+「て」+「ちんちょう(珍重)[形動]진귀하고 소중한 모양. 기쁜 것. 축하해야 할 것」(連用形)+「御座る」. 일부 변경이 있으나 해석은 원간본과 같다. 〈捷改2,1뒤〉풀이 참조.

〈捷原2,3뒤〉

▫なかなか①いつれもむしに御[ご]さる②。
(올ᄉ외대되無事ᄒ닝이다)

① 「なかなか(中中)[感](상대방의 이야기에 긍정하는 대답을 할 때 쓰는 말)물론이다. 지당하다」.
② 「いづれも→いずれも(何れも·孰れも)[代]누구나. 모두」+「も[助詞]」+「むじ→ぶじ(無事)[形動]무사하다」(〈捷原1,11앞〉풀이 참조)의 連用形「無事に」+「ござる(御座る)[4]있습니다. ~입니다」.

⇨ 그렇습니다, 모두 무사히 있습니다.

〈捷改2,4뒤〉----------

✦[客]なるほといつれもふしに御[ご]さりまする。
(올ᄉ외대되無事ᄒ니이다)

○「なるほど(成る程)[感動]상대방의 이야기에 대해 그대로라고 동의하는 뜻

을 나타내는 말」+「いづれも」+「無事」(連用形)+「ござる(御座る)[4]있습니다. ~입니다」(連用形)+「まする[助動]겸양·정중」. 해석은 원간본과 같다.

〈捷原2,3뒤〉

▢こんにちわおりふしてんきもよし①、しづかにかたりまるして②うれし御[ご]さる③。
(오놀은折節天氣도됴하 죠용히말솜ᄒ니깃거ᄒ옵니)

① 「こんにち(今日)오늘」+「は[助詞]」+「をりふし→おりふし(折節)[名·副]때마침」+「てんき(天気)날씨」+「も[助詞]」+「よし(良し·善し·好し·佳し)[形ク]좋다. 빼어나다. 능숙하다」.
② 「しづか→しずか(静か·閑か)[形動]조용하다. 차분하다. 부드럽다」의 連用形 「しづかに」+「かたる(語る)[4]이야기하다. 정답게 지내다」의 連用形「かたり」+「まるする[助動]겸양·정중」+「て」.
③ 「うれし[形シク]→うれしい(嬉しい)[形기쁘다. 즐겁다. 고맙다」+「ござる(御座る)[4]~입니다」.

⇨ 오늘은 때마침 날씨도 좋고, 가만히 이야기하여 기쁩니다.

〈捷改2,4뒤〉----------

◆[主]こんにちわてんきもよう御[ご]さつて、御[お]はなし申[もうし]ましてよろこはしうそんします。
(今日은天氣도됴화 말솜ᄒ오니깃비너기옵ᄂᆡ)

○「今日」+「は」+「天気」+「も」+「良し」(ウ音便)+「ござる(御座る)[4]~입니다」(音便形)+「て」+「お(御)[接頭]존경·겸양·정중」+「はなし(話)이야기. 담화. 대화」+「まうす[4]→もうす(申す)[5]아뢰다. 하다(겸양)」(連用形)+「ま

する[助動:겸양·정중]+「て」+「よろこばし[形ク]→よろこばしい(喜ばしい)[形] 기뻐할만하다. 기쁘다. 즐겁다」(ウ音便)+「ぞんず(存ず)[サ変]생각하다(겸양)」(連用形)+「まする[助動:겸양·정중]. 이를 해석하면〈오늘은 날씨도 좋고 말씀 아뢰어서 기쁘게 생각합니다〉.

〈捷原2,4앞〉

❏そうて御[ご]さる①。
(그러ᄒ외)

① 「さう→そう(然う)[副]그렇게. 그처럼」+「だ[助動:단정·지정]」의 連用形「で」+「ござる(御座る)[4]~입니다」.

⇨ 그렇습니다.

〈捷改2,5앞〉-----------

◆[客]さやうて御[ご]さりまする。
(그러ᄒ외)

○「さやう→さよう(然様·左様)[形動]그처럼. 그렇다」+「だ」(連用形)+「御座る」(連用形)+「まする[助動:겸양·정중]. 해석은 원간본과 같다.

〈捷原2,4앞〉

❏しやうくわんわしまよりくるときから①、とねきのいつかとに御[ご]さるお② ききまるして③、
(正官은셤으로셔올적브터 東萊극진ᄒ시믈듯줍고)

① 「しやうくわん(正官)정관」+「は[助詞]」+「しま(島)섬」+「より[助詞]기점」+「く(来)[力変]오다」의 連体形「くる」+「とき(時)때」+「から[助詞]기점」.
② 「とねぎ(東萊)동래」+「の[助詞]主格」+「いつかど(一廉)[副]한결 빼어난 모양. 상당히. 매우」+「に[助詞]」+「ござる(御座る)[4]~입니다」+「を[助詞]」.
③ 「きく(聞く)[4]듣다」의 連用形「きき」+「まるする[助動]겸양·정중」의 連用形「まるし」+「て」.

⇨ 정관은 섬에서 올 때부터 동래가 빼어나시다는 것을 듣고서.

〈捷改2,5앞〉----------

◆しやうくわんにわたいしゆうにいられますときより、とうらいの御[お]ていねいに御[ご]さるとうけたまわりまして、
(正官은 對州로셔 올 적브터 東萊극진ᄒᆞ시다 듯고)

○「正官」+「に[助詞]」+「は[助詞]」(〈には〉에는 존경의 대상이 되는 인물을 주어로 제시하는 것을 피해 간접적으로 존경의 뜻을 나타내는 용법도 있다. =~におかせられては)+「たいしゆう(対州)対馬[つしま]의 다른 이름」+「に[助詞]」+「ゐる→いる(居る)[上1]있다」(未然形)+「らる[助動]존경」(連用形)+「まする[助動]겸양·정중」+「時」+「より[助詞]기점」+「とうらい(東萊)동래」+「の」+「お(御)[接頭]존경·겸양·정중」+「ていねい(丁寧·叮嚀)정중한 것. 정성스러운 것. 예의바른 것」(連用形)+「御座る」+「と[助詞]~라고」+「うけたまはる(承る)[4]삼가 받다. 명을 따르다. 삼가 듣다」(連用形)+「まする[助動]」+「て」. 이를 해석하면〈정관께서는 대마도에 계실 때부터 동래가 깍듯하시다고 삼가 듣고서〉.

〈捷原2,4앞〉

❏ いつころわたて①、御[ご]さうたんつかまつると②おもいまるしたか③、
　(언제건너가 말숨ᄒ올고너기옵더니)

① 「いつごろ(何時頃)언제쯤」+「わたる(渡る)[4]건너다」(본문은 音便形)+「て」.
② 「ご(御)[接頭]존경・겸양・정중」+「さうだん(相談)서로 의견을 내서 이야기 나누는 것. 의논」+「つかまつる(仕る)[4]'하다'의 겸양어」+「と[助詞]」.
③ 「おもふ[4] → おもう(思う)[5]생각하다」의 連用形 「おもい」+「まるする[助動]겸양・정중」+「た[助動]과거・완료」+「か[助詞]」.

⇨ 언제쯤 건너가서 말씀 나누겠다고 생각했습니다만.

〈捷改2,5뒤〉----------

◆いつころわたつて、御[お]めにかかりませうかとそんしましたに、
　(언제건너가 뵈올가너기옵더니)

○「いつ頃」+「渡る」(音便形)+「て」+「お(御)[接頭]존경・겸양・정중」+「め(目)」+「に[助詞]」+「かかる(掛かる)[4]」(〈お目にかかる〉의 형태로 '보다・만나다'의 겸양표현)+「まする[助動]겸양・정중」+「む[助動]추량・의지」→「う」+「か[助詞]」+「と」+「ぞんず(存ず)[サ変]생각하다(겸양)」(連用形)+「まする[助動]겸양・정중」+「た」+「に[助詞]역접」. 이를 해석하면 〈언제쯤 건너가서 뵈올지 생각했습니다만〉.

〈捷原2, 4뒤〉

❏ゑいことわちやまと申[もうす]が①、まことにこれて御[ご]さる②。
(됴흔일은多魔라니루미 진실로이로소이다)

① 「えし[形ク]→えい(良い・好い)[形]좋다」+「こと(事)일」+「は[助詞]」+「じやま(邪魔)방해. 장해」+「と[助詞]~라고」+「まうす[4]→もうす(申す)[5]아뢰다. 하다(겸양)」+「が[助詞]」.

② 「まことに(真に・実に)[副]정말로」+「これ(是・此)[代]이것」+「だ[助動]단정・지정」의 連用形「で」+「ござる(御座る)[4]~입니다」.

⇨ 좋은 일에는 마가 낀다고 하는데 참으로 이렇습니다.

〈捷改2, 6앞〉――――――

◆こんにちわおりふしさしつかゑか御[ご]さつて御[お]めにかかりゑませいて、まことにおのこりおおそんしまする。
(今日은마ᄋᆞᆷ연고잇소와보옵디몯ᄒᆞ오니 진실로섭섭이너기옵닉)

○「こんにち(今日)오늘」+「は[助詞]」+「をりふし→おりふし(折節)[名・副]때마침」+「さしつかへ(差支へ)형편이 나쁜 사정. 지장. 방해」+「が[助詞]」+「ござる(御座る)[4]있습니다. 계시다」(音便形)+「て」+「お(御)[接頭]존경・겸양・정중」+「め(目)」+「に[助詞]」+「かかる(掛かる)[4]」(〈お目にかかる〉의 형태로 '보다・만나다'의 겸양표현)+「う[下2]→える(得る)[下1](동사의 連用形에 접속하여)~할 수 있다」(連用形)+「まする[助動]겸양・정중」+「いで[助詞=ずに(부정)」+「まことに」+「お(御)[接頭]존경・겸양・정중」+「のこりおほし[形ク]→のこりおおい(残り多い)[形]마음에 남는 것이 많다. 유감이다. 아쉬워하다」(語幹)+「ぞんず(存ず)[サ変]생각하다(겸양)」(連用形)+「まする[助動]」. 이를 해석하면 〈오늘은 하필 나쁜 사정이 있어서 뵐 수 없어서

참으로 아쉽게 생각합니다). 이 부분은 개수 과정에서 큰 변화가 있다.

〈捷原2, 4뒤〉

❏ けうわこのやうにあしらわしらるお①、いてしやうくわんしに申[もうし]たらは②、
(오눌은이러틋시디졉ᄒ시믈 가正官끠니ᄅ오면)

① 「けふ(今日)오늘」+「は[助詞]」+「この(此の・斯の)[連体]이」+「やうだ→ようだ(様だ)[助動]양태」의 連用形 「やうに」+「あしらふ[4]→あしらう[5]취급하다. 응대하다. 대접하다」의 未然形 「あしらわ」+「しる[助動]~하시다」+「を[助詞]」

② 「ゆく・いく(行く)[4]가다」(본문은 音便形)+「て」+「しやうくわん(正官)정관」+「し(士)」(吳音은〈ジ〉① 벼슬아치 ② 남자의 경칭 ③ 일정한 자격이나 역할을 가진 사람」+「に[助詞]」+「まうす[4]→もうす(申す)[5]아뢰다. 하다(겸양)」의 連用形 「もうし」+「たり[助動]단정」의 未然形 「たら」+「ば[助詞]가정조건」.

⇨ 오늘은 이처럼 대접하시는 것을 가서 정관에게 아뢴다면,

〈捷改2, 6뒤〉----------

◆こんにちわかやうに御[ご]ちそうの御[ご]さつたことお、かゑりましてしやうくわんに申[もうし]ましたらは、
(今日은이러틋시御馳走ᄒ신일을 도라가正官끠니ᄅ오면)

○ 「こんにち(今日)오늘」+「は」+「かやう(斯様)[形動]이처럼. 이와 같이」(連用形)+「ごちそう(御馳走)대접. 호화로운 식사」+「の[助詞]주격」+「ござる(御座る)[4]있습니다」(音便形)+「た[助動]과거・완료」+「こと(事)것. 일」+「を」

+「かへる[4]→かえる(帰る・還る)[5]돌아가다(오다)」(連用形)+「まする[助動]
겸양・정중」(連用形)+「て」+「正官」+「に」+「申す」(連用形)+「まする[助動]」
(連用形)+「たり」(未然形)+「ば」. 이를 해석하면 〈오늘은 이처럼 대접이
있었다는 것을 돌아가서 정관에게 아뢴다면〉.

〈捷原2, 5앞〉

❏ 御[おん]めにかからんお①いかうかなしおそんしまるして②、やまいかな
おおもるかと③おもいまるする④。
(뵈옵디몯호믈장셜이너겨 病이더重홀까너기옵닝이다)

① 「おん(御)[接頭존경・겸양・정중]」+「め(目)」+「に[助詞]」+「かかる(掛かる・懸
かる)[4]」(〈お目にかかる〉의 형태로 '보다・만나다'의 겸양표현)+「ず[助動]
부정」→「ん」+「を[助詞]」.

② 「いかう(厳う)[副]매우. 대단히」+「かなし[形シク→かなしい(悲しい)][形]슬프
다. 가슴 아프다」(뒤에 조사가 연결되므로 문법적으로는 連体形이 쓰
여야 한다)+「を[助詞]」+「ぞんず(存ず)[サ変]'생각하다. 알다'의 겸양어」
의 連用形 「ぞんじ」+「まるする[助動]겸양・정중」+「て」.

③ 「やまひ(病)병」+「か[助詞]」+「なほ(猶・尚)[副]더욱. 다시」+「おもる(重る)[4]
무거워지다. 병이 중해지다」+「か[助詞]」+「と[助詞]」.

④ 「おもふ[4]→おもう(思う)[5]생각하다」의 連用形 「おもい」+「まるする[助動]
겸양・정중」.

⇨ 뵙지 못하는 것을 몹시 슬픔을 생각해서 병이 더욱 무거워질까 생
각합니다.

〈捷改2,7앞〉----------

◆御[お]めにかからすことおかなしうおもうて、やまいかおもりませうとそんしまする。
(뵈옵디몯흔일을셜니너겨 병이重홀가너기옵닉)

○「御」+「目」+「に」+「かかる」(未然形)+「ず」(뒤에 명사가 연결되므로 連体形인 〈ぬ〉나 〈ん〉이 기대되는 자리다)+「こと(事)것. 일」+「を」+「悲し」(ウ音便)+「思う」+「て」+「病」+「が」+「重る」(連用形)+「まする[助動]겸양・정중」+「む[助動]추량・의지」→「う」+「と[助詞]」+「ぞんず(存ず)[サ変]생각하다(겸양)」(連用形)+「まする[助動]겸양・정중」. 해석은 원간본과 같다. 이를 해석하면 〈뵙지 못하는 것을 몹시 슬프게 생각해서 병이 더욱 무거워질까 여기옵니다.〉

〈捷原2,5앞〉

❏ふうしんいはちお①いそいてしまるせうほとに②、そのときにみまるするまいか③。
(封進宴을수이ᄒ올쎠시니 그저긔아니보올까)

①「ふうしん(封進)봉진」(〈捷原1,15앞〉풀이 참조)+「いはち」(『時代別国語大辞典』에는 이 말이 〈한국어 '이바지(宴)'가 일본어화한 것. 宴会〉로 풀이되어 있다. 참고로 〈표준국어대사전〉에는 「이바지」가 '정성을 들여 음식 같은 것을 보내 줌. 또는 그 음식. 특히 결혼을 전후하여 신부 쪽에서 예를 갖추어 신랑 쪽으로 정성 들여 만들어 보내는 음식을 이르나 지방에 따라 그 대상이 다르기도 하다'와 같이 풀이되어 있다. 이하 '잔치'로 풀이하겠다)+「を[助詞]」.

②「いそぐ(急ぐ)[4]서두르다」(본문은 音便形)+「て」+「す(為)[サ変]하다」의 連

用形 「し」+「まるする[助動]겸양·정중」+「む[助動]추량·의지」→「う」+「ほどに(程に)[接助]①~하면. ~하는 사이에 ②원인·이유. ~이므로」.
③「その(其の)[連体]그」+「とき(時)때」+「に[助詞]」+「みる(見る)[上1]보다」의 連用形「み」+「まるする[助動]겸양·정중」+「まい[助動]부정의 추량·의지」+「か[終助詞]의문·질문」.

⇨ 봉진 잔치를 서둘러 하겠사오니 그때 보지 않겠습니까?

〈捷改2,7뒤〉----------

◆ふうしんいはちおきうにいたしませうほどに、そのせつつ御[お]めにかかりませう。
(封進宴을수이ᄒᆞ올ᄶᅥ시니 그저긔뵈리이다

○「封進」+「いはち」+「を」+「きふ→きゅう(急)[形動]갑자기. 느닷없이. 긴급. 바삐」(連用形)+「いたす(致す)[4]하다(겸양)」(連用形)+「まする[助動]겸양·정중」+「む」→「う」+「ほどに」+「その」+「せつ(節)시기. 무렵」(본문의 〈せつつ〉는 오표기로 보임)+「お(御)[接頭]존경·겸양·정중」+「め(目)」+「に[助詞]」+「かかる(掛かる)[4](〈お目にかかる〉의 형태로 '보다·만나다'의 겸양표현)+「まする[助動]겸양·정중」+「む」→「う」. 이를 해석하면 〈봉진 잔치를 급히 하겠사오니 그 무렵에 뵙겠습니다〉.

〈捷原2,5뒤〉

▭そのころわ①やまいかよかろうことも②御[ご]さろうほどに③、御[おん]めにかかりまるするまいか④。
(그ᄢᅵᆫ 병이됴ᄒᆞᆯ일도잇ᄉᆞ올ᄶᅥ시니 아니뵈오링잇가)

①「その(其の)[連体]그」+「ころ(頃)무렵. 즈음」+「は[助詞]」.

② 「やまひ(病)병」+「が[助詞]」+「よし(良し・善し・好し・佳し)[形ク]좋다. 빼어나다. 능숙하다」의 未然形 「よから」+「む[助動]추량・의지」→「う」+「こと(事) 것. 일. 경우」+「も[助詞]」

③ 「ござる(御座る)[4]계시다」의 未然形 「ござら」+「む[助動]추량・의지」→「う」+「ほどに(程に)[接助]①~하면. ~하는 사이에 ②원인・이유. ~이므로」.

④ 「おん(御)[接頭]존경・겸양・정중」+「め(目)」+「に[助詞]」+「かかる(掛かる)[4]」(〈お目にかかる〉의 형태로 '보다・만나다'의 겸양표현)의 連用形「かかり」+「まるする[助動]겸양・정중」+「まい[助動]부정의 추량・의지」+「か[終助詞] 의문・질문」.

⇨ 그 무렵에는 병이 괜찮을 경우도 있을 테니 뵙지 않겠습니까?

〈捷改2,8앞〉----------

◆[主]そのころわひやうきかへいゆいたしましたらは、御[お]めにかかりまするて御[ご]さろう。
(그쯰은病氣ㅣ平愈ᄒᆞᆯ거든 뵈오리이다)

○「その」+「頃」+「は」+「びやうき→びょうき(病気)병. 질병」+「が」+「へいゆ(平癒)평유. 병이나 상처가 낫는 것」+「いたす(致す)[4]하다(겸양)」(連用形)+「まする[助動]겸양・정중」(連用形)+「たり[助動]단정」(未然形)+「ば[助詞]가정조건」+「御」+「目」+「に」+「かかる」(連用形)+「まする[助動]겸양・정중」+「だ[助動]단정・지정」(連用形)+「ござる(御座る)[4]~입니다」(未然形)+「む[助動]추량・의지」→「う」. 이를 해석하면 〈그 무렵은 병이 평유한다면 뵙겠지요〉.

〈捷原2,6앞〉

> ▣しゆんはいわすきまるしたれとも①はしめにみまるして②、あまりのこりおおいほとに③、まいつへんしまるせう④。
> (巡杯는다낫숩거니와처음으로보옵고하섭섭ᄒ오니또ᄒ차례ᄒ옵새)

① 「じゆんぱい(順杯・巡盃)순배. 술자리 등에서 잔을 순서대로 돌리는 일」+「は[助詞]」+「すぐ[上2]→すぎる(過ぎる)[上1]지나다」의 連用形「すぎ」+「まるする[助動]겸양・정중」+「たり[助動]단정」의 已然形「たれ」+「ども[助詞]역접」.

② 「はじめ(初め)처음」+「に[助詞]」+「みる(見る)[上1]보다」의 連用形「み」+「まるする[助動]겸양・징중」+「て」.

③ 「あまり(余)[副]①과도하게. 너무나 ②그다지. 별로」+「のこりおほし[形ク]→のこりおおい(残り多い)[形]마음에 남는 것이 많다. 유감이다. 아쉬워하다」(連体形)+「ほどに(程こ)[接助]①~하면. ~하는 사이에 ②원인・이유. ~이므로」.

④ 「ま(今)[副]이제. 더」+「いつぺん(一遍)한번. 한차례」+「す(為)[サ変]하다」의 連用形「し」+「まるする[助動]겸양・정중」+「む[助動]추량・의지」→「う」.

⇨ 순배는 지났습니다만 처음 봐서 너무 아쉬우니 더 한 번 합시다.

〈捷改2,8뒤〉----------

◆しゆんはいわあいすみましたれとも、あまりのこりおお御[ご]さりまするゆゑ、またいつへんまわしませう。
(巡杯는 몯춘습거니와 하섭섭ᄒ오매 또ᄒᆞ슌돌니옵새)

○「巡盃」+「は」+「あひすむ[4]→あいすむ(相済む)[5]'끝나다'의 격식 차린 말」(連用形)+「まする[助動]겸양・정중」(連用形)+「たり」(已然形)+「ども」+「あま

り」+「残り多し」(語幹)+「ござる(御座る)[4]있습니다. ~입니다」(連用形)+「まする[助動]겸양·정중」+「ゆゑ→ゆえ(故)이유. 원인. 연고」+「また(又·亦·復)[副]다시. 같이. 달리. 또한. 게다가」+「一遍」+「まはす[4]→まわす(回す·廻す)[5]돌리다. 회전시키다」(連用形)+「まする[助動]겸양·정중」+「む」→「う」. 이를 해석하면〈순배는 끝마쳤습니다만 너무 아쉬운 고로 다시 한 번 돌립시다〉.

〈捷原2,6뒤〉

❏わたくしらわそうへつけくなれとも①、かたしけなさに②、たひすこいまるしたほとに③もおかしられ④。
(쇼인네논본디못먹숩건마논 감격ᄒᆞ오매 먹기를과히ᄒᆞ엿ᄉᆞ오니그만ᄒᆞ야마ᄅᆞ쇼셔)

① 「わたくし(私)저」+「ら(等)들」+「は[助詞]」+「そうべつ(総別·惣別)[副]대체로. 대개. 모두」+「げこ(下戸)술을 못 마시는 사람. 술을 즐기지 않는 사람」(〈捷原1,18앞〉풀이 참조)+「なり[助動]단정·지정」의 已然形「なれ」+「ども[助詞]역접」.

② 「かたじけなし(忝し·辱し)[形ク]면목이 없다. 뼈에 사무치게 감사하다. 과분하다. 황공하다」의 語幹「かたじけな」+「さ[接尾]形容詞의 語幹에 접속하여 명사를 만듦」+「に[助詞]」.

③ 「たぶ(賜ぶ·給ぶ·食ぶ)[4]주시다. 받잡다」의 連用形「たび」(문맥상〈たぶ(食ぶ)[下2]먹다〉가 적당하지만 이는 連用形이〈たべ〉이므로 형태상 문제가 남는다)+「すごす(過ごす)[4]지나치다. 도를 넘어 술을 마시다」+「まるする[助動]겸양·정중」+「た[助動]과거·완료」+「ほどに(程に)[接助]①~하면. ~하는 사이에 ②원인·이유. ~이므로」.

④「も[副]이미. 이제. 게다가」+「おく(置く・措く・擱く)[4]놓다. 빼다. 중지하다」의 未然形「おく」+「しらる[助動]~하시다」의 命令形「しられ」.

⇨ 저희들은 대개 술을 못하는데 황공함에 지나치게 받았사오니 이제 그만하십시오.

〈捷改2,9앞〉----------

◆[客]われわれもとけこて御[ご]されとも、かたしけなさに、たへすこしまして御[ご]さるもう御[お]いれなされません。
(우리은본듸下戸연마는 감격ᄒ오매 먹기를과히ᄒ엿ᄉ오니그만ᄒ여마ᄅ쇼셔)

○「われわれ(我我)[代]우리」+「は」+「もと(元・旧・故)옛날. 처음. 이전」(〈もともと〉는 副詞로서 '처음부터. 원래. 본래'의 뜻)+「下戸」+「だ[助動]단정・지정」(連用形)+「ござる(御座る)[4]~입니다」(已然形)+「ども[助詞]역접」+「かたじけなし」(語幹)+「さ」+「に」+「たぶ(食ぶ)[下2]먹다」(連用形)+「過ごす」(連用形)+「まする[助動]겸양・정중」+「て」+「ござる(御座る)[4]있습니다. ~입니다」+「もう[副]이제」+「お(御)[接頭]존경・겸양・정중」+「いる[下2]→いれる(入れる)[下1]넣다」(連用形)+「なさる(為さる)[下2]하시다」(連用形)+「まする[助動]겸양・정중」(命令形). 이를 해석하면 〈우리는 원래 술을 못하는 사람입니다만 황공함에 지나치게 먹었습니다. 이제 넣으십시오〉.

〈捷原2,6뒤〉

❏そうなれとも①、こちのわたくしこころさかつきちやほとに②、このいつはいまてとらしられ③。
(그러커니와 나의ᄉᄉᄉ졍윗잔이오니 이一杯만잡습소)

○「さう→そう(然う)[副]그렇게. 그처럼」+「なり[助動]단정·지정」의 已然形「なれ」+「ども[助詞]역접」.

② 「こち(此方)[代]이쪽. 나」+「の[助詞]」+「わたくしごころ(私心)개인적인 감정. 남몰래 연모하는 마음」(문맥상 동사가 빠져있는 것으로 봐야겠다)+「さかづき→さかずき(杯·盃)잔」+「ぢや[助動]단정·지정」+「ほどに(程に)[接助] ①~하면. ~하는 사이에 ②원인·이유. ~이므로」.

③ 「この(此の·斯の)[連体]이」+「いつぱい(一杯)한잔」+「まで(迄)[助詞]한도」+「とる(取る)[4]잡다. 들다」의 未然形「とら」+「しらる[助動]~하시다」의 命令形「しられ」.

⇨ 그렇지만 이쪽의 흠모하는 마음(을 담은) 잔이기에 이 한 잔까지 드십시오.

〈捷改2,9뒤〉----------

◆[主]さやうてわ御[ご]されとも、わたくしのしいふんて御[ご]さるほとに、このいつさんわあかりません。
(그러는 거니와 나의권 는 일이오니 이一盞은자옵소)

○「さやう→さよう(然様·左様)[形動]그처럼. 그렇다」(連用形)+「だ[助動]단정·지정」(連用形)+「は[助詞]」+「ござる(御座る)[4]~입니다」(已然形)+「ども」+「わたくし(私)[代]저」+「の[助詞]」+「しふ[上2]→しいる(強いる)[上1]강제하다. 밀어붙이다」(連用形)+「ぶん(分)부분. 분량. 역량. 역할. 처지. 정도」+「だ[助動]단정·지정」(連用形)+「ござる(御座る)[4]~입니다」(連体形)+「ほどに」+「この」+「いつ(一)」+「さん(盞)잔」(〈盞〉은 일본어에서 漢音으로〈サン〉呉音으로는〈せん〉. 이에 대한〈한글음주〉는〈산〉이어서〈ざん〉으로 읽기를 기대한 것으로 보인다)+「は[助詞]」+「あがる(上がる)[4]들다. 잡숫다」(連用形)+「まする[助動]겸양·정중」(命令形). 이를 해석하면〈그렇습니다만 네가 제가 강권하는 분이오니 이 한 잔은 드십시오〉.

〈捷原2,7앞〉

❏たいせつの御[ご]いちゃほとに①、ここてしぬるとも②たひまるせう③。
(大切의御意오니 예셔죽ᄉ와도먹ᄉ오리이다)

① 「たいせつ(大切)[形動]귀중하다. 중요하다. 소중하다. 훌륭하다」+「の[助詞]」+「ごい→ぎょい(御意)말씀. 하명」(〈捷原2,1뒤〉풀이 참조)+「ぢゃ[助動]단정・지정」+「ほどに(程に)[接助]①~하면. ~하는 사이에 ②원인・이유. ~이므로」.

② 「ここ(此処・此所)[代]여기」+「て[助詞]장소」+「しぬ(死ぬ)[ナ変]죽다」의 連体形「しぬる」+「とも[助詞]역접. ~하더라도」(본래는 終止形에 접속하지만 中世 이후 連体形에 접속하는 경우도 있다고 한다).

③ 「たぶ(賜ぶ・給ぶ・食ぶ)[4]주시다. 받잡다」의 連用形「たび」+「まるする[助動]겸양・정중」+「む[助動]추량・의지」→「う」.

⇨ 각별한 하명이기에 여기에서 죽더라도 받잡겠습니다.

〈捷改2,10앞〉----------

◆[客]御[ご]ねんころのおおせゆゑ、たとゑひゃうきかおこるともたひますろて御[ご]ざろう。
(극진이니ᄅ시매 비록병이날지라도먹ᄉ오리이다)

○「ご(御)[接頭]존경・겸양・정중」+「ねんごろ(懇ろ)[形動]정성스러운 모양. 친절함. 공손함. 친밀함」(語幹)+「の」+「おほせ→おおせ(仰せ)말씀. 하명」+「ゆゑ→ゆえ(故)이유. 원인. 연고」+「たとへ→たとえ(仮令・縦・縦使)[副]가령. 만일」+「びゃうき→びょうき(病気)병. 질병」+「が[助詞]」+「おこる(起こる・興る)[4]일어나다. 시작되다. 생기다(連体形)」+「とも」+「たぶ(連用形)」+「まする[助動]겸양・정중」+「だ[助動]단정・지정」(連用形)+「ござる

(御座る)[4]~입니다」(未然形)+「む」→「う」. 이를 해석하면 〈깍듯하신 말씀인 고로 설령 병이 생길지언정 받잡는 것이겠습니다〉. 개수 과정에서 문장 말미에 〈~でござる〉를 과도하게 삽입해서 오히려 문맥을 이해하기 어렵게 만든 경우가 적지 않다.

〈捷原2,7앞〉

❏このさんお御[ご]らんしられ①。
 (이盞을보쇼셔)

①「この(此の·斯の)[連体이]」+「さん(盞)잔」(〈捷改2,9뒤〉풀이 참조)+「を[助詞]」+「ごらんず(御覧ず)[サ変보시다」의 未然形 「ごらんじ」(고전문법에서는 〈-ぜ〉)+「らる[助動존경]」(본문은 命令形).

⇨ 이 잔을 보십시오.

〈捷改2,10뒤〉----------

✦このさんお御[ご]らんなされませい。
 (이盞을보쇼셔)

○「この」+「盞」+「を」+「御覧」+「なさる(為さる)[下2]하시다」(連用形)+「まする[助動겸양·정중]」(命令形). 해석은 원간본과 같다.

〈捷原2,7뒤〉

❏あまりりよくわいにそんして①みなたひまるした②。
 (하젓소이너기오와다먹숩느이다)

① 「あまり(余り)[副]너무. 지나치게」+「りよぐわい(慮外)[形動]뜻밖이다. 감사하다. 황공하다. 무례하다」(본문은 連用形)+「ぞんず(存ず)[サ変]'생각하다. 알다'의 겸양어」의 連用形「ぞんじ」+「て」.
② 「みな(皆)[副]남김없이. 모두」+「たぶ(賜ぶ·給ぶ·食ぶ)[4]주시다. 받잡다」의 連用形「たび」+「まるする[助動]겸양·정중」+「た[助動]과거·완료」.

⇨ 너무 황송하게 생각하여 모두 받잡았습니다.

〈捷改2,10뒤〉----------

◆あまりりよくわいにそんしてみなたひまして御[ご]さる。
(하젼소이너기오와다먹숩닉이다)

○「あまり」+「慮外」(連用形)+「存ず」(連用形)+「て」+「皆」+「たぶ」(連用形)+「まする[助動]겸양·정중」+「て」+「ござる(御座る)[4]~입니다. 있습니다」.
해석은 원간본과 같다.

〈捷原2,7뒤〉

❏まゑにわけしきのものか①このやうに御[ご]さなかたに②、こんとわせんふ③さらいけきれいて④、
(젼의는 격기엣거시이러티못ᄒᆞᆸ더니 今度는膳敷器皿以下ㅣ 조츨ᄒᆞ고)

① 「まへ→まえ(前)앞. 이전」+「に[助詞]」+「は[助詞]」+「けしき(気色)모습. 꾸미는 것. 정취」+「の[助詞]」+「もの(物)것」+「が[助詞]」.
② 「この(此の·斯の)[連体]이」+「やうだ→ようだ(様だ)[助動]양태」의 連用形「やうに」+「ござる(御座る)[4]있습니다」(未然形은〈ござら〉인데 본문에서는 語幹만 쓰였다)+「なし(無し)[形ク]→ない(無い)[形]부정」(連用形)+「た[助

動과거·완료」+「に[助詞]~인데」.

③ 「こんど(今度)이번」+「は[助詞]」+「ぜんぶ(膳部)소반에 올리는 음식이나 요리」.

④ 「さら(皿·盤)접시」+「いげ(以下·已下)이하」+「きれい(綺麗·奇麗)[形動]아름답다. 깨끗하다. 깔끔하다. 갖추어지다」+「だ[助動]단정·지정」의 連用形「で」.

⇨ 전에는 차린 것이 이처럼 없었습니다만, 이번에는 소반에 올리는 음식과 접시 이하 정갈하고,

〈捷改2, 11앞〉----------

◆ [客]いせんわまかないのしなかかやうにわ御[ご]さらなんた、このたひわせんふさらにいたるまてきれいにして、
(이젼은격기옌거시이러치몯ᄒᆞᆸ더니 이번은膳敷器皿섯지조출ᄒᆞ고)

○「いぜん(以前)이전」+「は」+「まかなひ→まかない(賄い)차리는 것. 돌보는 것」+「の」+「しな(品)물건. 물품」+「が」+「かやう(斯様)[形動]이처럼. 이와 같다」(連用形)+「は[助詞]」+「御座る」(未然形)+「なんだ[助動과거의 부정」+「このたび(此の度)이번」+「は」+「膳部」+「皿」+「に[助詞]」+「いたる(至る)[4]다다르다. 미치다」(連体形)+「まで(迄)[助詞]한도」+「きれい」(連用形)+「して[助詞]~하고. ~해서」. 이를 해석하면〈이전에는 차린 것이 이처럼은 아니었습니다. 이번에는 소반에 올리는 음식과 접시에 이르기까지 정갈하고〉.

〈捷原2,8앞〉

❏くわつりと①ひものとくいものおみな②、くうやうにこしらいたほとに③うれし御[ご]さる④。
(과즐과건믈과머글거슬다 머검즉이쟝만ᄒ엿ᄉ오니깃거ᄒ옵ᄂ이다)

① 「くわつり」(일본어 사전에 등재되지 않은 말인데 〈한글역〉이 〈과즐〉로 되어 있어서 한국어의 명사를 발음 나는 대로 仮名로 표기한 것으로 봐야겠다. 참고로 〈표준국어대사전〉에는 〈과줄〉이 '①꿀과 기름을 섞은 밀가루 반죽을 판에 박아서 모양을 낸 후 기름에 지진 과자. 속까지 검은빛이 난다 ②강정, 다식(茶食), 약과(藥果), 정과(正果) 따위를 통틀어 이르는 말'로 풀이되어 있다)+「と[助詞]~와」.

② 「ひもの(干物)건어물」+「と[助詞]」+「くひもの→くいもの(食い物)먹을 것」+「を[助詞]」+「みな(皆)[副]남김없이. 모두」.

③ 「くふ[4]→くう(食う)[5]먹다」+「やうだ→ようだ(様だ)[助動](주로 連用形으로 써서)행동의 기준이 되는 방법, 상황, 형태나 목적을 나타냄」의 連用形「やうに」+「こしらふ(拵ふ)[下2]→こしらえる(拵える)[下1]만들어내다. 마련하다. 조리하다」의 連用形「こしらへ→こしらえ」(본문의 〈-い〉는 비문법적)+「た[助動]과거·완료」+「ほどに(程に)[接助]①~하면. ~하는 사이에 ②원인·이유. ~이므로」.

④ 「うれし[形シク]→うれしい(嬉しい)[形]기쁘다. 즐겁다. 고맙다」(語幹)+「ござる(御座る)[4]~입니다」.

⇨ 과줄과 건어물과 먹을거리를 모두 먹게끔 차렸으니 기쁩니다.

〈捷改2,11뒤〉----------

◆くわしとしよくもつつおみなたひまするやうにこしらゑて御[ご]さつてよう御

[ご]さりまする。
(과즐과먹글거슬다먹엄즉이쟝만ᄒ 엿ᄉ오니죤ᄉ외)

○「くわし→かし(菓子)과자」+「と」+「しょくもつ(食物)음식물. 식품」(본문은 〈-つつ〉인데 이는 오표기로 보임)+「を」+「皆」+「たぶ(賜ぶ・給ぶ・食ぶ)[4]주시다. 받잡다」(連用形)+「まする[助動]겸양・정중」+「様だ」(連用形)+「拵える」(連用形)+「て」+「ござる(御座る)[4]있습니다. ~입니다」(音便形)+「て」+「よし(良し・善し・好し・佳し)[形ク]좋다. 빼어나다. 능숙하다」(ウ音便+「御座る」(連用形)+「まする[助動]겸양・정중」. 이를 해석하면 〈과자와 음식물을 모두 받잡게끔 차려져 있어서 좋습니다〉.

〈捷原2, 8뒤〉

❑そうおしるお①まこととわききまるせん②。
(그리니르시믈고디아니듯줍니)

○「さう→そう(然う)[副]그렇게. 그처럼」+「おしるる[下2]말씀하시다」+「を[助詞]」.
② 「まこと(真・実)진짜. 정말」+「と[助詞]」+「は[助詞]」+「きく(聞く)[4]듣다」의 連用形「きき」+「まるする[助動]겸양・정중」+「ず[助動]부정」→「ん」.

➪ 그렇게 말씀하시는 것을 정말로는 듣지 않습니다.

〈捷改2, 11앞〉------------

◆[主]さやうにおうせられまするおまうけにわいたしませぬ。
(그리니ᄅ심을고지들디ᄂ 아니ᄒ 옵ᄂ)

○「さやう→さよう(然様・左様)[形動]그처럼. 그렇다」(連用形)+「おほせらる[下2]→おおせられる(仰せられる)[下1]말씀하시다. 명령하시다」(連用形. 본문의 〈-う〉는 미상)+「まする[助動]겸양・정중」+「を」+「まうけ(真受け)진짜

라고 믿는 것」+「に[助詞]」+「は」+「いたす(致す)[4]하다(겸양)」(連用形)+「まする[助動]겸양·정중」(未然形)+「ぬ[助動]부정」. 이를 해석하면 〈그렇게 말씀하시는 것을 진짜로 믿는 일은 하지 않습니다〉.

〈捷原2, 8뒤〉

> □にほんならはこれおもつて①、いかうくわるるやうに②ようこしらいまるせうか③、
> (日本이면이롤가지고 ?쟝머검즉이잘달호련마는)

○ 「にほん(日本)일본」+「なり[助動]단정·지정」의 未然形 「なら」+「ば[助詞]가정조건」+「これ(是·此)[代]이것」+「を[助詞]」+「もって(以て)」(〈を[助詞]〉에 이어져서)수단이나 원인 등을 나타냄. ~로써. ~때문에」.
② 「いかう(厳う)[副]매우. 대단히」+「くふ[4]→ぐう(食う)[5]먹다」의 未然形 「くわ」+「る[助動]존경·가능」의 連体形 「るる」+「やうだ→ようだ(様だ)[助動](주로 連用形으로 써서)행동의 기준이 되는 방법, 상황, 형태나 목적을 나타냄」의 連用形 「やうに」.
③ 「よう(善う·良う·能う)[副](〈よく〉의 音便)충분히. 상세히. 능숙하게. 잘. 매우. 흔히. 종종」+「こしらふ(拵ふ)[下2]→こしらえる(拵える)[下1]만들어내다. 마련하다. 조리하다」의 連用形 「こしらへ→こしらえ」(본문의 〈-い〉는 비문법적)+「まるする[助動]겸양·정중」+「む[助動]추량·의지」→「う」+「が[助詞]역접」.

⇨ 일본이라면 이것을 가지고 떡하니 먹을 수 있게끔 잘 차렸겠습니다만.

〈捷改2,12앞〉----------

◆にほんならはこれおもつて、たひまするやうにこしらゑませうけれとも、
(日本이면이을가디고 먹엄즉이쟝만ᄒ련마ᄂᆞᆫ)

○「日本」+「なり」(未然形)+「ば」+「これ」+「を」+「以て」+「たぶ(賜ぶ·給ぶ·食ぶ)[4]주시다. 받잡다」(連用形)+「まする[助動]겸양·정중」+「様だ」(連用形)+「拵える」(連用形)+「まする[助動]겸양·정중」+「む」→「う」+「けれども[助詞]역접」. 이를 해석하면 〈일본이라면 이로써 먹게끔 차렸겠습니다만〉.

〈捷原2,8뒤〉

> □なにとやら、ここわ①こしらいおゑいせいんて②こうちやほとに③、御[ご]めんなされ④。
> (엇디ᄒᆞᆫ디 예ᄂᆞᆫ달호기를잘못ᄒᆞ여이러ᄒᆞ니 허믈마ᄅᆞ시소)

① 「なんとやら(何とやら)어떻게든. 왠지. 어딘가 모르게」+「ここ(此処·此所)[代]여기」+「は[助詞]」.

② 「こしらへ→こしらえ(拵え)[名]준비. 마련. 꾸밈」(본문은 〈-い〉)+「を[助詞]」+「えし[形ク]→えい(良い·好い)[形]좋다」+「す(為)[サ変]하다」의 未然形「せ」+「いで[助詞]=ずに(부정)」.

③ 「かう(斯う)[副]이렇다」+「ぢや[助動]단정·지정」+「ほどに(程に)[接助]①~하면. ~하는 사이에 ②원인·이유. ~이므로」.

④ 「ごめん(御免)용서하심」+「なさる(為さる)[4]하시다」의 命令形「なされ」.

⇨ 왠지 여기는 차림을 잘하지 못해서 이러하므로 용서하십시오.

〈捷改2,12뒤〉----------

◆このはうわこしらゑやうかそそにしてかやうに御[ご]さるほとに、御[ご]めんなされませい。
(예는쟝만흔양이草草이흐야이러흐니 허믈마르시소)

○「この(此の・斯の)[連体이」+「はう→ほう(方)쪽. 편」+「は」+「こしらふ(拵ふ)[下2]→こしらえる(拵える)[下1]만들어내다. 마련하다. 조리하다」(連用形)+「やう(様)모습. 이유. 방법. 수단」+「が」[助詞]+「そそ(疎疎・疏疏)[形動듬성듬성한 모양」(連用形)(이에 대한 〈한글역〉은 〈草草〉인데 〈표준국어대사전〉에는 〈초초(草草)하다〉가 〈①몹시 간략하다 ②갖출 것을 다 갖추지 못하여 초라하다 ③바쁘고 급하다〉의 뜻으로 풀이되어있다. 한편 〈さうさう→そうそう(草草)[形動]간략한 모양. 간소하다. 초라하다〉)+「て[助詞]~하고. ~해서」+「かやう(斯様)[形動]이처럼. 이와 같이」(連用形)+「ござる(御座る)[4]있습니다. ~입니다」+「ほどに」+「御免」+「なさる(為さる)[下2]하시다」(連用形)+「まする[助動]겸양・정중」(命令形). 이를 해석하면 〈이쪽은 차리는 법이 엉성해서 이와 같사오니 용서하십시오〉.

〈捷原2,9앞〉

❏申[もうす]まいことなれとも①せんきう②におうしたことちやほとに③、はんすしゆようきかしられ④。
(숣디아닐일이엇마논前規예잇논일이니 判事네잘드르시소)

① 「まうす[4]→もうす(申す)[5]아뢰다. 하다(겸양)」(終止形)+「まい[助動]부정의 추량・의지」+「こと(事)일」+「なり[助動]단정・지정」의 已然形「なれ」+「ども[助詞]역접」.

② 「ぜんきう」는 〈한글역〉이 〈前規〉이므로 이를 音読한 것으로 보이지만 이는 사전에 등재되지 않은 말이고 또한 〈規〉 역시 呉音 漢音 모두 〈キ〉이

므로 읽기 오류로 봐야겠다. 한편 〈표준국어대사전〉에는 〈전규(前規)〉가 표제어로 있으며 〈옛사람이 이루어 놓은 본보기가 될 만한 행동이나 사실〉로 풀이되어 있다. 개수본에서는 「せんき」로 변경.

③ 「に[助詞]」+「おうず(応ず)[サ変]따르다」의 連用形 「おうじ」+「た[助動]과거·완료」+「こと(事)일」+「ぢや[助動]단정·지정」+「ほどに(程に)[接助]①~하면. ~하는 사이에 ②원인·이유. ~이므로」.

④ 「判事(はんす) : 판사. 통역관」(〈捷原1,2앞〉풀이 참조)+「しゅ(衆)①수많은 사람. 사람이 많은 것 ②다른 말 아래에 붙여서 그에 해당하는 복수(複數)의 사람에게 가벼운 경의(敬意)나 친밀감을 나타내는 말」+「よう(善う·良う·能う)[副](〈よく〉의 音便)충분히. 상세히. 능숙하게. 잘. 매우. 흔히. 종종」+「きく(聞く)[4]듣다」의 未然形 「きか」+「しらる[助動]~하시다」의 命令形 「しられ」.

⇨ 아뢰지 않을 일이지만 전규에 따른 일이므로 판사(통역관)들이 잘 들으십시오.

〈捷改2,13앞〉----------

◆[客]申[もうす]まいことてわ御[ご]されともせんきのあることゆゑ、
　(솗지아닐일이언마ᄂᆞᆫ前規의읻ᄂᆞᆫ일이매)

○「申す」+「まい」+「事」+「だ[助動]단정·지정」(連用形)+「は[助詞]」+「ござる(御座る)[4]~입니다」(已然形)+「ども」+「せんき(先規)선규. 이전부터의 규정. 전례. 선례」+「の[助詞]」+「あり(有り)[ラ変]있다」(連体形)+「こと(事)것. 일」+「ゆゑ→ゆえ(故)이유. 원인. 연고」. 이를 해석하면 〈아뢰지 않을 일이지만 선규가 있는 일인 고로〉. 원간본의 후반부는 모두 생략되었다.

〈捷原2,9뒤〉

❏くわつりもひくつみまるする①。
　(과즐도놋게괴왓고)

① 「くわつり : 과줄」(〈捷原2,8앞〉풀이　참조)+「も[助詞]」+「ひくし[形ク]→ひく
　い(低い)[形]낮다」(語幹)+「つむ(積む)[4]쌓다」의　連用形「つみ」+「まるする
　[助動]겸양·정중」.

⇨ 과줄도 낮게 쌓았습니다.

〈捷改2,13뒤〉----------

◆くわすりのつみやうもひくし、
　(과즐괴은걷도낮고)

○「くわすり」(원간본의〈くわつり〉와 같은 말로 봐야겠다)+「の[助詞]」+「積
　む」(連用形)+「やう(様)」모습. 이유. 방법. 수단」+「も[助詞]」+「低し」. 이를
　해석하면〈과줄 쌓는 법도 낮다〉.

〈捷原2,9뒤〉

❏ほしものもふたいろすくない①。
　(건믈도두가지업고)

①「ほしもの(干物·乾物)건어물」+「も[助詞]」+「ふた(二)두」+「いろ(色)색깔.
　종류. 품목」+「すくなし[形ク]→すくない(少ない·尠い·寡い)[形]적다」.

⇨ 건어물도 두 품목이 적다.

〈捷改2,13뒤〉----------

◆ひものもふたいろたりませす。
(건믈도 두 가지 不足ᄒ고)

○「ひもの(干物)건어물」+「も」+「二」+「色」+「たる(足る)[4]충분하다. 족하다」(連用形)+「まする[助動]겸양·정중」+「ず[助動]부정」. 이를 해석하면 〈건어물도 두 품목이 부족합니다〉.

〈捷原2,9뒤〉

❏かいこもひとつなし①。
(鷄子도ᄒ나히업고)

① 「かひご→かいご(卵)닭이나 작은 새의 알」+「も[助詞]」+「ひとつ(一つ)하나」+「なし(無し)[形ク]없다」.

⇨ 달걀도 하나 없다.

〈捷改2,13뒤〉----------

◆たまこもひとつたりませす。
(鷄子도ᄒ나히不足ᄒ고)

○「たまご(卵)달걀」+「も」+「一つ」+「たる(足る)[4]충분하다. 족하다」(連用形)+「まする[助動]겸양·정중」(未然形)+「ず[助動]부정」. 이를 해석하면 〈달걀도 하나 부족합니다〉.

〈捷原2, 9뒤〉

> ❏さらもかすのうちに①ひとつおのけたほとに②、
> (뎝시도數內예ᄒ나흘더러시니)

① 「さら(皿・盤)접시」+「も[助詞]」+「かず(数)숫자」+「の[助詞]」+「うち(内)안, 가운데」+「に[助詞]」.
② 「ひとつ(一つ)하나」+「を[助詞]」+「のく[下2]→のける(退ける・除ける)[下1]빼다, 물리다」의 連用形 「のけ」+「た[助詞]과거・완료」+「ほどに(程に)[接助] ①~하면, ~하는 사이에 ②원인・이유, ~이므로」.

⇨ 접시도 수효 가운데 하나를 뺐으니.

〈捷改2, 13뒤〉----------

◆さらもかすのうちにいちまいたりませぬか、
(졉시도數內예一枚不足ᄒ니)

○「皿」+「も」+「数」+「の」+「内」+「に」+「いちまい(一枚)한 장」+「たる(足る)[4]충분하다, 족하다」(連用形)+「まする[助動]겸양・정중」(未然形)+「ぬ[助動]부정」+「か[助詞]」. 이를 해석하면 〈접시도 수효 가운데 한 장 부족합니다만〉.

〈捷原2, 10뒤〉

> ❏わすれてこうか①、こちおしらんかとおもうで②わさとこうしまるするか③。
> (닛고이러ᄒ가 우리를모로는가녀겨부러이리ᄒ엿ᄉ눈가)

① 「わする[下2]→わすれる(忘れる)[下1]잊다」의 連用形 「わすれ」+「て」+「か

う(斯う)[副]이렇게. 이처럼」+「か[助詞]의문·질문」.
② 「こち(此方)[代]이쪽. 나」+「を[助詞]」+「しる(知る)[4]알다」의 未然形 「しら」+「ず[助動]부정」→「ん」+「か[助詞]의문·질문」+「と[助詞]」+「おもふ[4]→おもう(思う)[5]생각하다」+「て」.
③ 「わざと(態と)[副]고의로. 의도적으로」+「かう(斯う)[副]이렇게」+「す(為)[サ变]하다」의 連用形 「し」+「まるする[助動]겸양·정중」+「か[助詞]의문·질문」.
⇨ 잊고서 이러한지, 이쪽을 모를까 생각해서 일부러 이렇게 합니까?

〈捷改2, 14앞〉----------

◆わすれてかやうに御[ご]さるか、われわれかしらすとおぼしめしてわざとかやうになされましたか。
(닛고이러흔가 우리가모로는가너겨브러이리ᄒ엿습는가)

○「忘る」(連用形)+「て」+「かやう(斯様)[形動]이처럼. 이와 같다」(連用形)+「ござる(御座る)[4]~입니다」+「か」+「われわれ(我我)[代]우리」+「が[助詞]」+「知る」(未然形)+「ず」+「と」+「おぼしめす(思し召す)[4]생각하시다」(連用形)+「て」+「わざと」+「かやう(斯様)[形動]이처럼」(連用形)+「なさる(為さる)[下2]하시다」(連用形)+「まする[助動]겸양·정중」+「た[助動]과거·완료」+「か」. 이를 해석하면 〈잊고서 이러합니까, 우리가 모른다고 생각하셔서 일부러 이처럼 하셨습니까〉.

〈捷原2, 10앞〉

❏こちもこのやうなことお①なせにたしかにしりまるせうか②.
　(우리도이런일을어이ᄌ셰아올고)

① 「こち(此方)[代]이쪽. 나」+「も[助詞]」+「この(此の·斯の)[連体]이」+「やうだ→

ようだ(様だ)[助動]양태」의 連体形「やうな」+「こと(事)일」+「を[助詞]」.
② 「なぜに(何故に)[副]왜. 어째서」+「たしか(確か·慥か)[形動]확실하다. 틀림없다」의 連用形「たしかに」+「しる(知る)[4]알다」의 連用形「しり」+「まるする[助動]겸양·정중」+「む[助動]추량·의지」→「う」+「か[助詞]의문·질문」.

⇨ 이쪽도 이러한 일을 어찌 빈틈없이 알겠습니까?

〈捷改2, 14뒤〉----------

◆[主]このはうもさやうなことおとうしていさいにしりませうか.
(우리도그런일을어이ᄌ셰히아올고)

○「この(此の·斯の)[連体이」+「はう→ほう(方)쪽. 편」+「も」+「さやう→さよう(然様·左様)[形動]그처럼. 그렇다」(連体形)+「事」+「を」+「どうして(如何して)[副]어떻게. 왜」+「ゐさい→いさい(委細)위세. 자세한 사정. 상세」+「に[助詞]」+「知る」(連用形)+「まする[助動]겸양·정중」+「む」→「う」+「か」. 이를 해석하면 〈이쪽도 그런 일을 어찌 상세하게 알겠습니까〉.

〈捷原2, 10뒤〉

❏ものしらんものどもが①さためてわすれて②そうしまるしたものちやほとに③、
(일모로논것들이일뎡닛고그리혼일이옵도쇠)

① 「もの(物)물건. 내용」+「しる(知る)[4]알다」+「ず[助動]부정」→「ん」(사전에는 〈ものしらず(物知らず)〉도 등재되어 있으며 이는 〈일을 모르는 것(사람). 지식이 없는 것(사람). 무지한 것(사람). 무분별한 사람〉의 뜻이다)+「ものども(者共)사람들」+「が[助詞]」.

② 「さためて(定めて)[副]틀림없이. 필시. 아마도」+「わする[下2]→わすれる(忘れる)[下1]잊다」의 連用形「わすれ」+「て」.

③「さう→そう(然う)[副]그렇게. 그처럼」+「す(為)[サ変]하다」의 連用形 「し」+「まるする[助動]겸양·정중」(連用形)+「た[助動]과거·완료」+「もの(物)것」+「ぢや[助動]단정·지정」+「ほどに(程に)[接助]①~하면. ~하는 사이에 ②원인·이유. ~이므로」.

⇨ 사정 모르는 자들이 분명 잊고서 그렇게 한 것일 테니.

〈捷改2,15앞〉----------

◆ことおしらぬものともかさためてわすれましてさやうにしましたものて御[ご]さる。
(일모로는걷들이일졍닏고그리흔 일이읍도쇠)

○「こと(事)일」+「を[助詞]」+「知る」(未然形)+「ず」(連体形)+「者共」+「が」+「さだめて」+「忘る」(連用形)+「まする[助動]겸양·정중」+「て」+「さやう→さよう(然様·左様)[形動]그처럼. 그렇다」(連用形)+「す」(連用形)+「まする[助動]」+「た」+「物」+「だ[助動]단정·지정」(連用形)+「ござる(御座る)[4]~입니다」. 이를 해석하면〈일을 모르는 자들이 분명 잊고서 그처럼 한 것입니다〉.

〈捷原2,10뒤〉

❏とうてみて①、いまてもいれと②申[もうし]まるせう③。
(무러보와 이제라도드리라ᄒ읍새)

① 「とふ[4]→とう(問う)[5]묻다」+「て」+「みる(見る)[上1]보다」의 連用形 「み」+「て」.
② 「いま(今)지금」+「でも[助詞]~라도」+「いる(入る)[4·下2]」(본문의 〈いれ〉는 명령의 뜻으로 쓰인 것이므로 형태적으로는 4단동사의 命令形으로 볼 수 있겠지만 이는 自動詞이므로 문맥상 통하지 않는다. 아울러 下2단

동사라면 고전문법에서는 〈いれよ〉가 맞겠다)+「と[助詞]~라고」.
③「まうす[4]→もうす(申す)[5]아뢰다. 하다(겸양)」(連用形)+「まるする[助動]겸양·정중」+「む[助動]추량·의지」→「う」.

⇨ 물어보고서 지금이라도 넣으라고 하겠습니다.

〈捷改2, 15앞〉----------

◆とうてみて、たたいまてもいるるやうに申[もうし]ませう。
(무러보와 이제라도드릴양으로니ᄅᆞ옵새)

○「問う」+「て」+「見る」(連用形)+「て」+「たたいま(只今)지금」+「でも」+「入る」(連体形)+「やうだ→ようだ(様だ)[助動](주로 連用形으로 써서)행동의 기준이 되는 방법, 상황, 형태나 목적을 나타냄」(連用形)+「申す」(連用形)+「まする[助動]겸양·정중」+「む」→「う」. 이를 해석하면 〈물어보고서 지금이라도 넣게끔 하겠습니다〉.

〈捷原2, 11앞〉

□こちもにつきおみて①申[もうし]まるするほとに②、こののちわ③こうないやうにおしられ④。
(우리도日記를보고숣ᄉᆞ오니 이후란이러티아니케니ᄅᆞ옵소)

①「こち(此方)[代]이쪽, 나」+「も[助詞]」+「につき(日記)사실을 기록하는 것, 또는 그 기록, 일록(日錄)」+「を[助詞]」+「みる(見る)[上1]보다」의 連用形「み」+「て」.
②「まうす[4]→もうす(申す)[5]아뢰다. 하다(겸양)」+「まるする[助動]겸양·정중」+「ほどに(程に)[接助]①~하면, ~하는 사이에 ②원인·이유, ~이므로」.
③「この(此の·斯の)[連体]이」+「のち(後)이후」+「は[助詞]」.

④「かう(斯う)[副]이처럼」+「なし[形ク] → ない(無い)[形]없다. 아니다」+「やうだ → ようだ(樣だ)[助動](주로 連用形으로 써서)행동의 기준이 되는 방법, 상황, 형태나 목적을 나타냄」의 連用形「やうに」+「おしらる[下2]말씀하시다」의 命令形「おしられよ」(본문에는 〈-よ〉가 없음).

⇨ 이쪽도 기록을 보고 아뢰는 것이오니 이후에는 이렇지 않도록 말씀하십시오.

〈捷改2, 15뒤〉----------

✦[客]このはうもひちやうおみて申[もうす]ことて御[ご]さるほとに、こののちわかやうにないやうにおうせられません。
(우리도日帳을보고숣는일이오니 이후란이러치아니케니ᄅᆞ옵소)

○「この(此の・斯の)[連體]이」+「はう → ほう(方)쪽. 편」+「も」+「ひちやう → ひちょう(日帳)그날 그날의 일을 기록한 장부. 일기장」+「を」+「見る」(連用形)+「て」+「申す」(連體形)+「こと(事)것. 일」+「だ[助動단정・지정](連用形)+「ござる(御座る)[4]~입니다」(連體形)+「ほどに」+「この」+「後」+「は」+「かやう(斯樣)[形動]이처럼. 이와 같다」(連用形)+「無い」+「樣だ」(連用形)+「おほせらる[下2] → おおせられる(仰せられる)[下1]말씀하시다. 명령하시다」(連用形. 본문의 〈-う〉는 미상)+「まする[助動겸양・정중」(命令形). 해석은 원간본과 같다. 아울러 원간본의「日記」가 개수본에서는「日帳」로 바뀌었는데 참고로『広辞苑』의 풀이를 아래에 제시해두겠다.「ひちょう【日帳】日記帳。日ごとにつける帳簿」.「にっき【日記】①日々の出来事や感想などの記録。一般に、日誌よりは私的・個人的。②日記帳の略」. 두 단어에 대한 풀이에 공통적으로 등장하는「にっきちょう【日記帳】①日々の出来事や感想などを記載する帳簿。②簿記で、日々発生する取引の内容を備忘的に記録する帳簿。銀行では現金仕訳帳という。営業日誌」.

〈捷原2,11앞〉

> ❏ゑんさまくまくらいけものお①、さいそくして②はやいれさしられ③。
> (圓座帳枕以下物을 催促ᄒ여수이드리읍소)

① 「ゑんざ→えんざ(円座·円坐)둥근 모양의 깔개. 짚이나 부들, 골풀 따위로 소용돌이 모양으로 평평하게 짜서 만든 것」+「まく(枕く·婚く·纏く)[4] 베개로 삼다. 품고 자다. 동침하다. 결혼하다」(또는 〈まく(幕)막〉)의 連体形「まく」(개수본에서는 삭제됨)+「まくら(枕)베개」+「いげ(以下·已下)이하」+「もの(物)물건」+「を[助詞]」.
② 「さいそく(催促)재촉」+「す(為)[サ変]하다」의 連用形「し」+「て」.
③ 「はや(早)[副]빨리」+「いる(入る)[下2]→いれる(入れる)[下1]넣다」의 未然形「いれ」+「さしらる[助動존경]」의 命令形「さしられ」.

⇨ 둥근 거적, 품고 자는 베개 이하 물건을 재촉하여 어서 넣으십시오.

〈捷改2,16앞〉----------

◆ゑんさまくらいけのものお、さいそくしてはやういれさしやれませい。
(圓座帳枕以下物을 催促ᄒ야수이드려보내읍소)

○「円座」+「枕」+「以下」+「の[助詞]」(문법적으로 보완됨)+「物」+「を」+「催促」+「す」(連用形)+「て」+「はやし[形ク]→はやい(早い)[形]빠르다. 이르다」(ウ音便)+「入る」(未然形)+「さしゃる(4·下2)하시다」(連用形)+「ます[助動]겸양·정중」(命令形). 이를 해석하면〈둥근 거적, 베개 이하의 물건을 재촉하여 어서 넣으십시오〉.

〈捷原2, 11뒤〉

❏またたいてきの①うすへりも②ふろうてみなやふれたほとに③、それもしなおすやうにさしられ④。
(쏘大廳地衣도놀가다하야뎌시니 그도골양으로ᄒᆞᆸ소)

① 「また(又・亦・復)[副]또한」+「たいてぎ」(이는〈한글역〉에 '大廳'이므로 이를 音讀하려 한 것으로 볼 수 있겠다. 그러나 일본어에서〈大庁〉은 비록 뜻은 다르지만〈たいちやう→たいちょう〉로 읽으므로 한국한자음인〈대청〉을 소리 나는 대로 仮名로 옮겨 적은 것으로 봐야겠다)+「の[助詞]」.

② 「うすべり(薄縁)뒤를 덧대고 가장자리에 천을 붙인 대자리. 집안이나 툇마루에 까는 것」(〈한글역〉에 있는「地衣」는〈표준국어대사전〉에 '가장자리를 헝겊으로 꾸미고 여러 개를 마주 이어서 크게 만든 돗자리'로 풀이되어 있다)+「も[助詞]」.

③ 「ふるし(古し・旧し)[形ク]」(본문은 連用形인〈ふるく〉에서 변한 말로 보인다)+「て」+「みな(皆)[副]남김없이. 모두」+「やぶる(破る)[下2]→やぶれる(破れる)[下1]부서지다」의 連用形「やぶれ」+「た[助動]과거・완료」+「ほどに(程に)[接助]①~하면. ~하는 사이에 ②원인・이유. ~이므로」.

④ 「それ(其・夫)[代]그것. 그때. 그곳」+「も[助詞]」+「しなほす[4]→しなおす(為直す・仕直す)[5]고쳐서 다시 하다. 갈다」+「やうだ→ようだ(様だ)[助動](주로 連用形으로 써서)행동의 기준이 되는 방법, 상황, 형태나 목적을 나타냄」의 連用形「やうに」+「さしらる[4・下2]하시다」의 命令形「さしられ」.

⇨ 또한 대청의 돗자리도 낡아서 죄다 망가졌으니 그것도 다시 하도록 하십시오.

〈捷改2,16뒤〉----------

◆さてまたたいてきのうすへりもふるうてみなやふれたほとに、それもしなおすやうになされません。
  (어와쏘大廳地衣도늘가다하야져시니 그도골양으로ᄒᆞᆸ소)

○「さてまた(扨又)[接続]그리고 또」+「たいてぎ」+「の」+「薄縁」+「も」+「古」(ウ音便)+「て」+「皆」+「破る」(連用形)+「た」+「ほどに」+「それ」+「も」+「仕直す」(連体形)+「様だ」(連用形)+「なさる(為さる)[下2]하시다」(連用形)+「まする[助動]겸양·정중」(命令形). 원간본과 큰 차이가 없다.

〈捷原2,12앞〉

▫おしるるままにとねきに申[もうし]て①、さいそくしてやりまるせう②。
  (니르시ᄂᆞᆫ대로東萊의엿ᄌᆞ와 催促ᄒᆞ여보내오리)

① 「おしる[下2]말씀하시다」+「ままに(儘に・随に)그 상태나 심정 따위에 그대로 따르는 모양. ~대로」+「とねぎ(東萊)동래」+「に[助詞]」+「まうす[4]→もうす(申す)[5]아뢰다. 하다(겸양)」의 連用形 「もうし」+「て」.

② 「さいそく(催促)재촉」+「す(為)[サ変]하다」의 連用形「し」+「て」+「やる(遣る·行る)[4]주다. 보내다」의 連用形「やり」+「まるする[助動]겸양·정중」+「む[助動]추량·의지」→「う」.

⇨ 말씀하신 대로 동래에 아뢰어서 재촉하여 보내겠습니다.

〈捷改2,17앞〉----------

◆おうせられまするたうりおとうらいゑ申[もうし]まして、さいそくいたしてつかわしませう。
  (니르시ᄂᆞᆫ道理을東萊의엿ᄌᆞ와 직촉ᄒᆞ야보내오리)

○「おほせらる[下2]→おおせられる(仰せられる)[下1]말씀하시다. 명령하시다」(連用形. 본문의 〈-う〉는 미상)+「まする[助動]겸양・정중」+「とほり→とおり(通り)~와 같이」(본문의 〈たうり〉는 정서법에 어긋난다. 그런데 이에 대한 〈한글역〉이 〈道理〉여서 추가적인 논의가 필요할 듯싶다)+「を[助詞]」+「とうらい(東萊)동래」+「へ[助詞]」+「申す」(連用形)+「まする[助動]」+「て」+「催促」+「いたす(致す)[4]하다(겸양)」(連用形)+「て」+「つかはす[4]→つかわす(使わす・遣わす)[5]심부름 보내시다. 파견하시다. 보내다. 가게 하다」(連用形)+「まする[助動]겸양・정중」+「む」→「う」. 이를 해석하면 원간본과 같다. 한편 위에서 밝힌 대로 원문의 「たうり」는 문맥상 「とほり→とおり(通り)」를 잘못 표기한 것으로 보는 것이 타당할 듯싶은데, 이에 대한 〈한글역〉이 〈道理〉라는 점이 특이하다. 일본어에서는 「だうり→どうり(道理)도리. 이치」여서 일단 표기법 상의 문제는 해소되지만 〈원간본〉과는 뜻이 크게 달라진다. 그리고 지금까지 살펴본 〈개수본〉 1권과 2권 17항 이전에는 「たうり」가 총 4차례 쓰이고 있는데 지금 문제가 되고 있는 예를 제외하면 다음과 같이 모두 〈한글역〉이 「ᄃᆡ시」이다. 「つしまにてよくききおよひましたたうり(對馬島셔쥬히聞及ᄒ연ᄃᆡ시)」(捷改1,27뒤), 「そなたのみさつしやるたうり(자ᄂᆡ보시ᄃᆡ시)」(捷改1,36앞), 「おうせられまするたうり(니ᄅᆞ옵시ᄃᆡ시)」(捷改2,1뒤). 문맥상 본문의 「おうせられまするたうりを」도 예컨대 「니ᄅᆞ시ᄂᆞᆫᄃᆡ시를」이나 원간본의 「니ᄅᆞ시ᄂᆞᆫ대로를」이면 충분할 것으로 보이는데 이를 「道理」로 대역한 이유는 잘 모르겠다. 물론 예컨대 「니ᄅᆞ시ᄂᆞᆫ이치를」이 뜻이 통하지 않는 것은 아니다.

〈捷原2,12앞〉

▫しきにみて申[もうす]ことかおおけれとも①、このあいたいちゑん②こちゑわ御[ご]さらんほとに③、
(친히보아슬올말이만컨마ᄂᆞᆫ 요ᄉᆞ이일졀예ᄂᆞᆫ오디아니ᄒᆞ시니)

① 「じきに(直に)[副]직접. 바로」+「みる(見る)[上1]보다」의 連用形「み」+「て」+「まうす[4]→もうす(申す)[5]아뢰다. 하다(겸양)」+「こと(事)일」+「が[助詞]」+「おほし[形ク]→おおい(多い)[形]많다」의 已然形「おほけれ」+「ども[助詞]역접」.
② 「この(此の・斯の)[連体]이」+「あひだ→あいだ(間)사이」+「いちゑん→いちえん(一円)[副]모두. 죄다. 전혀. 조금도」.
③ 「こち(此方)[代]이쪽」+「へ[助詞]」+「は[助詞]」+「ござる(御座る)[4]오시다. 계시다」의 未然形「ござら」+「ず[助動]부정」→「ん」+「ほどに(程に)[接助] ①~하면. ~하는 사이에 ②원인・이유. ~이므로」.

⇨ 직접 보고 아뢸 일이 많은데, 요사이 전혀 이쪽에는 오시지 않으니.

〈捷改2, 17뒤〉----------

◆[客]しきにおめにかかりまして申[もうし]あけまする ことかおお御[ご]されとも、このほとわいちゑんこのはうゑわ御[ご]さらぬゆゑ、
(親히보와슬올일이만컨마는 요수이는일졀예는오지아니ᄒ시기예)

○「直に」+「お(御)[接頭]존경・겸양・정중」+「め(目)」+「に[助詞]」+「かかる(掛かる)[4]」(〈お目にかかる〉의 형태로 '보다・만나다'의 겸양표현)+「まする[助動]겸양・정중」+「て」+「まうしあぐ[下2]→もうしあげる(申し上げる)[下1] 아뢰다」(連用形)+「まする[助動]」+「事」+「が」+「多い」(語幹)+「ござる(御座る)[4]있습니다. ~입니다」(已然形)+「ども」+「このほど(此の程)아주 최근. 이번. 요사이. 이 부근」+「は[助詞]」+「一円」+「この(此の・斯の)[連体]이」+「はう→ほう(方)쪽. 편」+「へ」+「は」+「御座る」(未然形)+「ぬ[助動]부정」+「ゆゑ→ゆえ(故)이유. 원인. 연고」. 이를 해석하면 〈직접 뵈옵고 아뢸 일이 많이 있습니다만 요새는 전혀 이쪽에는 오시지 않는 고로〉.

〈捷原2,12뒤〉

❏ きやうさんにきよくもなし①、はらかたちまるする②。
(ᄀ장미야ᄒ여 노홉ᄉ와ᄒ옵늬)

① 「ぎやうさん(仰山)[形動]수량이나 정도가 심한 모양. 행동이나 말 따위가 부풀려진 모양」의 連用形+「きよく(曲)」+「も[助詞]」+「なし(無し)[形ク]」(〈曲もない〉의 꼴로 '재미가 없다. 쌀쌀맞다. 인정이 없다'의 뜻).
② 「はら(腹)」+「が[助詞]」+「たつ(立つ)[4](連用形)(〈腹が立つ〉의 꼴로 '화가 나다. 노여워하다'의 뜻)+「まるする[助動]겸양·정중」.

⇨ 어지간히 무정하다. 화가 납니다.

〈捷改2,18앞〉──────────

◆ いかう御[お]のこりおおも御[ご]さりはらもたちまする。
(ᄀ장섭섭도ᄒ고노호와ᄒ옵늬)

○ 「いかう(厳う)[副]매우. 대단히」+「お(御)[接頭]존경·겸양·정중」+「のこりおほし[形ク]→のこりおおい(残り多い)[形]마음에 남는 것이 많다. 유감이다. 아쉬워하다」(語幹)+「も」+「ござる(御座る)[4]있습니다. ~입니다」(連用形)+「腹」+「も[助詞]」+「立つ」(連用形)+「まする[助動]겸양·정중」. 이를 해석하면 〈대단히 아쉬움도 있고 화도 납니다〉.

〈捷原2,12뒤〉

❏ おしらるかわるわなけれとも①、みちかいひに②、とねきふさんかいにいきもとて③、
(니르시미그르돈아니ᄒ거니와 더른날의 東萊釜山浦예가돈녀와셔)

① 「おしらる[下2]말씀하시다」(連体形은 〈おしらるる〉)+「が[助詞]」+「わるし(悪し)[形ク]나쁘다」(連用形은 〈わるく〉)+「は[助詞]」+「なし(無し)[形ク]없다. 아니다」의 已然形 「なけれ」+「ども[助詞]역접」.
② 「みじかし[形ク]→みじかい(短い)[形]짧다」(連体形)+「ひ(日)날」+「に[助詞]」.
③ 「とねぎ(東萊)동래」+「ふさんかい(釜山浦)부산포」(〈捷原1,9앞〉 풀이 참조)+「に[助詞]」+「いく(行く)[4]가다」의 連用形 「いき」+「もどる(戻る)[4]돌아오다(가다)」(본문은 音便形)+「て」.

⇨ 말씀하심이 잘못되지는 않지만 짧은 날수에 동래 부산포에 갔다 돌아와서.

〈捷改2, 18뒤〉----------

◆ おうせられまするたうり御[ご]もつともてわ御[ご]されとも、みぢかいひに、とうらいふさんにもまいり、
(니ᄅ시ᄂᆞᆫ 道理맛당은ᄒᆞ거니와 져른 날의 東萊釜山에도가고)

○「おほせらる[下2]→おおせられる(仰せられる)[下1]말씀하시다. 명령하시다」(連用形. 본문의 〈-う〉는 미상)+「まする[助動]겸양·정중」+「とほり→とおり(通り)~와 같이」(〈捷改2,17앞〉 풀이 참조. 이에 대한 〈한글역〉은 〈道理〉인데 일본어에서는 〈だうり→どうり(道理)도리. 이치〉이므로 이를 취하면 〈말씀하시는 이치〉가 된다)+「ごもっとも(御尤も)상대방을 공경하여 그 말씀이 이치에 합당하다는 것을 나타내는 말. 지당하시다」+「だ[助動]단정·지정」(連用形)+「は[助詞]」+「ござる(御座る)[4]~입니다」(已然形)+「ども」+「短い」(連体形)+「日」+「に」+「とうらい(東萊)동래」+「ふさん(釜山)부산」+「に」+「も[助詞]」+「まゐる[4]→まいる(参る)[5]'오다·가다'의 겸양어」(連用形). 이를 해석하면 〈말씀하시는 대로 지당하시기는 합니다만 짧은 날수에 동래 부산에도 가서〉.

〈捷原2,13앞〉

▢ たいくわんはかいにて①、たんかうすることとも②さうたんすれは③、
　(代官房의셔 談合홀일돌이나相談ᄒ면)

① 「たいくわん(代官)대관」+「はかい : 방」(〈捷原1,24앞〉풀이 참조)+「にて[助詞~에서」.
② 「だんがふ(談合)이야기 나누는 것. 의논」+「す(為)[サ変하다]」의 連体形 「する」+「こと(事)일」+「ども(共)[接尾~들」.
③ 「さうだん(相談)의논」+「す(為)[サ変하다]」의 已然形 「すれ」+「ば[助詞확정조건. 원인·인유」.

⇨ 대관 방에서 이야기 나눌 일들을 의논하니,

〈捷改2,19앞〉----------

◆ たいくわんかたゑもまいつて、たんかうすることともやうやうすめますれは、
　(代官方에도가 談合홀일들도계요계요ᄆᆞᆾ면)

○ 「代官」+「かた(方)방향. 장소. 수단. 무렵. 분. 거주하는 곳」+「へ[助詞]」+「も[助詞]」+「まゐる[4]→まいる(参る)[5]'오다·가다'의 겸양어」(音便形)+「て」+「[談合]」+「す」(連体形)+「事」+「共」+「やうやう→ようよう(漸う)[副]점점. 가만히. 겨우. 마침내. 간신히」+「すむ[下2]→すめる(済める)[下1]끝마치다. 매듭짓다」(連用形)+「まする[助動]겸양·정중」(已然形)+「ば」. 이를 해석하면〈대관 쪽에도 가서 이야기 나누는 일들 겨우 끝마쳐서〉.

〈捷原2,13앞〉

▢ そさよりこれからわくる①、あれからわこんと②、みなはらおたてさしらるほとに③、
　(送使로셔이러셔ᄂᆞᆫ오라 뎌러셔ᄂᆞᆫ아니온다 다노ᄒᆞ여ᄒᆞ시니)

① 「そさ(送使)송사」(〈捷原1,4뒤〉풀이 참조)+「より[助詞]기점」+「これ(是・此)[代]이것. 이쪽」+「から[助詞]기점」+「は[助詞]」+「く(来)[カ変]→くる(来る)[カ変]오다」.
② 「あれ(彼)[代]저것. 저쪽」+「から[助詞]기점」+「は[助詞]」+「く(来)[カ変]오다」의 未然形「こ」+「ず[助動]부정」→「ん」+「と[助詞]」.
③ 「みな(皆)[名]모두. 모든 사람」+「はら(腹)」+「を[助詞]」+「たつ(立つ)[下2]→たてる(立てる)[下1]」(〈腹を立てる〉의 꼴로 '화를 내다. 노여워하다'의 뜻)+「さしらる[助動]존경」+「ほどに(程に)[接助]①~하면. ~하는 사이에 ② 원인・이유. ~이므로」.

⇨ 송사로부터 이쪽에서는 온다. 저쪽에서는 오지 않는다고, 모두 화를 내시니.

〈捷改2,19뒤〉----------

◆これからわよよはれあれからわこんとゆうて、みなはらおたちますれとも、
(예셔는부르고계셔는아니온다닐러 다노ᄒᆞ여ᄒᆞ시건마는)

○「これ」+「から」+「は」+「よぶ(呼ぶ)[4]부르다」(未然形)+「る[助動]수동・존경」(連用形)+「あれ」+「から」+「は」+「来」(未然形)+「ず」→「ん」+「と」+「いふ[4]→いう(言う・云う)[5]말하다」+「て」+「皆」+「腹」+「を」+「立つ」(連用形)+「まする[助動]겸양・정중」(已然形)+「ども[助詞]역접」. 이를 해석하면〈이쪽에서는 불리고(부르시고) 저쪽에서는 오지 않는다고 하여 모두 화를 냅니다만〉.

〈捷原2, 13뒤〉

❏いちみてわ①わけられす②めいわくて御[ご]さる③。
(흔몸으로셔눈눈호디못ᄒ여민망ᄒ외)

① 「いちみ」(〈한글역〉이 '흔몸'임을 참조하면 〈一身〉을 'いちみ'로 읽은 것으로 볼 수 있겠으나 〈一身〉은 〈いっしん〉이나 〈ひとみ〉로 읽으므로 문제가 있다. 한편 〈いちみ〉로 읽는 말에는 〈一味〉가 있는데 이는 '편드는 것. 동료. 동지'의 뜻이다)+「だ[助動단정·지정]」의 連用形「で」+「は[助詞]」.

② 「わく[下2]→わける(分ける)[下1]나누다」의 未然形「わけ」+「らる[助動가능]」의 未然形「られ」+「す[助動부정]」.

③ 「めいわく(迷惑)곤란함. 어려움. 난처함. 폐. 낭패」+「だ[助動단정·지정]」의 連用形「で」+「ござる(御座る)[4]~입니다」.

⇨ 하나의 몸으로는 나눌 수 없어서 난감합니다.

〈捷改2, 19뒤〉----------

◆わたくしいちみてわなにとませうか、めいわくなことて御[ご]さりまする。
(내흔몸으로언디ᄒ올고 민망ᄒ 일이옵도쇠)

◯ 「わたくし(私)[代저]」+「いちみ」+「だ」(連用形)」+「は」+「なにと(何と)[副]어떻게」+「まする[助動겸양·정중]」+「む[助動추량·의지]」→「う」(문맥상 〈なにと〉와 〈ませう〉 사이에 〈す(為)[サ変하다]〉가 빠진 것으로 보인다)+「か[助詞의문·질문]」+「迷惑」(形容動詞로 보고 連体形)+「こと(事)것. 일」+「だ」(連用形)+「御座る」(連用形)+「まする[助動겸양·정중]」. 이를 해석하면 〈저 혼자 몸으로는 어떻게 할지 난감한 일입니다〉.

〈捷原2,14앞〉

❏ そさお御[ご]らんしられても①したいに御[ご]らんしられは②、たかさうこん申[もうし]まるせうか③。
(送使를보셔도ᄎ례로보시면 뉘雜言ᄒ올고)

① 「そさ(送使)송사」+「を[助詞]」+「ごらんず(御覧ず)[サ変]보시다」의 未然形「ごらんじ」(고전문법에서는 〈-ぜ〉)+「らる[助動]존경」의 連用形「られ」+「ても[助詞]~해도」.

② 「しだいに(次第に)[副]서서히. 차례로. 순서대로. 서열에 따라」+「ごらんず(御覧ず)[サ変]보시다」의 未然形「ごらんじ」(고전문법에서는 〈-ぜ〉)+「らる[助動]존경」의 未然形「られ」+「ば[助詞]가정조건」.

③ 「た(誰)[代]누구」+「が[助詞]」+「ざふごん(雑言)다양한 험담」+「まうす[4]→もうす(申す)[5]아뢰다. 하다(겸양)」(連用形)+「まるする[助動]겸양·정중」(未然形)+「む[助動]추량·의지」→「う」+「か[助詞]의문·질문」.

⇨ 송사를 보셔도 순서대로 보시면 누가 험뜯겠습니까?

〈捷改2,20앞〉----------

◆[客]そさに御[お]あいなされまするにもしゆんしゆんに御[お]あいなされましたらは、たれかなにと申[もうし]ませうか。
(送使를보셔도ᄎ례로보시면 뉘무어시라니ᄅ올고)

○「送使」+「に[助詞]」+「お(御)[接頭]존경·겸양·정중」+「あふ[4]→あう(合う·会う·逢う·遭う)[5]만나다」(連用形)+「なさる(為さる)[下2]하시다」(連用形)+「まする[助動]겸양·정중」+「に[助詞]」+「も[助詞]」+「じゅんじゅん(順順)(뒤에〈に〉를 붙여서 부사적으로 쓰임)차례로 순서를 따라 하는 모양. 순번」+「お(御)[接頭]」+「あふ[4]→あう(合う·会う·逢う·遭う)[5]만나다」(連用形)+

「なさる(爲さる)[下2]」(連用形)+「まする[助動]」+「たり[助動]단정」(未然形)+「ば」+「たれ(誰)[代]누구」+「が」+「なに(何)[代]무엇」+「と[助詞]~라고」+「申す」(連用形)+「まする[助動]」+「む」→「う」+「か」. 이를 해석하면 〈송사를 만나시더라도 순서대로 만나신다면 누가 뭐라고 하겠습니까〉.

〈捷原2, 14앞〉

▫こちわいちはんつくそきちやほとに①、さきにみまわしらるか②ほんてないか③。
(우리는一番特送이오니 몬져보심이올티아니ᄒ온가)

○ 「こち(此方)[代]이쪽. 나」+「は[助詞]」+「いち(一)일」+「ばん(番)번」+「つくそぎ(特送)특송」(〈捷原1,8앞〉풀이 참조)+「ぢや[助動]단정・지정」+「ほどに(程に)[接助]①~하면. ~하는 사이에 ②원인・이유. ~이므로」.

② 「さき(先・前)미리. 먼저. 앞서」+「に[助詞]」+「みまはす(見回す)[4]둘러보다」(未然形은〈みまはさ〉)+「らる[助動존경」(앞이 4단동사이므로〈る〉가 쓰여야 하고 그 連体形은〈るる〉)+「か[助詞]」.

③ 「ほん(本)본보기. 바름. 정식」+「だ[助動단정・지정」의 連用形「で」+「なし[形ク]→な(無い)[形]없다. 아니다」+「か[助詞]의문・질문」.

⇨ 이쪽은 1번 특송이므로 먼저 둘러보시는 것이 올바르지 않은가?

〈捷改2, 20뒤〉----------

◆われわれわいつとくそうして御[ご]さるゆゑ、さきに御[お]あいなさるるかほんいてわ御[ご]さりませんか。
(우리는一特送이오매 몬져보심이올치아니ᄒ온가)

○「われわれ(我我)[代]우리」+「は」+「いつ(一)일」+「とくそうし(特送使)특송사」

+「た[助動]단정·지정」(連用形)+「ござる(御座る)[4]~입니다」+「ゆゑ→ゆえ(故)이유. 원인. 연고」+「先」+「に」+「お(御)[接頭]존경·겸양·정중」+「あふ[4]→あう(合う·会う·逢う·遭う)[5]만나다」(連用形)+「なさる(為さる)[下2]하시다」(連体形)+「が」+「ほんい(本意)본래의 뜻. 본심. 진짜 의미. 본래 있어야 할 모양」+「だ」(連用形)+「は[助詞」+「ござる(御座る)[4]있습니다. ~입니다」(連用形)+「まする[助動]겸양·정중」+「ず[助動]부정」→「ん」+「か」. 이를 해석하면 〈우리는 1특송사인 고로 먼저 만나시는 것이 본래가 아닙니까〉.

〈捷原2, 14뒤〉

❏ここわいちとも御[おん]めにかかたほとに①そうて御[ご]さる②。
　(예논 혼번이나뵈와시니그러흐외)

① 「ここ(此処·此所·此·是·玆·斯)[代]여기. 자신. 이쪽」+「は[助詞」+「いちど(一度)한 번. 한차례」+「も[助詞」+「おん(御)[接頭]존경·겸양·정중」+「め(目)」+「に[助詞」+「かかる(掛かる)[4](〈お目にかかる〉의 형태로 '보다·만나다'의 겸양표현)」+「た[助動]과거·완료」+「ほどに(程に)[接助]①~하면. ~하는 사이에 ②원인·이유. ~이므로」.

② 「さう→そう(然う)[副]그렇게. 그처럼」+「た[助動]단정·지정」의 連用形「で」+「ござる(御座る)[4]~입니다」.

⇨ 이쪽은 한차례나 뵈었기에 그렇습니다.

〈捷改2, 21앞〉――――――――

◆[主]ここもとゑわいちとてもまいりまして御[お]めにかかりましたゆゑさやうて御[ご]されとも、

(여긔는 흔 번이라도 와 뵈안기예그러ᄒᆞᆸ거니와)

○「ここもと(此許·爰許·爰元)[代]①여기. 바로 근처 ②1인칭 겸칭. 저」+「へ[助詞]」+「は」+「一度」+「でも[助詞~라도」+「まゐる[4]→まいる(参る)[5]'오다·가다'의 겸양어」(連用形)+「まする[助動]겸양·정중」+「て」+「御」+「目」+「に」+「かかる」(連用形)+「まする[助動]」+「た」+「ゆゑ→ゆえ(故)이유. 원인. 연고」+「さやう→さよう(然様·左様)[形動]그처럼. 그렇다」+「だ」(連用形)+「御座る」(已然形)+「ども[助詞]역접」. 이를 해석하면 〈여기에는 한 번이라도 와서 뵈었던 고로 그렇습니다만〉.

〈捷原2, 14뒤〉

❏あすかあさてか①さしあいないひに②、ふうしんのかんほく③しまるせうほとに④、そうこころゑていてさしられ⑤.
(니일이나모뢰나연고업ᄉ 신날의 封進看品 홀ᄭᅥ시니 그리아ᄅ셔나읍소)

① 「あす(明日)내일」+「か[助詞]」+「あさて(明後日)모레」+「か[助詞]」.
② 「さしあひ(差合·指合)응대. 지장. 부대낌」+「なし[形ク]→ない(無い)[形]없다」+「ひ(日)날」+「に[助詞]」.
③ 「ふうしん(封進)봉진」(〈捷原1,15앞〉 풀이 참조)+「の[助詞]」+「かんほく」(이에 대한 〈한글음주〉는 〈감뽀구〉다. 따라서 「かんぽく」일 텐데 이렇게 읽는 일본어는 없다. 한편 「かんぼく」로 읽는 말에는 「肝木·官牧·翰墨·簡朴·簡樸·灌木」이 있는데 모두 문맥이 통하지 않는다. 그런데 〈한글역〉에서는 이를 「看品」으로 옮기고 있다. 「看品」역시 일본 사전에는 등재되지 않은 말인데 〈표준국어대사전〉에는 등재되어 있으며 '물건의 품질이 어떠한가를 살펴봄'으로 풀이되어 있다. 아울러 「看」은 일본어에서 呉音 漢音 모두 「カン」이고 「品」은 呉音이 「ホン」 漢音이 「ヒン」

이므로 「看品」을 일본어로 읽은 것으로도 보기 어렵다. 이하 「かんぽく(看品)간품」과 같이 풀이하겠다).

④ 「す(為)」[サ変하다]의 連用形 「し」+「まるする[助動]겸양·정중」+「む」[助動]추량·의지」 → 「う」+「ほどに(程に)[接助]①~하면. ~하는 사이에 ②원인·이유. ~이므로」.

⑤ 「さう→そう(然う)[副]그렇게. 그처럼」+「こころう(心得)[下2]이해하다. 승낙하다. 조심하다」의 連用形 「こころえ」+「て」+「いづ(出づ)[下2]나가다. 나오다」의 未然形 「いで」+「さしらる[助動]존경」의 命令形 「さしられ」.

⇨ 내일이나 모레나 지장이 없는 날에 봉진 간품 하올 테니 그렇게 이해하고 나오십시오.

〈捷改2, 21뒤〉----------

◆みやうにちかみやうこにちかさしつかゑの御[ご]さらぬひに、ふうしんものおうけとりませうほとに、さやうに御[お]こころゑなされておいてなされません。
(ᄂᆡ일이나모릐나연고업슨날의 封進物을바들거시오니 그리아ᄅᆞ셔나읍소)

○ 「みやうにち→みょうにち(明日)내일」+「か」+「みやうごにち→みょうごにち(明後日)모레」+「か」+「さしつかへ→さしつかえ(差支え)형편이 나쁜 사정. 지장. 방해」+「の[助詞]」+「ござる(御座る)[4]있습니다」(未然形)+「ず[助動]부정」(連体形)+「日」+「に」+「封進」+「もの(物)물건」+「を[助詞]」+「うけとる(受け取る)[4]받다. 수납하다. 영수하다」(連用形)+「まする[助動]겸양·정중」+「む」→「う」+「ほどに」+「さやう→さよう(然様·左様)[形動]그처럼. 그렇다」(連用形)+「お(御)[接頭]존경·겸양·정중」+「心得」(連用形)+「なさる(為さる)[下2]하시다」(連用形)+「て」+「おいで(御出)'오다·가다·있다'의 존경어」+「なさる(為さる)[下2]」(連用形)+「まする[助動]」(命令形). 이를 해석하면〈내일이나 모레나 나쁜 사정이 없는 날에 봉진 물건을 받겠사오

니 그렇게 이해하시고 나오십시오).

〈捷原2, 15앞〉

❏こちわさしあいないほとに①、みやうにちなりとも②さしらるやうにさしられ③。
(우리는연고업ᄉ오니 明日이라도ᄒᆞᆯ양으로ᄒᆞᆸ소)

① 「こち(此方)[代]이쪽. 나」+「は[助詞]」+「さしあひ→さしあい(差合・指合)응대. 지장. 부대낌」+「なし[形ク]→ない(無い)[形]없다」+「ほどに(程に)[接助]①~하면. ~하는 사이에 ②원인・이유. ~이므로」.
② 「みやうにち→みょうにち(明日)내일」+「なり[助動]단정・지정」의 終止形 「なり」+「とも[助詞]~라도」.
③ 「さしらる[4・下2]하시다」+「やうだ→ようだ(様だ)[助動](주로 連用形으로 써서)행동의 기준이 되는 방법, 상황, 형태나 목적을 나타냄」의 連用形 「やうに」+「さしらる[4・下2]하시다」의 命令形 「さしられ」.

⇨ 이쪽은 걸림이 없으니 내일이라도 하시도록 하십시오.

〈捷改2, 22뒤〉----------

◆[客]われわれはうわさしつかゑわ御[ご]さらぬほとに、みやうにちてもするやうになされませい.
(우리게는 연고업ᄉ오니 明日이라도ᄒᆞᆯ양으로ᄒᆞᆸ소)

○ 「われわれ(我我)[代]우리」+「はう→ほう(方)쪽. 편」+「は」+「さしつかへ→さしつかえ(差支え)형편이 나쁜 사정. 지장. 방해」+「は[助詞]」+「ござる(御座る)[4]있습니다」(未然形)+「ず[助動]부정」(連体形)+「ほどに」+「明日」+「でも[助詞]~라도」+「す(為)[サ変]하다」(連体形)+「様だ」(連用形)+「なさる(為さる)[下2]하시다」(連用形)+「まする[助動]겸양・정중」(命令形). 이를 해석

하면 〈우리 쪽은 나쁜 사정은 없으므로 내일이라도 하도록 하십시오〉.

〈捷原2,15뒤〉

❏ みもたいくわんにひとおやりまるせうか①、こなたしゆもいてさしらるときに②おしられて御[ご]され③。
(나도代官의사룸을보내거니와 자닉네도나실제니르고가옵소)

① 「み(身)[名・代몸]. 나. 자신」+「も[助詞]」+「だいくわん(代官)대관」+「に助詞」+「ひと(人)사람」+「を[助詞]」+「やる(遣る・行る)[4]보내다」의 連用形「やり」+「まるする[助動]겸양・정중」+「む[助動]추량・의지」→「う」+「が[助詞]역접」.

② 「こなた(此方)[代이쪽. 그쪽」+「しゆ(衆)~들」+「も[助詞]」+「いづ(出づ)[下2]나오다. 나가다」의 未然形「いで」+「さしらる[助動]존경」+「とき(時)때」+「に[助詞]」.

③ 「おしらる[下2]말씀하시다」의 連用形 「おしられ」+「て」+「ござる(御座る)[4]오시다. 계시다」의 命令形 「ござれ」.

⇨ 나 자신도 대관에게 사람을 보내겠습니다만, 그쪽들도 나오실 때 말씀하시고 오십시오.

〈捷改2,22뒤〉----------

◆ わたくしもたいくわんかたゑひとおつかわしませうほとに、おのおのも御[お]いてなさるるときさやうにおうせられて御[お]いてなされませい。
(우리도代官方에서사룸을브리올거시니 자닉네도나실째예그리니르고나옵소)

○ 「わたくし(私)[代저]」+「も」+「代官」+「かた(方)방향. 장소. 수단. 무렵. 분」.

거주하는 곳」+「へ[助詞]」+「人」+「を」+「つかはす[4]→つかわす(使わす・遣わす)[5]심부름 보내시다. 파견하시다. 보내다. 가게 하다」(連用形)+「まする[助動]겸양・정중」+「む」→「う」+「ほどに(程に)[接助]①~하면. ~하는 사이에 ②원인・이유. ~이므로」+「おのおの(各・各各)①[名]각각. 각자 ②[代](對稱)여러분」+「も」+「おいで(御出)'오다・가다・있다'의 존경어」+「なさる(為さる)[下2]하시다」(連體形)+「時」+「さやう→さよう(然様・左様)[形動]그처럼. 그렇게」(連用形)+「おほせらる[下2]→おおせられる(仰せられる)[下1]말씀하시다. 명령하시다」(連用形. 본문의 〈-う〉는 미상)+「て」+「おいで(御出)오시다」+「なさる(為さる)[下2]하시다」(連用形)+「まする[助動]겸양・정중」(命令形). 이를 해석하면 〈저도 대관 쪽에 사람을 보낼 테니 여러분도 나오실 때 그렇게 말씀하시고 오십시오〉.

〈捷原2, 15뒤〉

❏たいくわんわしられまるしたれとも①、かさねてゆうていきまるせう②。
(代官들은아랏숩거니와 다시니르고가오리)

① 「たいくわん(代官)대관」+「は[助詞]」+「しる(知る)[4]알다」의 未然形「しら」+「る[助動]수동・가능・존경」의 連用形「れ」+「まるする[助動]겸양・정중」+「たり[助動]단정」의 已然形「たれ」+「ども[助詞]역접」.

② 「かさねて(重ねて)[副]재차. 다시 한 번. 다음」+「ゆふ[4]→ゆう(言う)[5]말하다」+「て」+「いく(行く)[4]가다」의 連用形「いき」+「まるする[助動]겸양・정중」+「む[助動]추량・의지」→「う」.

⇨ 대관은 아셨습니다만 거듭 말하고 가겠습니다.

〈捷改2,23뒤〉----------

◆[主]たいくわんちうわしっていられますれとも、かさねてゆうておきませう。
 (代官中은아랏숩거니와 다시니ᄅ고가오리)

○「代官」+「ちゅう/ぢゆう→じゅう(中)①[名]중. 사이 ②[接尾]그 가운데 모두」+「は」+「知る」(音便形)+「て」+「ゐる→いる(居る)[上1]있다」(未然形)+「らる[助動존경]」(連用形)+「まする[助動겸양・정중]」(已然形)+「ども」+「かさねて」+「言う」+「て」+「おく(置く)[4]두다. 놓다」(連用形)+「まする[助動]」+「む」→「う」. 이를 해석하면 〈모든 대관은 알고 계십니다만 거듭 이야기해 두겠습니다〉.

〈捷原2,16앞〉

❏ふさんかいおしるるわ①このあいたよう御[ご]さるか②。
 (釜山浦니르시문요ᄉ이됴히계시던가)

① 「ふさんかい(釜山浦)부산포」+「おしるる[下2]말씀하시다」+「は[助詞]」.
② 「この(此の・斯の)[連体]이」+「あひだ→あいだ(間)사이」+「よう(善う・良う・能う)[副](〈よく의 音便)충분히. 잘. 매우」+「ござる(御座る)[4]계시다」+「か[助詞]의문・질문」.

⇨ 부산포 말씀하시기는 요즘 잘 계십니까?

〈捷改2,24앞〉----------

◆ふさんのおっしゃれまするわこのあいたわいかか御[お]くらしなされますか。
 (釜山의셔니ᄅ심은요ᄉ이ᄂ얻디디내읍ᄂ고)

○「ふさん(釜山)부산」+「の[助詞]」+「おっしゃる(仰しゃる)[4・下2]말씀하시다」(連用形)+「まする[助動]겸양・정중」+「は」+「この」+「間」+「は[助詞]」+「い

かが(如何)[副]어떻게. 어찌」+「お(御)[接頭]존경·겸양·정중」+「くらす(暮らす)[4]살다. 지내다」(連用形)+「なさる(為さる)[下2]하시다」(連用形)+「まする[助動]」+「か」. 이를 해석하면 〈부산이 말씀하시기는 요즘은 어떻게 지내십니까?〉.

〈捷原2, 16앞〉

❏なにかくと①、ことかおおて②、もんあんもさいさい申[もう]さす③、
(엇디혼디 일이만하 問安도ᄌᆞ로ᄉᆞᆲ디못ᄒᆞ니)

① 「なに(何)[代·副]무엇. 어떤」+「かく(斯く)[副]이러한. 이처럼」+「と[助詞]」.
② 「こと(事)일」+「が[助詞]」+「おほし[形ク]→おおい(多い)[形]많다」+「て」(문법적으로는 〈おおくて〉).
③ 「もんあん(問安)문안」(〈捷原1, 21뒤〉풀이 참조)+「も[助詞]」+「さいさい(再再)몇 번이고. 재삼. 자주」(참고로 〈さいさい(細細)[形動]세세하다. 상세하다〉나 〈さいさい(歳歳)해마다. 매년〉의 가능성도 있다)+「まうす[4]→もうす(申す)[5]아뢰다. 하다(겸양)」의 未然形 「もうさ」+「ず[助動]부정」.

▷ 이래저래 일이 많아서 문안도 재삼 아뢰지 않아서.

〈捷改2, 24앞〉----------

◆なにかとことおお御[ご]さつて、さいさいおみまいも申[もうし]ゑませす、
(얻디흔지일이만하 ᄌᆞ로보옵도못ᄒ오니)

○ 「なにかと(何彼と)[連語]이래저래. 여러 가지로」+「事」+「多い」(語幹)+「ござる(御座る)[4]있습니다. ~입니다」(音便形)+「て」+「再再」+「お(御)[接頭]존경·겸양·정중」+「みまひ→みまい(見舞)순시. 방문. 문안」+「も[助詞]」+「申す」(連用形)+「う[下2]→える(得る)[下1](동사의 연용형에 접속하여)~

할 수 있다」(連用形)+「まする[助動]겸양·정중」(未然形)+「ず」. 이를 해석하면 〈여러모로 일이 많이 있어서 재삼 문안도 아뢸 수 없어서〉.

〈捷原2, 16뒤〉

❏たふんこころざしないやうに①おもわしられうかと②こころにかけまるする③。
(일명정업손양으로너기시는가무움의걸리옵니)

① 「たぶん(多分)[副]대개. 아마」+「こころざし(志)뜻. 애정. 후의」+「なし[形ク] → ない(無い)[形]없다」+「やうだ→ようだ(樣だ)[助動]양태」의 連用形 「やうに」.

② 「おもふ[4] → おもう(思う)[5]생각하다」의 未然形 「おもわ」+「しるる[助動]~하시다」+「む[助動]추량·의지」→「う」+「か[助詞]의문·질문」+「と[助詞]~라고」.

③ 「こころ(心)마음」+「に[助詞]」+「かく(掛く·懸く)[下2] → かける(掛ける·懸ける) [下1]걸리다」의 連用形 「かけ」+「まるする[助動]겸양·정중」. 〈心に懸ける〉의 형태로 '항상 염두에 두고 잊지 않도록 하다. 의식하다. 마음먹다'의 뜻이다. 한편 〈心に懸かる〉는 '어떤 일이 걱정돼서 의식에서 떠나지 않다'의 뜻이다. 문맥상 후자가 통하므로 본문 역시 〈こころにかかりまるする〉가 적당할 듯싶다.

⇨ 십중팔구 뜻이 없는 것처럼 생각하실까 하여 마음에 걸립니.

〈捷改2, 24뒤〉----------

◆さためてしやうもないものとおほしめされませう。
(일명情업슨거스로너기오리)

○「さだめて(定めて)[副]분명히. 틀림없이. 필시」+「じやう→じょう(情)정」

+「も[助詞]」+「無い」+「もの(物・者)것. 사람」+「と」+「おぼしめす(思し召す)」[4]생각하시다」(未然形)+「る[助動존경]」(未然形)+「まする[助動겸양・정중]」+「む[助動추량・의지]」→「う」. 이를 해석하면 〈필시 인정도 없는 것(사람)이라고 생각하시겠지요〉.

〈捷原2,17앞〉

❑いかな①。
(싱심이나)

① 「いかな(如何な)[副]어떻든. 아무튼」(〈如何な如何な〉의 형태로 〈결코. 어찌. 무슨〉과 같은 뜻을 나타냄).

⇨ 결단코

〈捷改〉--(대응 문장 없음)--

〈捷原2,17앞〉

❑されいのひ①しつかに御[おん]めにかかて②、わするるあいたもなうて③、せんくわん④しゆにゆうていまるする⑤。
(茶禮ㅅ날죵용히뵈옵고 니즌ㅅ이업시 僉官들씌니르고잇슙니이다)

① 「されい(茶礼)다례」(〈捷原1,26앞〉풀이 참조)+「の[助詞]」+「ひ(日)날」.
② 「しづか(静か・閑か)[形動조용하다. 차분하다. 부드럽다」의 連用形「しづかに」+「おん(御)[接頭존경・겸양・정중]」+「め(目)」+「に[助詞]」+「かかる(掛かる)[4]」(音便形)(〈お目にかかる〉의 형태로 '보다・만나다'의 겸양표

현)+「て」.
③「わする(忘る)[下2]잊다」의 連体形「わするる」+「あひだ→あいだ(間)사이」+「も[助詞]」+「なし(無し)[形ク]없다」(본문은 ウ音便)+「て」.
④「せんくわん」에 대한 〈한글역〉은 〈僉官〉인데 이는 사전에 등재되지 않은 말이다. 다만 〈僉〉은 呉音 漢音 모두 〈セン〉이므로 읽기에는 문제가 없다. 문맥상 이를 「せんくわん(千官)수많은 관리. 백관」으로 보면 뜻이 통한다.
⑤「しゅ(衆)~들」+「に[助詞]」+「ゆふ[4]→ゆう(言う・云う)[5]말하다」+「て」+「ゐる[上1]→いる(居る)[上1]있다」(본문은 連用形)+「まるする[助動]겸양・정중」.

⇨ 다례한 날 가만히 뵈어서 잊을 새도 없이 백관들에게 이야기하고 있습니다.

〈捷改2, 25앞〉----------

◆[客]されいのひわゆるりとおめにかかりまして、それよりわするるひまもなう、せんくわんしゅゑ申[もうし]いまする。
(茶禮날은종용히뵈읍고 글로브터니즌수이업시 僉官들씌니ᄅ고인습늬)
○「茶礼」+「の」+「日」+「は[助動]」+「ゆるりと(緩りと)[副]서두르지 않고. 천천히. 편안하게」+「御」+「目」+「に」+「かかる」(連用形)+「まする[助動]겸양・정중」+「て」+「それ(其・夫)[代]그것. 그때. 그곳」+「より[助詞]기점」+「忘る」(連体形)+「ひま(隙・暇・閑)틈. 사이. 짬」+「も」+「無し」(ウ音便)+「せんくわん」+「衆」+「へ[助詞]」+「まうす[4]→もうす(申す)[5]아뢰다. 하다(겸양)」(連用形. 문맥상 〈て〉가 빠짐)+「居る」(連体形)+「まする[助動]」. 이를 해석하면 〈다례한 날은 편히 뵈어서 잊을 짬도 없이 백관들에게 아뢰고 있습니다〉.

〈捷原2, 17앞〉

❏ ききまるすれは①しやうくわんしかようなたと申[もうす]ほとに②、けうわ
　みまるせうかとおもいまるする③。
　(드르니 正官이 됴화따ᄒᆞ니 오늘은 보올가너기옵니)

① 「きく(聞く)[4]듣다」의 連用形「きき」+「まるする[助動]겸양·정중」의 已然形 「まるすれ」+「ば[助詞]확정조건. 원인·이유」.

② 「しやうくわん(正官)정관」+「し(士)(吳音은〈ジ〉①벼슬아치 ②남자의 경칭 ③일정한 자격이나 역할을 가진 사람」+「か[助詞]」+「よし(良し·善し·好し·佳し)[形ク]좋다. 빼어나다. 능숙하다」의 連用形「よく」의 音便形「よう」+「なる(成る·為る)[4]되다」(본문은 音便形)+「た[助動]과거·완료」+「と[助詞]」+「まうす[4]→もうす(申す)[5]아뢰다. 하다(겸양)」+「ほどに(程に)[接助]①~하면. ~하는 사이에 ②원인·이유. ~이므로」.

③ 「けふ(今日)오늘」+「は[助詞]」+「みる(見る)[上1]보다」의 連用形「み」+「まるする[助動]겸양·정중」+「む[助動]추량·의지」→「う」+「か[助詞]의문·질문」+「と[助詞]」+「おもふ[4]→おもう(思う)[5]생각하다」의 連用形「おもい」+「まるする[助動]겸양·정중」.

⇨ 듣자 하니 정관이 좋아졌다고 하므로 오늘은 볼까 생각합니다.

〈捷改2, 25뒤〉----------

◆ [主]うけたまわりますれはしやうくわんも御[お]こころよう御[ご]さると申[もうし]まするゆゑ、こんにちわ御[お]めにかかりませうとそんしまする。
　(드ᄅᆞ니 正官도 됴환다 니ᄅᆞ오니 오ᄂᆞᆯ은 보올까 너기옵ᄂᆞ니)

○ 「うけたまはる(承る)[4]삼가 받다. 명을 따르다. 삼가 듣다」(連用形)+「まする[助動]겸양·정중」(已然形)+「ば」+「正官」+「も[助詞]」+「お(御)[接頭]존

경·겸양·정중」+「こころよし(快し)[形ク]기분이 좋다. 유쾌하다. 쾌차하다」(ウ音便)+「ござる(御座る)[4]계시다. ~입니다」+「と」+「申す」(連用形)+「まする[助動]」+「ゆゑ→ゆえ(故)이유. 원인. 연고」+「こんにち(今日)오늘」+「は」+「お(御)[接頭]존경·겸양·정중」+「め(目)」+「に[助詞]」+「かかる(掛かる)[4](〈お目にかかる〉의 형태로 '보다·만나다'의 겸양표현)」+「まする[助動]겸양·정중」+「む」→「う」+「と」+「ぞんず(存ず)[サ変]생각하다(겸양)」(連用形)+「まする[助動]」. 이를 해석하면 〈삼가 듣자오니 정관도 쾌차하여 계시다고 하는 고로 오늘은 뵈려고 생각합니다〉.

〈捷原2, 17뒤〉

□くすりものみやいともして①いまよう御[ご]さる②。
(약도먹고뜸도ᄒ여이제ᄂᆫ됴화습니이다)

① 「くすり(薬)약」+「も[助詞]」+「のむ(飲む·呑む)[4]마시다. 먹다」의 連用形 「のみ」+「やいと(灸)뜸」+「も[助詞]」+「す(為)[サ変]하다」의 連用形 「し」+「て」.
② 「いま(今)지금」+「よし(良し·善し·好し·佳し)[形ク]좋다. 빼어나다. 능숙하다」(본문은 音便形)+「ござる(御座る)[4]~입니다」.

⇨ 약도 먹고 뜸도 떠서 이제 좋습니다.

〈捷改2, 26앞〉----------

◆ [客]くすりものみこしきうもいたしてたたいまわよう御[ご]さりまする。
(약도먹고뜸도ᄒ야이제ᄂᆫ됴화습ᄂᆞ이다)

○ 「薬」+「も」+「飲む」(連用形)+「こし」(이는 〈こす(越す)[4]넘다. 넘기다〉의 連用形으로 봐야겠다. 또는 〈こし(腰)허리〉일 가능성도 있겠는데 그렇다면 '허리에 뜸을 뜬다'는 것이 되어 어색하다)+「きう→きゅう(灸)뜸」

+「も」+「いたす(致す)[4]하다(겸양)」(連用形)+「て」+「ただいま(只今)지금」+「は[助詞]」+「良し」(ウ音便)+「ござる(御座る)[4]~입니다」(連用形)+「まする[助動]겸양·정중」. 이를 해석하면 〈약도 마셔 넘기고 뜸도 해서 지금은 좋습니다〉.

〈捷原2, 18앞〉

❏ いままたみまるせうほとに①、ゆるりとしまるせん②。
(이제쏘보올거시니 죵용티몯ᄒᆞ외)

① 「いま(今)[副]바로. 금세」+「また(又·亦·復)[副]또. 다시」+「みる(見る)[上1]보다」의 連用形 「み」+「まるする[助動]겸양·정중」+「む[助動]추량·의지」 → 「う」+「ほどに(程に)[接助]①~하면. ~하는 사이에 ②원인·이유. ~이므로」.
② 「ゆるりと(緩りと)[副]서두르지 않고. 천천히. 편안하게」+「す(為)[サ变]하다」의 連用形 「し」+「まるする[助動]겸양·정중」+「ず[助動]부정」 → 「ん」.
⇨ 곧 다시 볼 것이라 편히 하지 못합니다.

〈捷改2, 26뒤〉----------

◆[主]おつつけまたおめにかかりませうほとに、ゆるりとわいたしませす.
(밋처쏘뵈올거시오니 죵용티몯ᄒᆞ외)
○ 「おつつけ(追っ付け)[副]금방. 곧바로. 금세」+「また」+「お(御)[接頭]존경·겸양·정중」+「め(目)」+「に[助詞]」+「かかる(掛かる)[4](〈お目にかかる〉의 형태로 '보다·만나다'의 겸양표현)」+「まする[助動]겸양·정중」+「む」→「う」+「ほどに」+「ゆるりと」+「は[助詞]」+「いたす(致す)[4]하다(겸양)」(連用形)+「まする[助動]」+「ず」. 이를 해석하면 〈금세 다시 뵈올 테니 편히는 하지 못합니다〉.

〈捷原2,18앞〉

❏かんほくわむしにしまるして①めてたう御[ご]さる②。
　(看品은無事히ᄒ오니아룸답ᄉ외)

① 「かんぽく(看品)간품」(〈捷原2,14뒤〉풀이 참조)+「は助詞」+「むじ→ぶじ(無事)[形動]무사히」(〈捷原1,11앞〉풀이 참조. 본문은 連用形)+「す(為)[サ変]하다」의 連用形「し」+「まるする[助動]겸양·정중」+「て」.

② 「めでたし[形ク]훌륭하다. 멋지다. 경하할만하다. 기쁘다」(본문은 音便形)+「ござる(御座る)[4]~입니다」.

⇨ 간품은 무사히 해서 기쁩니다.

〈捷改2,27앞〉----------

◆[客]かんほくわふしにすめましてめてたうそんしまする。
　(看品은無事히ᄆᄌ오니아룸다이너기옵닉)

○ 「看品」+「は」+「無事」(連用形)+「すむ[下2]→すめる(済める)[下1]끝마치다. 매듭짓다」(連用形)+「まする[助動]겸양·정중」+「て」+「めでたし」(ウ音便)+「ぞんず(存ず)[サ変]생각하다(겸양)」(連用形)+「まする[助動]」. 이를 해석하면 〈간품은 무사히 끝마쳐서 기쁘게 생각합니다〉.

〈捷原2,18뒤〉

❏さむいひに①ひさしういとらしられて②、なんほう御[ご]くらうに御[ご]さるそ③。
　(ᄎ날의오래안자계셔 언머슈고ᄒ옵셔뇨)

① 「さむし[形ク]→さむい(寒い)[形]춥다」+「ひ(日)날」+「に[助詞]」.
② 「ひさし(久し・尚し)[形シク]오랫동안. 오랜만」(본문은 音便形)+「ゐどる→いどる(居取る)[4]자리를 차지하다. 앉아있다」의 未然形 「いどら」+「しらる[助動]~하시다」의 連用形 「しられ」+「て」.
③ 「なんぼう(何ぼう)[副]①어느 정도. 꽤. 너무. 아무리 ②상식의 정도를 넘은 어떤 사태에 대해 놀라워하는 뜻을 나타냄. 어찌. 어디까지. 정말로. 심하게」+「ごくらう→ごくろう(御苦労)다른 사람의 고생(수고)을 높여 이르는 말」+「に[助詞]」+「ござる(御座る)[4]~입니다」+「ぞ[終助詞]강조」.
⇨ 추운 날에 한동안 앉으셔서 참으로 고생하셨습니다.

〈捷改2, 27앞〉----------

◆さむいひにひさしういとつて御[ご]さつて、さそ御[ご]くらうに御[ご]さりませう。
(츈날의오래안자계셔 언머슈고ᄒᆞ옵셔뇨)

○「寒い」+「日」+「に」+「久し」(ウ音便)+「居取る」(音便形)+「て」+「ござる(御座る)[4]계시다」(音便形)+「て」+「さぞ(嘸)[副]그처럼. 필시. 분명」+「御苦労」+「に」+「御座る」(連用形)+「まする[助動]겸양・정중」+「む[助動]추량・의지」→「う」. 이를 해석하면 〈추운 날에 한동안 앉아 계셔서 필시 고생하셨겠습니다〉.

〈捷原2, 18뒤〉

❏かんほくののち①いはちなされうに②、ひもはんしまるせうほとに③、
(看品後연향ᄒᆞ실디 날도져믈쎠시니)

① 「かんぽく(看品)간품」+「の[助詞]」+「のち(後)이후」.

② 「いはち：잔치」(〈捷原2,5앞〉풀이 참조)+「なさる(爲さる)[下2]하시다」의 未然形「なされ」+「む[助動]추량・의지」→「う」+「に助詞」.
③ 「ひ(日)날」+「も[助詞]」+「ばんず(晩ず)[サ變]밤이 되다. 해가 저물다」의 連用形「ばんじ」+「まるする[助動]겸양・정중」+「む[助動]추량・의지」→「う」+「ほどに(程に)[接助]①~하면. ~하는 사이에 ②원인・이유. ~이므로」.
⇨ 간품 후에 잔치하실 텐데 날도 저물 것이므로.

〈捷改2,27뒤〉----------

◆かんほくおすめましけれは、いはちなされませうに、ひもはんしませうほとに、
(看品을 뭇츠면 宴享ᄒ올듸 날도 졈을 거시니)

○「看品」+「を[助詞]」+「すむ[下2]→すめる(済める)[下1]끝마치다. 매듭짓다」(連用形)+「まする[助動]겸양・정중」(連用形)+「けり[助動]과거」(已然形. 여기에서 예컨대〈たり〉가 아닌〈けり〉가 쓰인 이유를 알기 어렵다)+「ば[助詞]확정조건. 원인・이유」+「いはち」+「なさる」(連用形)+「まする[助動]」+「む」→「う」+「に助詞~하니. ~하는데」+「日」+「も」+「晩ず」(連用形)+「まする[助動]」+「む」→「う」+「ほどに」. 이를 해석하면〈간품을 끝마쳤으니 잔치하실 텐데 날도 저물 것이므로〉.

〈捷原2,19앞〉

☐いそいてこしらいて①いてさしられ②。
(수이 출혀나쇼셔)

① 「いそぐ(急ぐ)[4]서두르다」(본문은 音便形)+「て」+「こしらふ(拵ふ)[下2]→こしらえる(拵える)[下1]만들어내다. 마련하다. 조리하다」의 連用形「こしらへ→こしらえ」(본문의〈-い〉는 비문법적)+「て」.

② 「いづ(出づ)[下2]나가다. 나오다」의 未然形 「いで」+「さしらる[助動존경]」의 命令形 「さしられ」.

⇨ 어서 채비하고 나오십시오.

〈捷改2,28앞〉----------

◆はやうしまいなされておいてなされません。
(수이몬고오읍소)

○「はやし[形ク]→はやい(早い)[形]빠르다. 이르다」(ウ音便)+「しまひ→しまい(仕舞・終・了)끝나는 것. 그만두는 것. 마지막. 끝. 끝마치는 것」+「なさる(為さる)[下2]하시다」(連用形)+「て」+「おいで(御出)'오다・가다・있다'의 존경어」+「なさる(為さる)[下2]」(連用形)+「まする[助動겸양・정중]」(命令形). 이를 해석하면 〈빨리 끝마치시고 오십시오〉.

〈捷原2,19앞〉

❏御[お]かけにかんほくお①むしにしまるして②、こちもうれしうそんしまるする③。
(덕분의 看品을 無事히ㅎ오니 우리도깃비너기옵니)

① 「おかげ(御陰)덕분. 덕택」+「に[助詞]」+「かんぽく(看品)간품」+「を[助詞]」.
② 「むじ→ぶじ(無事)[形動]무사히」(〈捷原1,11앞〉의 풀이 참조)+「す(為)[サ変]하다」의 連用形 「し」+「まるする[助動겸양・정중]」+「て」.
③ 「こち(此方)[代]이쪽. 나」+「も[助詞]」+「うれし[形シク]→うれしい(嬉しい)[形]기쁘다. 고맙다」(본문은 音便形)+「ぞんず(存ず)[サ変]'생각하다. 알다'의 겸양어」+「まるする[助動겸양・정중]」.

⇨ 덕분에 간품을 무사히 해서 이쪽도 기쁘게 생각합니다.

〈捷改2, 28앞〉----------

◆ [主]御[お]かけにかんほくおふしにあいすみまして、われわれもうれしうそんしまする。
(덕분의 看品을 無事히 믇ㅈ오니 우리도 깃비너기읍닉

○「御蔭」+「に」+「看品」+「を」+「無事」(連用形)+「あひすむ[4]→あいすむ(相済む)[5]'끝나다'의 격식 차린 말」(連用形)+「まする[助動]겸양·정중」+「て」+「われわれ(我我)[代]우리」+「も」+「嬉し」(ウ音便)+「存ず」(連用形)+「まする[助動]겸양·정중」. 이를 해석하면 〈덕분에 간품을 무사히 끝내서 우리도 기쁘게 생각합니다〉.

〈捷原2, 19뒤〉

▫ われらわいまいてまるせうほとに①、そなたのことお②いそいてこしらゑさしられ③。
(우리는 이제 나올쎠시니 게 일을 수이 출히옵소)

① 「われら(我等)[代]우리들」+「は[助詞]」+「いま(今)지금. 이제」+「いづ(出づ)[下2]나가다. 나오다」의 連用形「いで」+「まるする[助動]겸양·정중」+「む[助動]추량·의지」→「う」+「ほどに(程に)[接助]①~하면. ~하는 사이에 ② 원인·이유. ~이므로」.

② 「そなた(其方)[代]그쪽. 자네」+「の(助詞)」+「こと(事)일」+「を[助詞]」.

③ 「いそぐ(急ぐ)[4]서두르다」(본문은 音便形)+「て」+「こしらふ(拵ふ)[下2]→こしらえる(拵える)[下1]만들어내다. 마련하다. 조리하다」의 連用形「こしらえ」+「さしらる[助動]존경」의 命令形「さしられ」.

⇨ 우리는 지금 나가겠사오니 그쪽 일을 서둘러 채비하십시오.

〈捷改2, 28뒤〉----------

◆われわれわいままいりませうほどに、そちのことおはやう御[お]こしらゑなされませい。
(우는이제가올거시니 게일을수이출히읍소)리

○「われわれ(我我)[代]우리」+「は」+「今」+「まゐる[4]→まいる(参る)[5]'오다・가다'의 겸양어」(連用形)+「まする[助動]겸양・정중」+「む」→「う」+「ほどに」+「そち(其方)[代]①그쪽 ②아랫사람을 가리키는 말. 너」+「の」+「事」+「を」+「はやし[形ク]→はやい(早い)[形]빠르다. 이르다」(ウ音便)+「お(御)[接頭]존경・겸양・정중」+「拵える」(連用形)+「なさる(為さる)[下2]하시다」(連用形)+「まする[助動]」(命令形). 이를 해석하면〈우리는 지금 가겠사오니 그쪽 일을 어서 채비하십시오〉.

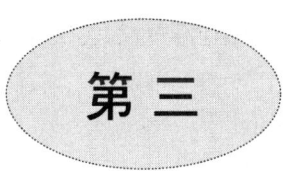

第 三

〈捷原3, 1앞〉

❏とねきからおしらるわ①、御[お]とかいひさしけれとも②、
(東萊계셔니르시믄 御渡海ᄒ션디오래되)

① 「とねぎ(東萊)동래」(〈捷原1, 14앞〉풀이 참조)+「から[助詞]동작이 시작되는 인물을 가리킴」+「おしらる[下2]말씀하시다」+「は[助詞]」.

② 「お(御)[接頭]존경·겸양·정중」+「とかい(渡海)도해」+「ひさし(久し·尙し)[形シク]시간이 오래 지났다」의 已然形「ひさしけれ」+「ども[助詞]역접」.

⇨ 동래가 말씀하시기는, 도해(渡海)하심이 오래입니다만,

〈捷改3, 1앞〉----------

✦[主]とうらいよりおおせられまするわ、御[お]とかいなされましてひさしうなりますれとも、
(東萊계셔니르시믄 御渡海ᄒ션지오래되)

〇「とうらい(東萊)동래」+「より[助詞]~로부터」+「おほせらる[下2] → おおせられる(仰せられる)[下1]말씀하시다. 명령하시다」(連用形)+「まする[助動]겸양·정중」+「は」+「御」+「渡海」+「なさる(為さる)[下2]하시다」(連用形)+「ます

る[助動]」+「て」+「久し」(ウ音便)+「なる(成る・為る)[4]되다」(連用形)+「ます
る[助動]」(已然形)+「ども」. 이를 해석하면〈동래가 말씀하시기는 도해하
셔서 오래 되었습니다만〉.

〈捷原3,1앞〉

❏たかいに御[おん]めにかかりまるせいんて①、のこりおお御[ご]さたに②、
(서르보읍디몯ᄒ오니 섭섭ᄒ옵더니)

① 「たがひに→たがいに(互いに)[副]서로. 각자」+「おん(御)[接頭존경・겸양・
   정중」+「め(目)」+「に[助詞]」+「かかる(掛かる)[4]」(〈お目にかかる〉의 형태
   로 '보다・만나다'의 겸양표현)+「まるする[助動겸양・정중]」+「いて[助詞]=
   ずに(부정)」.

② 「のこりおほし[形ク]→のこりおおい(残り多い)[形]마음에 남는 것이 많다. 유
   감이다. 섭섭하다」(語幹)+「ござる(御座る)[4]~입니다」(본문은 促音 표기
   는 없으나 音便形으로 봐야겠다. 개수본에는 促音도 표기된다)+「た[助
   動]과거・완료」+「に[助詞]~인데. ~하니」.

⇨ 서로 뵙지 못하여 아쉬웠습니다만.

〈捷改3,1뒤〉----------

◆たかいに御[お]めにかかりませいて、のこりおお御[ご]さつたに、
(서로보읍지몯ᄒ오니 섭섭ᄒ옵더니)

○「互いに」+「御」+「目」+「に」+「かかる」(連用形)+「まする[助動겸양・정중」
  +「いて」+「残り多し」(語幹)+「御座る」(音便形)+「た」+「に」. 조동사「ます
  る」를 제외하고는 원간본과 일치한다.

〈捷原3,1뒤〉

> ❏こうみまるして①めつらし御[ご]さる②。
> (이리보오니귀ᄒ외)

① 「かう(斯う)[副]이렇게」+「みる(見る)[上1]보다」의 連用形「み」+「まるする[助動]겸양・정중」+「て」.
② 「めづらし[形シク]→めずらしい(珍しい)[形]멋지다. 귀하다. 드물다. 특별하다」(문법적으로는〈めつらしう〉가 기대됨)+「ござる(御座る)[4]~입니다」.

⇨ 이처럼 뵈어서 각별합니다.

〈捷改3,1뒤〉----------

◆かやうに御[お]めにかかりましてめつらしうそんします。
(이리보오니귀히너기읍닉)

○「かやう(斯様)[形動]이처럼. 이와 같이」(連用形)+「お(御)[接頭]존경・겸양・정중」+「め(目)」+「に」+「かかる(掛かる)[4]」(〈お目にかかる〉의 형태로 '보다・만나다'의 겸양표현)+「まする[助動]겸양・정중」+「て」+「珍し」(ウ音便)+「ぞんず(存ず)[サ変]생각하다(겸양)」(連用形)+「まする[助動]」. 이를 해석하면〈이처럼 뵈어서 각별하게 생각합니다〉.

〈捷原3,1뒤〉

> ❏わたくしかさきに申[もうし]まるせうお①、かやうに御[ご]いなさるほとに② かたしけなうそんしまるする③。
> (쇼인이몬져술올쎠술 이리御意ᄒ시니감격히너기읍니이다)

① 「わたくし(私)[代]저」+「が[助詞]」+「さきに(先に・曩に)[副]먼저. 앞서」+「まうす[4]→もうす(申す)[5]아뢰다. 하다(겸양)」의 連用形「もうし」+「まるする[助動]겸양・정중」+「む[助動]추량・의지」→「う」+「を[助詞]」.
② 「かやう(斯様)[形動]이처럼. 이와 같다」의 連用形「かやうに」+「ごい→ぎょい(御意)말씀. 하명」(〈捷原2,1뒤〉풀이 참조)+「なさる(爲さる)[4]하시다」+「ほどに(程に)[接助]①~하면. ~하는 사이에 ②원인・이유. ~이므로」.
③ 「かたじけなし(忝し・辱し)[形ク]면목이 없다. 뼈에 사무치게 감사하다. 과분하다. 황공하다」(본문은 ウ音便)+「ぞんず(存ず)[サ變]'생각하다. 알다'의 겸양어」의 連用形「ぞんじ」+「まるする[助動]겸양・정중」.

⇨ 제가 먼저 아뢰려는 것을 이처럼 말씀하시니 황공하게 생각합니다.

〈捷改3,2앞〉----------

◆[客]わたくしのさきに申[もうし]ませうお、かやうに御[ご]いなさるほとにありかたうそんしまする。
(쇼인이몬져술올쎠슬 이리御意ㅎ시니感激히너기옵닉이다)

○「私」+「の[助詞]主格」+「先に」+「申す」(連用形)+「まする[助動]겸양・정중」+「む」+→「う」+「を」+「斯様」(連用形)+「御意」+「なさる」+「ほどに」+「ありがたし(有り難し)[形ク]드물다. 감사하다」(音便形)+「存ず」(連用形)+「まする[助動]」. 이를 해석하면 원간본과 별 차이가 없다. 원간본의「かたじけなし」가「ありがたし」로 바뀌었는데 참고로 두 단어에 대한『広辞苑』의 풀이를 제시해두겠다. 「かたじけない【忝い・辱い】(元来は、容貌の醜い意を表す語であったらしい)①恥かしい。面目ない。②(過分の恩恵や好意を受けて)身にしみてありがたい。③(尊貴さがそこなわれるようで)もったいない。恐れ多い」.「ありがたい【有り難い】①存在が稀である。なかなかありそうもない。珍しい。②生存しにくい。生きがたい。③(世にも珍しいほど)すぐれている。立派である。④またとなく尊い。もったいない。恐れ多い。⑤(人の親切や

好意などに対し)感謝したい気持である。身にしみてうれしい。⑥本当に恵まれていて、うれしい」.

〈捷原3,2앞〉

❏このまゑも御[おん]めにかかりまるせうお①、わつらうて②、ついに御[おん]めにかかりまるせいんて③、
(이젼의도뵈올쎠슬 병드오와 단시뵈&옵디몯ᄒ오와)

① 「このまへ→このまえ(此の前)며칠 전. 지난번. 이전」+「も[助詞]」+「おん(御)[接頭존경·겸양·정중]」+「め(目)」+「に[助詞]」+「かかる(掛かる)[4]」(〈お目にかかる〉의 형태로 '보다·만나다'의 겸양표현)+「まるする[助動·겸양·정중]」+「む[助動·추량·의지」→「う」+「を[助詞]」.
② 「わづらふ[4]→わずらう(煩う)[5]괴로워하다. 병들다」+「て」.
③ 「つひに→ついに(終に·遂に)[副]결국. 이윽고. 마침내」+「おん(御)[接頭존경·겸양·정중]」+「め(目)」+「に[助詞]」+「かかる(掛かる)[4]」의 連用形 「かかり」+「まるする[助動·겸양·정중]」+「いで[助詞]=ずに(부정)」.

⇨ 요전에도 뵈려는 것을 병들어서 끝내 뵙지 못하여.

〈捷改3,2뒤〉----------

◆このまゑも御[お]めにかかりませうに、いたみましてついに御[お]めにかかりませいて、
(이젼의도뵈올디 알슙기예단시뵈&옵지몯ᄒ오와)

○ 「此の前」+「も」+「御」+「目」+「に」+「かかる」(連用形)+「まする[助動·겸양·정중]」+「む」→「う」+「に[助詞]~인데」+「いたむ(痛む·傷む·悼む)[4]아프다. 고통스러워하다」(連用形)+「まする[助動]」+「て」+「遂に」+「御」+「目」

+「に」+「かかる」+「まする[助動]」+「いで」. 이를 해석하면 〈요전에도 뵈려는데 아파서 끝내 뵙지 못하여서〉. 원간본과 개수본 사이에 변경된 동사에 대한 『広辞苑』의 풀이를 참고삼아 아래에 제시한다. 「わずらう【煩う】①あれこれにひっかかって思い苦しむ。なやむ。②うまく事が行えずに苦しむ。難渋する。③(「患う」とも書く)病気になる。病む」. 「いたむ【痛む・傷む・悼む】①(肉体に)苦痛を感ずる。②なやみに思う。かなしく感ずる。心痛する。③迷惑がる。④《傷》破損す。⑤《傷》腐る。⑥損をする」.

〈捷原3,2앞〉

❑ほんき①おそむきたとそんしまるする②。
(本意를背ᄒᆞ도다너기옵니이다)

① 「ほんき」에 대한 〈한글음주〉가 「혼기」라서 확실치 않은데, 본문이 〈ほんき〉라면 「ほんき(本気)[形動]진심. 정말. 진지한 생각」로, 〈ほんぎ〉라면 「ほんぎ(本儀)법도에 맞는 의식」 정도로 볼 수 있겠다. 한편 이에 대한 〈한글역〉은 「本意」인데 이는 일본어로는 「ほんい」로 읽으며 「본래의 뜻. 본심. 진심」의 뜻이다.
② 「を[助詞]」+「そむく(背く)[4]등지다. 거스르다」의 連用形「そむき」(개수본에서는 音便形)+「た[助動]과거·완료」+「と[助詞]」+「ぞんず(存ず)[サ変]'생각하다. 알다'의 겸양어」의 連用形「ぞんじ」+「まるする[助動]겸양·정중」.

⇨ 진심을 저버렸다고 생각합니다.

〈捷改3,2뒤〉----------
◆ほんいおそむいたとそんしまする。

(本意를背ᄒ도다너기ᅌᅳ셔이다)

○「ほんい(本意)본래의 뜻. 진의. 본심. 진심」+「を」+「背く(音便形)+「た」
+「と」+「存ず」+「まする(助動겸양·정중)」. 해석은 원간본과 같다.

〈捷原3,2뒤〉

❏ せんとよりきけは①、きあいけときいて②、きつかいおもいまるしたか③、
とこおいたましらるたか④。
(젼브터드르니 병드르시다듯고 념녀ᄒᆞᆸ더니 어디를알파ᄒ시던고)

① 「せんど(先度)지난번. 요전」+「より[助詞기점]」+「きく(聞く)[4]듣다」의 已然
形「きけ」+「ば[助詞확정조건. 원인·이유]」.

② 「きあいけ: 편치 않은 모습」(〈捷原1,26뒤〉풀이 참조)+「と[助詞~라고]」+
「きく(聞く)[4]듣다」(본문은 音便形)+「て」.

③ 「きづかふ[4] → きづかう(気遣う)[5]걱정하다. 우려하다. 배려하다」의 連用
形「きづかい」+「おもふ[4] → おもう(思う)[5]생각하다」의 連用形「おもい」+
「まるする[助動]겸양·정중」+「た[助動]과거·완료」+「が[助詞]역접」.

④ 「どこ(何処·何所)[代]어디」+「を[助詞]」+「いたむ(痛む·傷む·悼む)[4]아프다.
고통스러워하다」의 未然形「いたま」+「しらる[助動]~하시다」+「た[助動]과
거·완료」+「か[助詞]의문·질문」.

⇨ 지난번부터 듣자니 편찮다고 들어서 걱정했습니다만, 어디를 아파
하셨습니까?

〈捷改3,3앞〉----------

◆[主] せんとよりきけは、いたましやれたときいて、きつかいましたに、とこお
いたましやたか。

(젼부터드르니 알ㅎ신다듣고 근심ㅎ옵더니 어듸룰알파ㅎ시던고)
O「先度」+「より」+「聞く」(已然形)+「ば」+「いたむ(痛む・傷む・悼む)」[4]아프다. 고통스러워하다」(未然形)+「しゃる[助動]존경」(連用形)+「た[助動]과거・완료」+「と」+「聞く」(音便形)+「て」+「気遣う」(連用形)+「ます[助動]겸양・정중」+「た」+「に[助詞]~인데」+「どこ」+「を」+「痛む」(未然形)+「しゃる[助動]」(音便形)+「た」+「か」. 이를 해석하면 〈지난번부터 듣자니 아프셨다고 들어서 걱정했는데 어디를 아파하셨습니까?〉.

〈捷原3, 2뒤〉

❏かおおみれは①いまにもきあいけのいろか御[ご]さるほとに②、かまゑて、御[ご]やうしやうさしられ③。
(낯출보오니이제도병빗치겨시니 모로매 됴리ㅎ옵소)

① 「かほ→かお(顔・貌)얼굴」+「を[助詞]」+「みる(見る)[上1]보다」의 已然形「みれ」+「ば[助詞]확정조건. 원인・이유」.
② 「いま(今)지금」+「に[助詞]」+「も[助詞]」+「きあいけ:편치 않은 모습」+「の[助詞]」+「いろ(色)빛깔. 기색」+「か[助詞]」+「ござる(御座る)[4]계시다. 있습니다」+「ほどに(程に)[接助]①~하면. ~하는 사이에 ②원인・이유. ~이므로」.
③ 「かまへて(構へて)[副]힘써. 반드시. 조심하여. 틀림없이」+「ご(御)[接頭]존경・겸양・정중」+「やうじやう(養生)보양. 몸조리」+「さしるる[4・下2]하시다」의 命令形「さしられ」.

⇨ 얼굴을 보니 지금도 편찮은 기색이 있사오니 부디 몸조섭하십시오

〈捷改3, 3뒤〉----------

◆かおおみれはいまにも御[お]やうすかよう御[ご]ざりませんやまいのいろか御[ご]さりまするほとに、かまゑて、御[ご]やうしやうなされませい。
(낯츨보오니이제라도얼골이죠치아니ᄒ여병빗치계시니 모로매 됴리ᄒᆞᆸ소)

○「顔」+「を」+「見る」(已然形)+「ば」+「今」+「に」+「も」+「お(御)[接頭]존경·겸양·정중」+「やうす→ようす(様子)모습. 상황. 사정. 기척」+「が[助詞]」+「よし(良し·善し·好し·佳し)[形ク]좋다. 빼어나다. 능숙하다」(ウ音便)+「ござる(御座る)[4]~입니다」(連用形)+「まする[助動]겸양·정중」+「ず[助動]부정」→「ん」+「やまひ→やまい(病)병」+「の」+「色」+「が」+「御座る」(連用形)+「まする[助動]」+「ほどに」+「構へて」+「御」+「養生」+「なさる(為さる)[下2]하시다」(連用形)+「まする[助動]겸양·정중」(命令形). 이를 해석하면 〈얼굴을 보니 지금도 상태가 좋지 않습니다. 병환의 기색이 있사오니 부디 몸조섭하십시오〉.

〈捷原3, 3앞〉

❏わすれまるして御[ご]さた①。
(니젓따소이다)

① 「わする[下2]→わすれる(忘れる)[下1]잊다」의 連用形「わすれ」+「まるする[助動]겸양·정중」+「て」+「ござる(御座る)[4]있습니다. ~입니다」(본문은 促音 표기는 없으나 音便形으로 봐야겠다. 개수본에는 促音도 표기된다)+「た[助動]과거·완료」.

⇨ 잊고 있었습니다.

〈捷改3,4앞〉----------

◆[客]わすれまして御[ご]さつた。
(니젇다소이다)
○「忘る」(連用形)+「まする[助動]겸양・정중」+「て」+「御座る」(音便形)+「た」.

〈捷原3,3앞〉

❏ひやうちうに①めづらしくすりお②ちやうにくたされて③、
(病中의귀흔약을만히주시매)

① 「びやうちゆう→びょうちゅう(病中)병에 걸려있는 동안」+「に[助詞]」.
② 「めづらし[形シク→めずらしい(珍し)][形]홀륭하다. 귀하다. 드물다. 특별하다」(連体形인〈めづらしき〉나〈めずらしい〉가 기대되는 자리다)+「くすり(薬)약」+「を[助詞]」.
③ 「ちやう」(불확실하지만 문맥상〈てう(超)넘치는 것〉으로 풀이하겠다)+「に[助詞]」+「くださる(下さる)[下2]주시다. 내리시다. 하사하시다」의 連用形「くだされ」+「て」.

⇨ 병중에 귀한 약을 넘치게 내리셔서.

〈捷改3,4뒤〉----------

◆ひやうちうにめつらしいくすりおたんとくたされて、
(病中에귀흔약을만히주시매)
○「病中」+「に」+「珍しい」(連体形)+「薬」+「を」+「たんと[副]수량이 많은 모양. 가득. 듬뿍」+「下さる」(連用形)+「て」. 이를 해석하면〈병중에 귀한 약을 듬뿍 내리셔서〉.

〈捷原3,3뒤〉

❏ おかけにたひまるして①、それよりいたみまるしたむねとはらか②ちとやみまるして③、
(덕분의먹습고 글로브터알튼가슴과비져기그쳐)

① 「おかげ(御蔭)덕분. 덕택」+「に[助詞]」+「たぶ(賜ぶ・給ぶ)[4]주시다. 받잡다」(문맥상〈たぶ(食ぶ)[下2]먹다〉가 적당하지만 이는 連用形이〈たべ〉이므로 형태상 문제가 남는다)+「まるする[助動]겸양・정중」+「て」.

② 「それ(其・夫)[代]그것. 그때. 그곳」+「より[助詞]기점」+「いたむ(痛む・傷む・悼む)[4]아프다. 고통스럽다」의 連用形「いたみ」+「まるする[助動]겸양・정중」+「た[助動]과거・완료」+「むね(胸)가슴」+「と[助詞]~와」+「はら(腹・肚)배」+「が[助詞]」.

③ 「ちと(些と・少と)[副]조금. 잠시」+「やむ(止む・已む・罷む)[4]그치다. 낫다」의 連用形「やみ」+「まるする[助動]겸양・정중」+「て」.

⇨ 덕분에 받잡고서 그때부터 아팠던 가슴과 배가 조금 가라앉아서,

〈捷改3,4뒤〉----------

◆御[お]かけにたへましてから、いたみまするむねとはらかちとやみまして、
(덕분에먹습기로 알턴가슴과비져기그쳐)

○「御蔭」+「に」+「たぶ(食ぶ)[下2]→たべる(食べる)[下1]먹다」(連用形)+「まする[助動]겸양・정중」+「て」+「から[助詞]기점」+「痛む」(連用形)+「まする[助動]」+「胸」+「と」+「腹」+「が」+「些と」+「止む」(連用形)+「まする[助動]」+「て」. 이를 해석하면〈덕분에 먹고 나서 아픈 가슴과 배가 조금 가라앉아서〉.

〈捷原3,3뒤〉

■したいになおるやうに御[ご]されとも①、ほんにわよう御[ご]さらんほとに②、
(점점호리둣호옵건마논 채논됴티아니호오니)

① 「したいに(次第に)[副]점점. 순차적으로. 차례로」+「なほる[4]→なおる(治る)[5]낫다. 치유되다」+「やうだ→ようだ(様だ)[助動](주로 連用形으로 써서)행동의 기준이 되는 방법, 상황, 형태나 목적을 나타냄」의 連用形「やうに」+「ござる(御座る)[4]있습니다」의 已然形「ござれ」+「ども[助詞]역접」.

② 「ほんに(本に)[副]정말로. 참으로. 실로」+「は[助詞]」+「よし(良し・善し・好し・佳し)[形ク]좋다. 빼어나다. 능숙하다」(본문은 ウ音便)+「ござる(御座る)[4]~입니다」의 未然形「ござら」+「ず[助動]부정」→「ん」+「ほどに(程に)[接助]①~하면. ~하는 사이에 ②원인·이유. ~이므로」.

⇨ 차츰 낫게끔 되었습니다만 사실은 좋지 않사오니.

〈捷改3,5앞〉-----------

◆したいになおるやうに御[ご]されとも、さつはりとわよう御[ご]さらんゆゑ、、
(점점호리논둣호옵건마논 채논됴치아니호기예)

○「次第に」+「治る」(連体形)+「様だ」(連用形)+「御座る」(已然形)+「ども」+「さつはり[名·副]깨끗하다. 깔끔하다」+「と[助詞]」+「は」+「良し」(ウ音便)+「御座る」(未然形)+「ず」→「ん」+「ゆゑ→ゆえ(故)이유. 원인. 연고」. 이를 해석하면 〈차츰 낫게끔 되었습니다만 말끔하게는 좋지 않은 고로〉.

〈捷原3,4앞〉

❑いまにもきつかいまるする①。
（이제라도념녀ᄒᆞᄂᆞ이다）

① 「いま(今)지금」+「に[助詞]」+「も[助詞]」+「きづかふ[4] → きづかう(気遣う)[5] 걱정하다. 우려하다. 배려하다」의 連用形 「きづかい」+「まるする[助動겸양·정중]」.

⇨ 지금도 걱정합니다.

〈捷改3,5앞〉----------

◆いまにもきつかいまする。
（이제라도근심ᄒᆞᄂᆡ이다）
○「今」+「に」+「も」+「気遣う」(連用形) ┃ 「まする[助動겸양·정중]」.

〈捷原3,4앞〉

❑そのくすりわ①おりふしみなつかいまるして②、すこしやりまるして③、きにかかりまるした④。
（그약은마죱다쓰고 젹게보내고 뜻에걸려ᄒᆞ옵닉）

① 「その(其の)[連体]그」+「くすり(薬)약」+「は[助詞]」.
② 「をりふし → おりふし(折節)[副詞]때마침. 우연히」+「みな(皆)[副]남김없이. 모두」+「つかふ[4] → つかう(使う)[5]사용하다」의 連用形 「つかい」+「まるする[助動겸양·정중]」+「て」.
③ 「すこし(少し)[副]조금」+「やる(遣る·行る)[4]보내다. 주다」의 連用形 「やり」+「まるする[助動겸양·정중]」+「て」.

④「き(気)마음」+「に[助詞]」+「かかる(掛かる)[4]걸리다」(〈気に掛かる〉의 형태로 '어떤 일이 마음에서 떠나지 않아 걱정이다'의 뜻)+「まるする[助動]겸양·정중」+「た[助動]과거·완료」.

⇨ 그 약은 마침 모두 써서 조금 보내서 마음에 걸렸습니다.

〈捷改3,5뒤〉----------

◆[主]そのくすりわおりふしみなつかいまして、すこしはかりつかわしまして、きにかかりました。
(그약은마츰다쓰고 적게보내고 쁜에걸려ᄒᆞᆸᄂᆡ)

○「その」+「薬」+「は」+「折節」+「皆」+「使う」(連用形)+「ます[助動]겸양·정중」+「て」+「少し」+「ばかり(許)[助詞]~만. ~뿐」+「つかはす[4]→つかわす(使わす・遣わす)[5]심부름 보내시다. 파견하시다. 보내다. 가게 하다」(連用形)+「まする[助動]」+「て」+「気」+「に」+「かかる」(連用形)+「まする[助動]」+「た」. 이를 해석하면 〈그 약은 마침 모두 써서 조금만 보내서 마음에 걸렸습니다〉.

〈捷原3,4뒤〉

▢とうせんしゆも①このほとわよう御[ご]さるか②。
(都船主도요ᄉᆞ이됴히겨시던가)

①「とうせん:도선(都船)」(〈捷原1,15앞〉풀이 참조)+「しゆ(主)주. 주인」(참고로 〈船主〉는 〈せんしゅ〉로 읽고 '배의 소유자'의 뜻)+「も[助詞]」.
②「このほど(此の程)아주 최근. 이번. 요사이. 이 부근」+「は[助詞]」+「よう(善う·良う·能う)[副](〈よく〉의 音便)충분히. 능숙하게. 잘. 매우」+「ござる(御座る)[4]계시다」+「か[終助詞]의문·질문」.

⇨ 도선주도 요새는 잘 계십니까?

⟨捷改3,6앞⟩----------

◆とうせんしゆもこのほとわ御[ご]ふしに御[ご]さるか。
(都船主도 요ᄉ이ᄂ 無事히계시던가)

○「都船」+「主」+「も」+「此の程」+「は」+「ご(御)[接頭]존경・겸양・정중」+「ぶじ(無事)[形動]무사하다」(連用形)+「御座る」+「か」. 이를 해석하면 ⟨도선주도 요새는 무사히 계십니까⟩.

⟨捷原3,4뒤⟩

❏せんとわはしめてあいまるして①、めつらしう御[ご]さた②。
(젼의ᄂ처음으로보ᅀᆞᆸ고 그지업서ᄒᆞᆸ데)

① 「せんど(先度)지난번. 요전」+「は[助詞]」+「はじめて(始めて・初めて)[副]새로이. 처음. 첫 번째」+「あふ[4]→あう(合う・会う・逢う・遭う・遇う)[5]만나다. 모이다」의 連用形「あい」+「まるする[助動]겸양・정중」+「て」.

② 「めづらし[形シク]→めずらしい(珍しい)[形]멋지다. 귀하다. 드물다. 특별하다」(본문은 ウ音便)+「ござる(御座る)[4]~입니다」(본문은 音便形)+「た[助動]과거・완료」.

⇨ 지난번에는 처음 만나서 각별했습니다.

⟨捷改3,6앞⟩----------

◆さきころわはしめてあいまして、よろこひまする。
(젼의ᄂ 처음으로보ᅀᆞᆸ고 깃거ᄒᆞᆸ데)

○「さきごろ(先頃)」요전. 지난번」+「は」+「初めて」+「会う」(連用形)+「まする[助動]겸양·정중」+「て」+「よろこぶ(喜ぶ·悦ぶ)[4]기뻐하다. 즐거워하다」(連用形)+「まする[助動]」. 이를 해석하면 〈지난번에는 처음 만나서 기뻐합니다〉.

〈捷原3,5앞〉

> ❏御[ご]いのことく①、はしめて御[おん]めにかかれとも②、あまり御[ご]ねんころにあしらわしられて③、申[もうす]やうも御[ご]さらん④。
> (御意て티 처음으로뵈오디 하극진히디졉ᄒ읍시니 술올양도업서이다)

① 「ごい→ぎょい(御意)생각하심. 말씀. 하명」(〈捷原2,1뒤〉풀이 참조)+「の[助詞]」+「ごとし(如し)[助動]~와 같다」의 連用形「ごとく」.

② 「はじめて(始めて·初めて)[副]처음」+「おん(御)[接頭]」+「め(目)」+「に[助詞]」+「かかる(掛かる)[4]」(〈お目にかかる〉의 형태로 '보다·만나다'의 겸양표현)의 已然形「かかれ」+「ども[助詞]역접」.

③ 「あまり(余)[副]①과도하게. 너무 ②그다지. 별로」+「ご(御)[接頭존경·겸양·정중]+「ねんごろ(懇ろ)[形動]정성스러운 모양. 친절함. 공손함. 친밀함」의 連用形「ねんごろに」+「あしらふ[4]취급하다. 응대하다. 대접하다」의 未然形「あしらは」+「しるる[助動]~하시다」+「て」.

④ 「まうす[4]→もうす(申す)[5]아뢰다」(連体形)+「やう(様)모습. 이유. 방법. 수단」+「も[助詞]」+「ござる(御座る)[4]있습니다」의 未然形「ござら」+「ず[助動]부정」→「ん」.

⇨ 말씀과 같이 처음 뵙습니다만 너무나 깍듯하게 대접하셔서 아뢸 길도 없습니다.

〈捷改3,6뒤〉----------

◆[客]おほせのことく、はじめて御[お]めにかかりましたれとも、あまり御[ご]ねんころに御[ご]ちそうなされまして、申[もうし]やうも御[ご]さらん。
(니르심ᄀᆞ치 처음으로뵈오되 하극진히디졉ᄒᆞᆸ시니 술올양도업서이다)

○「おほせ→おおせ(仰せ)말씀. 하명」+「の」+「如し」(連用形)+「初めて」+「御」+「目」+「に」+「かかる」(連用形)+「まする[助動]겸양·정중」(連用形)+「たり[助動]단정」(已然形)+「ども」+「あまり」+「御」+「懇ろ」(連用形)+「ごちそう(御馳走)대접. 호화로운 식사」+「なさる(為さる)[下2]하시다」(連用形)+「まする[助動]」+「て」+「申す」(連用形)+「様」+「も」+「御座る」(未然形)+「ず」→「ん」. 해석은 원간본과 같다.

〈捷原3,5앞〉

❏これからみるに①さかつきおのこしあると②みゑまるするほとに③、このさんわせひとも④みなこしめし⑤。
(예셔보매잔을남기는가시버뵈니 이잔으란브디다자옵소)

① 「これ(是·此)[代]이것. 여기. 나. 지금」+「から[助詞]기점」+「みる(見る)[上1]보다」+「に[助詞]~하니」.

② 「さかづき→さかずき(杯·盃)술잔」+「を[助詞]」+「のこす(残す·遺す)[4]남기다. 손대지 않고 두다」의 連用形「のこし」(名詞 용법)+「あり[ラ変]→ある(有る)[5]있다」+「と[助詞]~라고」.

③ 「みゆ(見ゆ)[下2]→みえる(見える)[下1]보이다」의 連用形「みえ」+「まるする[助動]겸양·정중」+「ほどに(程に)[接助]①~하면. ~하는 사이에 ②원인·이유. ~이므로」.

④ 「この(此の·斯の)[連体]이」+「さん(盞)잔」(〈盞〉은 일본어에서 漢音으로〈サ

ン〉 吳音으로는 〈せん〉. 이에 대한 〈한글음주〉는 〈산〉이어서 〈ざん〉으로 읽기를 기대한 것으로 보인다)+「は[助詞]」+「ぜひとも(是非とも)[副]무슨 일이 있어도. 반드시」.

⑤ 「みな(皆)[副]남김없이. 모두」+「こしめす[4]드시다. 잡수시다」(문맥상 命令形인 〈こしめせ〉가 기대된다).

⇨ 여기에서 보니 술잔을 남김이 있다고 보이오니 이 잔은 꼭 모두 드십시오.

〈捷改3,7앞〉----------

◆[主]これからみまするにさかつきおのこさつしやるとみゑまするほとに、このさんわせひともみなのましやれませい。
(예셔보매잔을남기는가시버뵈니 이잔으란브듸다자옵소)

○「これ」+「から」+「見る」(連用形)+「まする[助動]겸양·정중」+「に」+「杯」+「を」+「残す」(未然形)+「しやる[助動]존경」(連用形)+「と」+「見ゆ」(連用形)+「まする[助動]」+「ほどに」+「この」+「盞」+「は」+「是非とも」+「皆」+「のむ(飲む)[4]마시다」(未然形)+「しやる[助動]존경」(連用形)+「まする[助動]겸양·정중」(命令形). 이를 해석하면 〈여기에서 보니 술잔을 남기신다고 보이오니 이 잔은 꼭 모두 마시십시오〉.

〈捷原3,5뒤〉

❏なせにのこしまるせうか①。
 (엇디남기링잇가)

① 「なぜに(何故に)어째서. 왜」+「のこす(残す·遺す)[4]남기다. 손대지 않고 두다」의 連用形 「のこし」+「まるする[助動]겸양·정중」+「む[助動]추량·의

지」→「う」+「か(終助詞)의문·질문」.

⇨ 어찌 남기겠습니까?

〈捷改3,7뒤〉----------

◆[客]なせにのこしませうか。
(엇디남기리잇가)
○「何故に」+「残す」(連用形)+「まする(助動)겸양·정중」+「む」→「う」+「か」.

〈捷原3,5뒤〉

❏ そうへつたひまるせんゑとも①、みなたひまるする②。
(본디먹디못ᄒᆞᆸ것마ᄂᆞᆫ 다먹ᄉᆞᆸᄂᆞ이다)

① 「そうべつ(総別·惣別)[副]대체로. 대개. 모두」+「たぶ(賜ぶ·給ぶ)[4]주시다. 받잡다」(문맥상 〈たぶ(食ぶ)[下2]먹다〉가 적당하지만 이는 連用形이 〈たべ〉)+「まるする(助動)겸양·정중」+「ん(ゑ)(助動)부정」(〈ず(助動)부정〉의 已然形 〈ね〉가 변화한 것으로 봐야겠는데 확실치 않다)+「ども(助詞)역접」.
② 「みな(皆)[副]남김없이. 모두」+「たぶ(賜ぶ·給ぶ)[4]받잡다」의 連用形「たび」+「まるする(助動)겸양·정중」.

⇨ 대개 받잡지 않습니다만 모두 받잡겠습니다.

〈捷改3,8앞〉----------

◆もとたへませねとも、みなたへまする。
(본디먹디몯ᄒᆞᆸ것마ᄂᆞᆫ 다먹ᄉᆞᆸᄂᆞ이다)
○「もと(元·旧·故)옛날. 처음. 이전」(〈もともと〉는 副詞로서 '처음부터. 원래.

본래'의 뜻)」+「たぶ(食ぶ)[下2]→たべる(食べる)[下1]먹다」(連用形)+「まする[助動]겸양・정중」+「ず[助動]부정」(已然形)+「ども」+「皆」+「たぶ(食ぶ)[下2]」(連用形)+「まする[助動]」. 이를 해석하면 〈원래 먹지 않습니다만 모두 먹겠습니다〉.

〈捷原3,6앞〉

❏さけかようもないほとに①、しいにくう御[ご]されとも②、
(술이됴토아니ᄒᆞ오니 권키어렵ᄉᆞᆸ것마는)

① 「さけ(酒)술」+「が[助詞]」+「よし(良し・善し・好し・佳し)[形ク]좋다. 뻬어나다. 능숙하다」(본문은 音便形)+「も[助詞]」+「なし[形ク]→ない(無い)[形]아니다」+「ほどに(程に)[接助]①~하면. ~하는 사이에 ②원인・이유. ~이므로」.

② 「しふ[上2]→しいる(強いる)[上1]억지로 권하다. 강제하다」의 連用形「しひ」+「にくし(難し・悪し)[接尾]쉽지 않다. ~하기 어렵다」(본문은 ウ音便)+「ござる(御座る)[4]~입니다」의 已然形「ござれ」+「ども[助詞]역접」.

⇨ 술이 좋지도 않아서 강권하기 어렵습니다만.

〈捷改3,8앞〉----------

◆[主]さけかようもないほとに、しいにくう御[ご]されとも、
(술이됴토아니ᄒᆞ오니 권키어렵ᄉᆞᆸ것마는)
○원간본과 같다.

〈捷原3,6앞〉

▫さかつきとりやうおみれは①、いかうようこしめすさけて御[ご]さる②。
　(잔잡논양을보오니 어내잘ᄒ시논술이옵도쇠)

① 「さかづき→さかずき(杯・盃)잔」+「とりやう(取様)물건 다루는 법」(또는〈と
   る(取る)[4]잡다. 들다〉의 連用形〈とり〉+〈やう(様)모습. 방법. 수단〉)+「を
   [助詞]」+「みる(見る)[上1]보다」의 已然形「みれ」+「ば[助詞]확정조건」.
② 「いかう(厳う)[副]매우. 대단히」+「よう(善う・良う・能う)[副]〈よく〉의 音便〉충분
   히. 능숙하게. 잘. 매우. 종종」+「こしめす[4]드시다. 잡수시다」+「さけ
   (酒)술」+「だ[助動]단정・지정」의 連用形「で」+「ござる(御座る)[4]~입니다」.
⇨ 술잔 다루는 법을 보니 꽤 잘 잡숫는 술이십니다.

〈捷改3,8뒤〉----------

◆さかつきのとりやうおみれは、いかうようこしめすさけて御[ご]さる。
　(잔잡논양을보오니 어내잘ᄒ시논술이옵도쇠)
○「さかつき」와 「とりやう」 사이에 「の[助詞]」를 넣어서 문법적으로 보완한
　외에는 원간본과 같다.

〈捷原3,6뒤〉

▫へんかすわすすきまるして①、さためてたちさかもりなされうほとに②、
　(잔수논디낫소오나 일명立酌ᄒ실꺼시니)

① 「へん(返・遍)동작이나 작용이 한 바퀴 도는 것. 횟수를 세는 말」+「か
   ず(数)수」+「は[助詞]」+「すぐ(過ぐ)[上2]→すぎる(過ぎる)[上1]지나다」의

連用形「すぎ」+「まるする[助動]겸양·정중」+「て」.
② 「さだめて(定めて)[副]틀림없이. 필시. 아마도」+「たつ(立つ)[4]서다」(連用形으로 접속하여 복합어를 만든다)+「さかもり(酒盛り)주연(酒宴)」+「なさる(爲さる)[下2]하시다」의 未然形「なされ」+「む[助動]추량·의지」→「う」+「ほどに(程に)[接助]①~하면. ~하는 사이에 ②원인·이유. ~이므로」.

⇨ 잔 돌리는 횟수는 지나서 필시 선술잔치 하실 테니.

〈捷改3,8뒤〉----------

◆[客]へんかすわすすみましたれとも、さためてさかもりなされうほとに、
(잔수는 몯차습거니와 일졍잔분즈올거시니)

○「遍」+「数」+「は」+「すむ(済む)[4]끝나다. 되다」(連用形)+「まする[助動]겸양·정중」+「たり[助動]단정」(已然形)+「ども[助詞]역접」+「さだめて」+「酒盛り」+「なさる」(未然形)+「む」→「う」+「ほどに」. 이를 해석하면〈잔 돌리는 횟수는 끝났습니다만 필시 술잔치 하실 테니〉.

〈捷原3,6뒤〉

❏御[ご]そんしのことく①ひさしうわつらいまるして②、いますこしなおりまるしたれとも③、
(아읍시두시오래병드옵와 이제잠깐ᄒ련ᄉ오되)

① 「ごぞんじ【御存·御存知】알고 계심」+「の[助詞]」+「ごとし(如し)[助動]~와 같다」의 連用形「ごとく」.
② 「ひさし(久し·尚し)[形]シク오랫동안. 오랜만」(본문은 音便形)+「わづらふ[4]→わずらう(煩う)[5]괴로워하다. 병들다」(連用形)+「まるする[助動]겸양·정중」+「て」.

③ 「いま(今)지금. 이제」+「すこし(少し・寡し)[副]조금」+「なほる[4]→なおる(治る)[5]낫다. 치유되다」의 連用形「なおり」+「まるする[助動]겸양・정중」+「たり[助動]단정」의 已然形「たれ」+「ども[助詞]역접」.

⇨ 아시는 바와 같이 한동안 병들었다가 이제 조금 나았습니다만.

〈捷改3,9앞〉----------

◆御[ご]そんしのことくひさしうわつらいまして、いますこしなおりましたれとも、
(아옵시 두시 오래병드 오와 이제 잠간 ᄒ 련 수 오되)

○조동사「まるする」를 변경한 외에는 원간본과 동일하다.

〈捷原3,7앞〉

▫すねのちからか御[ご]さらいんて①、ひさしうたちまるするまいかと②、申[もうし]まるする③。
(다리 힘이 업 수 와 오래 셔디 못 ᄒ 올가 엿 줍 니)

① 「すね(脛・臑)정강이」+「の[助詞]」+「ちから(力)힘」+「か[助詞]」+「ござる(御座る)[4]있습니다」의 未然形「ござら」+「いて[助詞=ずに(부정)」.

② 「ひさし(久し・尚し)[形シク]오랫동안. 오랜만」(본문은 ウ音便)+「たつ(立つ)[4]서다」의 連用形「たち」+「まるする[助動]겸양・정중」+「まい[助動]부정의 추량・의지」+「か[助詞]의문・질문」+「と[助詞]~라고」.

③ 「まうす[4]→もうす(申す)[5]아뢰다. 하다(겸양)」의 連用形「もうし」+「まるする[助動]겸양・정중」.

⇨ 정강이의 힘이 없어서 한동안 설 수 없을까 하고 아룁니다.

〈捷改3,9뒤〉----------

◆あしのちからか御[ご]さらいて、ひさしうたちまするまいかと、申[もうし]まする。
(다리힘이업스와 오래셔디몯ᄒᆞ올까 엿ᄌᆞᆸᄂᆡ)

○「すね」가 「あし(足・脚)다리」로 바뀌고 조동사 「まるする」가 「まする」로 변경된 외에는 원간본과 동일하다.

〈捷原3,7뒤〉

> ❑ せんれいわそうなけれとも①、こんといとても②れいにわなりまるするまいほとに③、
> (前例ᄂᆞᆫ그러티아니커니와 今度안자도禮예ᄂᆞᆫ삼디몯ᄒᆞᆯ쎠시니)

① 「ぜんれい(前例)전례」(〈한글음주〉가 '쎤례이'다. 참고로 〈せんれい(先例)선례〉도 있다)+「は[助詞]」+「さう→そう(然う)[副]그렇게. 그처럼」+「なし(無し)[形]없다. 아니다」의 已然形「なけれ」+「ども[助詞]역접」.

② 「こんど(今度)이번. 요다음」+「ゐどる→いどる(居取る)[4]자리를 차지하다. 앉아있다」(본문은 音便形)+「ても[助詞]~해도」.

③ 「れい(礼)예. 예의」+「に[助詞]」+「は[助詞]」+「なる(生る・成る・為る)[4]생기다. 되다. 바뀌다. 할 수 있다」의 連用形「なり」+「まるする[助動]겸양・정중」+「まい[助動]부정의 추량・의지」+「ほどに(程に)[接助]①~하면. ~하는 사이에 ②원인・이유. ~이므로」.

⇨ 전례는 그렇지 않지만 이번에 앉아도 예에는 되지 않을 테니.

〈捷改3,10앞〉----------

◆[主]せんれいわそうてわなけれとも、こんといとられましてもれいにわなりま

するまいほどに、
(前例ㄴㄴ그러치ㄴ아니커니와 今度안자도禮예ㄴ삼지몯홀쎠시니)

○「前例」+「は」+「然う」+「だ[助動]단정・지정」(連用形)+「は[助詞]」+「無し」(已然形)+「ども」+「今度」+「居取る」(未然形)+「る[助動]존경」+「まする[助動]겸양・정중」+「ても」+「礼」+「に」+「は」+「なる」(連用形)+「まする[助動]」+「まい」+「ほどに」. 이를 해석하면 〈전례는 그렇지는 않지만 이번에 앉으셔도 예에는 되지 않을 테니〉.

〈捷原3,7뒤〉

❏いとてゆるりとかたりまるせう①。
(안자셔죵용히말숨ᄒᆞᆸ새)

① 「ゐどる→いどる(居取る)[4]앉아있다」(본문은 音便形)+「て」+「ゆるりと(緩りと)[副]서두르지 않고. 천천히. 편안하게」+「かたる(語る)[4]이야기하다. 정답게 지내다」의 連用形「かたり」+「まるする[助動]겸양・정중」+「む[助動]추량・의지」→「う」.

⇨ 앉아서 편안히 이야기합시다.

〈捷改3,10앞〉----------

◆いとてゆるりとかたりませう。
(안자셔죵용히말숨ᄒᆞᆸ새)
○조동사「まるする」를 변경한 외에는 원간본과 동일하다.

〈捷原3,8앞〉

❏御[ご]いかたしけなう御[ご]さる①。
　(御意감격ᄒ여이다)

① 「ごい→ぎょい(御意)말씀. 하명」(〈捷原2,1뒤〉풀이 참조)+「かたじけなし(忝し·辱し)[形ク]면목이 없다. 뼈에 사무치게 감사하다. 과분하다. 황공하다」(본문은 ウ音便)+「ござる(御座る)[4]~입니다」.

⇨ 말씀 황공합니다.

〈捷改3,10뒤〉----------

◆[客]御[ご]いかたしけなう御[ご]さる。
　(御意감격ᄒ여이다)
○원간본과 같다.

〈捷原3,8앞〉

❏たちさかもりおなされうならは①、ていとれいおそむきまるせうかと②おもいまいしたに③、
　(立酌을ᄒ실쟉시면 일명禮를背홀가너기옵더니)

① 「たつ(立つ)[4]서다」의 連用形 「たち」+「さかもり(酒盛り)주연(酒宴)」+「を[助詞」+「なさる(為さる)[下2]하시다」의 未然形 「なされ」+「む[助動]추량·의지」 → 「う」+「なり[助動]단정·지정」의 未然形 「なら」+「ば[助詞]가정조건」.
② 「ていと[副](〈ていど〉로도 씀]분명. 틀림없이」+「れい(礼)예」+「を[助詞]」+「そむく(背く)[4]등지다. 저버리다」의 連用形 「そむき」+「まるする[助動]겸

양・정중」+「む[助動]추량・의지」 → 「う」+「か[助詞]의문」+「と[助詞]~라고」.
③ 「おもふ[4] → おもう(思う)[5]생각하다」의 連用形 「おもい」+「まるする[助動]
겸양・정중」+「た[助動]과거・완료」+「に[助詞]역접」.

⇨ 선술잔치를 하신다면 분명 예를 거스를까 하고 생각했습니다만,

〈捷改3, 10뒤〉----------

◆ さかもりおなされうならは、さためてれいおそむきませうかとおもいました
に、
(잔붓기를 ᄒ실쟉시면 일졍禮를背홀싸녀기읍더니)

○ 「酒盛り」+「を」+「なさる」(未然形)+「む」→「う」+「なり」(未然形)+「ば」+
「さだめて(定めて)[副]분명히. 틀림없이. 필시」+「礼」+「を」+「背く」(連用
形)+「まする[助動]겸양・정중」+「む」→「う」+「か」+「と」+「思う」(連用形)
+「まする[助動]」+「た」+「に」. 이를 해석하면 〈술잔치를 하신다면 필시
예를 거스를까 하고 생각했습니다만〉.

〈捷原3, 8앞〉

▢ いとれとおしらるほとに①申[もうす]やうも御[ご]さらん②。
(안즈라니ᄅ시니술올양이업서이다)

① 「ゐどる → いどる(居取る)[4]앉아있다」(본문은 命令形)+「と[助詞]~라고」
+「おしる[下2]말씀하시다」+「ほどに(程に)[接助]①~하면. ~하는 사이에
②원인・이유. ~이므로」.
② 「まうす[4] → もうす(申す)[5]아뢰다. 하다(겸양)+「やう(様)모습. 이유. 방
법. 수단」+「も[助詞]」+「ござる(御座る)[4]있습니다」의 未然形 「ござら」
+「ず[助動]부정」→「ん」.

⇨ 앉으라고 말씀하시니 아뢸 길도 없습니다.

⟨捷改3,11앞⟩----------

◆いとれとおおせらるほとに申[もうす]やうも御[ご]さらん。
(안즈라 니르시니 술올 양도 업스이다)

○「おしらる」가 개수본에서 「おほせらる[下2] → おおせられる(仰せられる)[下1] 말씀하시다. 명령하시다」로 바뀐 외에는 원간본과 같다.

⟨捷原3,8뒤⟩

❏わたくしらかこれお①れいにしまるせうか②。
(우리이룰禮예삼 오리잇가)

① 「わたくし(私)저」+「ら(等)들」+「か助詞」+「これ(是·此)[代]이것」+「を[助詞]」.

② 「れい(礼)예」+「に助詞」+「す(為)[サ変]하다. 삼다」의 連用形「し」+「まるする[助動]겸양·정중」+「む[助動]추량·의지」→「う」+「か助詞의문·질문」.

⇨ 저희들이 이것을 예로 삼을까요?

⟨捷改3,11앞⟩----------

◆われわれかこれおれいにしませうか。
(우리이룰禮에삼 오리잇가)

○「わたくしら」를「われわれ(我我)[代]우리」로 바꾸고 조동사「まるする」를「ます る」로 변경했다.

〈捷原3,8뒤〉

❏なとしてやら①、にほんものわ②、ゆくしき③のやうなものお④くいまるせんほとに⑤、
(엇디ᄒᆞᆫ디 日本사ᄅᆞᆷ은 肉食톄잇거슬먹디아니ᄒᆞ오니)

① 「なとして」(이는 〈한글음주〉가 〈난또시뎨〉이므로 〈なんとして(何として) 어째서, 왜〉로 봐야겠다)+「やら[副助](어떤 일에 대해 불확실한 생각을 품고 있다는 것을 나타냄)~인지, ~든지」.
② 「にほん(日本)일본」+「もの(者)사람」+「は助詞」.
③ 본문은 「ゆくしき」인데 〈한글역〉을 참조하면 「肉食」을 音讀한 것으로 봐야겠다. 그런데 「肉食」은 일본어에서 「にくじき」나 「にくしょく」로 읽으므로 한국어의 '육식'을 발음 나는 대로 仮名로 적은 것으로 볼 수밖에 없다. 참고로 「肉」은 呉音뿐인데 「ニク」, 「食」은 呉音이 「ジキ」 漢音은 「ショク・シ」다.
④ 「の[助詞]」+「やうだ→ようだ(様だ)[助動양태]」의 連体形 「やうな」+「もの(物)것」+「を[助詞]」.
⑤ 「くふ[4]→ぐう(食う)[5]먹다」의 連用形 「くい」+「まるする[助動]겸양・정중」+「ず[助動부정]」→「ん」+「ほどに(程に)[接助]①~하면, ~하는 사이에 ②원인・이유, ~이므로」.

⇨ 어째선지 일본 사람은 육식과 같은 것을 먹지 않으므로.

〈捷改3,11뒤〉----------

◆なとしてやら、にくしきのやうなものおくいませんほどに、
(엇지ᄒᆞᆫ지 肉食톄엣거슬먹지아니ᄒᆞ오니)

○「なにと(何と)[副]어떻게」+「す(為)[サ変]하다」(連用形)+「て」+「やら」+「に」

くじき(肉食)육식」+「の」+「様だ」(連体形)+「物」+「を」+「食う」(連用形)+「まする(助動)겸양・정중」+「ず」→「ん」+「ほどに」.이를 해석하면 〈어떻게 해선지 육식과 같은 것을 먹지 않으므로〉.

〈捷原3,9앞〉

□そう御[ご]さるやら①、そうへつひさしうたつことか②ようなりまるせいんで③、申[もうし]まるしたに④、
(그러ᄒᆞ온디 본디오래셔기잘못ᄒᆞ오와 술왓ᄉᆞ오니)

① 「さう→そう(然う)[副]그렇게. 그처럼」+「ござる(御座る)[4]~입니다」+「やら[副助]어떤 일에 대해 불확실한 마음을 품고 있다는 것을 나타냄」.

② 「そうべつ(総別・惣別)[副]대체로. 대개. 모두」+「ひさし(久し・尚し)[形シク]오랫동안. 오랜만」(본문은 ウ音便+「たつ(立つ)[4]서다」+「こと(事)일」+「が[助詞]」.

③ 「よう(善う・良う・能う)[副](〈よく〉의 音便)충분히. 능숙하게. 잘. 매우. 종종」+「なる(成る・為る)[4]되다」+「まるする[助動]겸양・정중」+「いで[助詞]=ずに(부정)」.

④ 「まうす[4]→もうす(申す)[5]아뢰다」의 連用形 「もうし」+「まるする[助動]겸양・정중」+「た[助動]과거・완료」+「に[助詞]~하니」.

⇨ 그래선지 대체로 한참 서 있는 것이 잘 되지 않아서 아뢰었으니.

〈捷改3,11뒤〉----------

◆そう御[ご]さるやら、もとひさしうたつておることかよう御[ご]さらいて、申[もうし]ましたに、
(그러ᄒᆞ온지 본디 오래셔기잘몯ᄒᆞ오와 술와습더니)

○「然う」+「御座る」+「やら」+「もと(元·旧·故)옛날. 처음. 이전」(〈もともと〉는 副詞로서 '처음부터. 원래. 본래'의 뜻)+「久し」(ウ音便)+「立つ」(音便形)+「て」+「をり[ラ変]→おる(居る)[5]있다」(連体形)+「事」+「が」+「よし(良し·善し·好し·佳し)[形ク]좋다. 빼어나다. 능숙하다」(ウ音便)+「ござる(御座る)[4]~입니다」(未然形)+「いで」+「申す」(連用形)+「まする[助動]겸양·정중」+「た」+「に」. 이를 해석하면〈그래선지 본래 서 있는 것이 능숙하지 않아서 아뢰었으니〉.

〈捷原3,9앞〉

❏しゆうにおほしめすかと①めいわくしまるする②.
(自由히너기옵신가민망ᄒ여이다)

① 「じいう→じゆう(自由)[形動]자유. 생각대로」(본문은 連用形)+「おぼしめす(思し召す)[4]생각하시다」+「か[助詞]의문」+「と[助詞]~라고」.

② 「めいわく(迷惑)곤란함. 어려움. 난처함. 폐. 낭패」+「す(為)[サ変]하다」+「まるする[助動]겸양·정중」.

⇨ 제멋대로라고 생각하실까 하여 난감합니다.

〈捷改3,12앞〉----------

◆しゆうにおほしめすかときのとくに御[ご]さりまする.
(自由히너기옵신가민망ᄒ여이다)

○「自由」+「に」+「思し召す」+「か」+「と」+「きのどく(気の毒)[形動]곤란하다. 부끄럽다. 불쌍하다. 애처롭다. 동정하다」(連用形)+「ござる(御座る)[4]있습니다. ~입니다」(連用形)+「まする[助動]겸양·정중」. 이를 해석하면〈제멋대로라고 생각하실까 하여 부끄럽습니다〉.

〈捷原3,9뒤〉

❑ いとてれいかむつかしほとに①、からのむきに②、さかつきはかりあける
お③れいおしまるせう④。
(안자셔禮어려오니 당테로 잔쑌들기룰禮를삼습새)

① 「ゐどる→いどる(居取る)[4]자리를 차지하다. 앉아있다」(본문은 音便形) +
「て」+「れい(礼)예」+「が[助詞]」+「むづかし(難し)[形ク]→むずかしい(難し
い)[形]어렵다. 번거롭다」+「ほどに(程に)[接助]①~하면. ~하는 사이에 ②
원인·이유. ~이므로」.

② 「から(韓·唐·漢)①조선(朝鮮)의 옛 호칭 ②중국(中國)의 옛 호칭 ③널리
외국의 호칭」+「の[助詞]」+「むき(向き)향한 방향. 어떤 경향이나 성질
따위를 갖고 있는 것. 어떤 것에 어울리거나 적합함」+「に[助詞]」.

③ 「さかづき→さかずき(杯·盃)잔」+「ばかり(許り)[助詞]~정도. ~만」+「あぐ[下
2]→あげる(上げる·挙げる·揚げる)[上1]들다. 올리다」+「を[助詞]」.

④ 「れい(礼)예」+「を[助詞]」(문맥상 조사의 사용이 어색하다. 이를 〈に〉로
바꾸면 〈예로 삼읍시다〉와 같이 된다. 개수본에서는 이것이 〈に〉로
변경되어 있다)+「す[爲][サ変]하다」의 連用形「し」+「まるする[助動]겸양·
정중」+「む[助動]추량·의지」→「う」.

⇨ 앉아서 예가 어려우니 외국(중국)식으로 술잔만 드는 것을 예를 삼
읍시다.

〈捷改3,12뒤〉----------

◆いとてれいかむつかしほとに、からのむきに、さかつきはかりあけるおれいに
しませう。
(안자셔禮어려오니 唐軆로 잔쑌들기룰禮룰삼습새)

○일본어문의 마지막 부분에서 조사「を」를「に」로 변경한 외에는 원간본과 같다. 이에 따라 개수본의 해석 역시 마지막 부분을「예로 삼읍시다」로 바꿔야겠다.

〈捷原3,9뒤〉

❏いかうよう御[ご]さる①そうしまるせう②。
(ᄀ장됴쏘오니 그리ᄒᆞᆸ싸이다)

① 「いかう(嚴う)[副]매우. 대단히」+「よし(良し·善し·好し·佳し)[形夕]좋다. 빼어나다. 능숙하다」(본문은 音便形)+「ござる(御座る)[4]~입니다」.

② 「さう→そう(然う)[副]그렇게. 그만큼」+「す(爲)[サ變]하다」의 連用形「し」+「まるする[助動]겸양·정중」+「む[助動]추량·의지」→「う」.

⇨ 대단히 좋습니다. 그렇게 합시다.

〈捷改3,13앞〉----------

◆[客]いかうよう御[ご]さるゆゑそうしませう。
(ᄀ장됴쏘오니그리ᄒᆞᆸ새이다)

○원간본의 2개의 문장을 개수본에서는「ゆゑ→ゆえ(故)이유. 원인. 연고」를 써서 하나의 문장으로 변경했다. 해석하면〈대단히 좋은 고로 그렇게 합시다〉.

〈捷原3, 10앞〉

□さきほとわたかいに①とう②いとりまるしたほとに③、さけおしゆんたい④
　めさるおしたれとも⑤、
（앗가논서르멀리안자시니 술을남기시믈아란마논）

① 「さきほど(先程)조금 전. 아까」+「は[助詞]」+「たがひに→たがいに(互いに)[副]서로. 각자」.

② 본문의 「とう」는 형태상 形容詞 「疾(と)し」의 連用形 「疾(と)く」의 音便形인 「疾(と)う」로 볼 수 있겠지만 이는 '빨리. 갑자기. 이미. 벌써'의 뜻이라서 문맥상 어색하다. 「とう」는 〈한글역〉이나 〈개수본〉을 참조하면 「とほし[形ク]→とおい(遠い)[形]멀다」가 변한 말로 봐야겠다. 가능성은 두 가지인데, 첫 번째는 「とほし」의 連用形인 「とほく」에 ウ音便이 발생하여 「とほう」가 되고 [トオー]와 같은 발음을 「とう」로 표기했을 가능성이고, 다음은 形容詞의 語幹의 발음 즉 [トー]를 「とう」로 표기했을 가능성이다.

③ 「ゐどる→いどる(居取る)[4]자리를 차지하다. 앉아있다」(본문은 連用形)+「まるする[助動]겸양·정중」+「た[助動]과거·완료」+「ほどに(程に)[接助]①~하면. ~하는 사이에 ②원인·이유. ~이므로」.

④ 「さけ(酒)술」+「を[助詞]」+「しゆんたい」(미상. 清濁을 문제 삼지 않고, 〈한글역〉이 〈술을남기시믈〉이라는 점을 고려하면 「しゆん」은 「順」이나 「巡」, 「たい」는 「退」로 볼 수 있겠지만 확실치 않다).

⑤ 「めさる(召さる)[下2]하시다」(連体形은 〈めさるる〉)+「を[助詞]」+「しる(知る)[4]알다」(본문은 音便形)+「たり[助動]단정」의 已然形 「たれ」+「ども[助詞]역접」.

⇨ 좀 전에는 서로 멀리 앉았기에 술을 순서 거르심을 알았습니다만,

〈捷改3,13앞〉----------

◆[主]さきほとわたかいにとうくにいましたほとに、さけおあかりませんとそんし
ましたれとも、
(앗가는서르 멀리안자시니 술을자시지아니신가아란마는)

○「先程」+「は」+「互いに」[副]서로. 각자」+「とほく→とおく(遠く)먼 곳」(본문
은 〈-う〉)+「に助詞」+「ゐる→いる(居る)[上1]있다」(連用形)+「まする[助動]
겸양·정중」+「た」+「ほどに」+「酒」+「を」+「あがる[上がる][4]들다」(連用
形)+「まする[助動]」+「ず[助動]부정」→「ん」+「と[助詞]~라고」+「ぞんず
(存ず)[サ変]생각하다(겸양)」(連用形)+「まする[助動]」+「たり」[已然形]+「ど
も」. 이를 해석하면 〈좀 전에는 서로 멀리 있었기에 술을 드시지 않는
다고 생각했습니다만〉.

〈捷原3,10앞〉

❏みわけくなれとも①きゃくしんのために②、しやうしきにさかつきことに③
みなたひて④、
(나는下口ㅣ언마는客人을위ᄒᆞ야 고디시기잔마다다먹고)

① 「み(身)[名·代몸. 나. 자신」+「は助詞」+「げこ(下戸)술을 못 마시는 사람」
(〈捷原1,18앞〉풀이 참조)+「なり[助動]단정·지정」의 已然形「なれ」+「ども
[助詞]역접」.

② 「きゃくじん(客人)객인. 손님」+「の[助詞]」+「ため(為)위함. 목적」+「に[助詞]」
(〈~の(が)ために〉의 꼴로 '이익·이유·목적'의 뜻. ~위하여. ~때문에).

③ 「しやうぢき→しょうじき(正直)[形動]정직하다. 솔직하다」(본문은 連用形)+
「さかづき→さかずき(杯·盃)잔」+「ごと(毎)[接尾]~마다. 모두」+「に[助詞]」.

④ 「みな(皆)[副]남김없이. 모두」+「たぶ(賜ぶ·給ぶ)[4]주시다. 받잡다」(문맥

상 〈たぶ(食ぶ)[下2]먹다〉가 적당함)의 連用形「たび」+「て」.

⇨ 나는 술을 못하는 사람입니다만, 손님을 위해 정직하게 술잔마다 모두 받잡아서,

〈捷改3, 13뒤〉----------

◆みともわけこなれともきやくしんのために、しやうしきにさかつきことにみなたへて、
(나는下口ㅣ로되客人을위ᄒ여 고지시기잔마다다먹고)

○「み(身)」를「みども(身共)[代나. 우리」로 바꾸고「たぶ(賜ぶ・給ぶ)[4]받잡다」를「たぶ(食ぶ)[下2]먹다」로 변경한 외에는 원간본과 같다. 해석 끝부분을 〈모두 먹어서〉로 바꾼다.

〈捷原3, 10뒤〉

❏さきにようたれとも①、これもまたたひまるせうほとに②、
 (몬져취ᄒ엿건마ᄂᆞᆫ 이도쏘먹ᄉᆞ오니)

①「さきに(先に・曩に)[副]먼저. 앞서」+「えふ[4] → よう(酔う)[5]취하다」+「たり[助動]단정」의 已然形「たれ」+「ども[助詞]역접」.

②「これ(是・此)[代]이것. 여기. 나. 지금」+「も[助詞]」+「また(又・亦・復)[副]또. 다시」+「たぶ(賜ぶ・給ぶ)[4]받잡다」의 連用形「たび」+「まるする[助動]겸양・정중」+「む[助動]추량・의지」→「う」+「ほどに(程に)[接助]①~하면. ~하는 사이에 ②원인・이유. ~이므로」.

⇨ 먼저 취했지만 이것도 또한 받잡겠사오니,

〈捷改3,14앞〉----------

◆さきにようたれとも、これもまたたへませうほとに、
(몬져醉ᄒ엳건마ᄂ 이도ᄯ오먹ᄉ오니)

○「たぶ(賜ぶ·給ぶ)[4]받잡다」를 「たぶ(食ぶ)[下2]먹다」로 바꾸고 조동사 「まるする」를 변경한 외에는 원간본과 같다. 해석 끝부분을 〈먹겠사오니〉로 바꾼다.

〈捷原3,10뒤〉

❏そなたしゆもいまわ①、このことくにみなこしめし②。
(자니네도이제란 이ᄀ티다자옵소)

① 「そなた(其方)[代名]그쪽. 자네」+「しゆ(衆)다른 말 아래에 붙여서 그에 해당하는 복수(複數)의 사람에게 가벼운 경의(敬意)나 친밀감을 나타내는 말」+「も[助詞]」+「いま(今)지금. 이제」+「は[助詞]」.

② 「この(此の·斯の)[連体]이」+「ごとし(如し)[助動]~와 같다」의 連用形 「ごとく」+「に[助詞]」+「みな(皆)[副]남김없이. 모두」+「こしめす[4]드시다. 잡수시다」(본문은 連用形. 命令形인 〈こしめせ〉가 기대됨).

⇨ 그쪽들도 이제는 이처럼 모두 드십시오.

〈捷改3,14뒤〉----------

◆そなたしゆもいまわ、このことくにみなこしめせ。
(자네ᄂㅣ도이제란 이ᄀ치다자옵소)

○원간본 끝부분의 「こしめし」를 命令形인 「こしめせ」로 바로잡은 외에는 원간본과 같다.

〈捷原3,11앞〉

> □いかな①なせにのこいてたひまるせうか②。
> (싱심이나어이남기고머그리잇가)

① 「いかな(如何な)[副]어떻든. 아무튼」(〈如何な如何な〉의 형태로〈결코. 어찌. 무슨〉과 같은 뜻을 나타냄).
② 「なぜに(何故に)어째서. 왜」+「のこす(残す・遺す)[4]남기다. 손대지 않고 두다」의 連用形 「のこし」(본문은 〈-い〉인데 미상)+「て」+「たぶ(賜ぶ・給ぶ)[4]받잡다」의 連用形 「たび」+「まるする[助動]겸양・정중」+「む[助動]추량・의지」→「う」+「か[助詞]의문・질문」.

⇨ 결단코. 어찌 남기고 받잡겠습니까?

〈捷改3,14뒤〉----------

◆[客]いかななせにのこしてたへませうか。
(싱심이나어이남기고먹그리잇가)

○원간본에서 「残(のこ)す」의 連用形이 「のこい」로 되어 있는 것을 「のこし」로 바로잡고 「たぶ(賜ぶ・給ぶ)[4]받잡다」를 「たぶ(食ぶ)[下2]먹다」로 변경했다. 그리고 「まるする」 역시 바뀌었다. 해석 끝부분을 〈먹겠습니까?〉로 바꾼다.

〈捷原3,11앞〉

> □かおお御[ご]らんしられ①。
> (눛츨보쇼셔)

① 「かほ→かお(顔)얼굴」+「を[助詞]」+「ごらんず(御覽ず)[サ變]보시다」의 未然形 「ごらんじ」(고전문법에서는 〈-ぜ〉)+「らる[助動존경]」의 命令形 「られ」.

⇨ 얼굴을 보십시오

〈捷改3, 15앞〉----------

◆かおお御[ご]らんしられ。
 (눈출보쇼셔)
○원간본과 같다.

〈捷原3, 11앞〉

❏ のめとおしらるさかつきことにたひまるして①、しやうたい御[ご]さらんゑとも②、
 (머그라니르신잔마다먹숩고 正體업숩건마는)

① 「のむ(飮む・呑む)[4]마시다」의 命令形 「のめ」+「と[助詞]~라고」+「おしらる[下2]말씀하시다」(連體形은 〈おしらるる〉)+「さかづき→さかずき(杯・盃)잔」+「ごと(每)[接尾]~마다. 모두」+「に[助詞]」+「たぶ(賜ぶ・給ぶ)[4]받잡다」의 連用形 「たび」+「まるする[助動겸양・정중]」+「て」

② 「しやうたい(正體)본래의 모습. 제정신」+「ござる(御座る)[4]있습니다」의 未然形 「ござら」+「んゑ[助動부정]」(〈ず[助動부정]〉의 已然形 〈ね〉가 변화한 것)+「ども[助詞역접]」.

⇨ 마시라고 말씀하시는 술잔마다 받잡아서 제정신이 없습니다만,

〈捷改3, 15앞〉----------

◆のめとおおせらるさかつきことにたへまして、しやうたい御[ご]さられとも、
(먹그라니르신잔마다먹습고 正體업습건마ᄂᆞᆫ)

○「飲む」(命令形)+「と」+「おほせらる[下2]→おほせられる(仰せられる)[下1]말씀하시다. 명령하시다」(連体形은〈おほせらるる〉또는〈おほせられる〉)+「杯」+「毎」+「に」+「たぶ(食ぶ)[下2]먹다」(連用形)+「まする[助動]겸양·정중」+「て」+「正体」+「御座る」(未然形)+「ず[助動]부정」(已然形)+「ども」. 해석에서「받잡아서」를〈먹어서〉로 바꾼다.

〈捷原3, 11뒤〉

❏このさんわ①、御[ご]いのことく②みなたひまるせう③。
(이盞으란 御意ᄀ티다먹ᄉᆞ오리이다)

① 「この(此の·斯の)[連体]이」+「さん(盞)잔」+「は[助詞]」.
② 「ごい→ぎょい(御意)말씀. 하명」(〈捷原2,1뒤〉풀이 참조)+「の[助詞]」+「ごとし(如し)[助動]~와 같다」의 連用形「ごとく」.
③ 「みな(皆)[副]남김없이. 모두」+「たぶ(賜ぶ·給ぶ)[4]받잡다」의 連用形「たび」+「まるする[助動]겸양·정중」+「む[助動]추량·의지」→「う」.

⇨ 이 잔은 하명과 같이 모두 받잡겠습니다.

〈捷改3, 15뒤〉----------

◆このさんわ、御[ご]いのことくみなたへませう。
(이盞으란 御意ᄀ티다먹ᄉᆞ오리이다)

○「たぶ(賜ぶ·給ぶ)[4]받잡다」를「たぶ(食ぶ)[下2]먹다」로 바꾸고 조동사「まるする」를 변경한 외에는 원간본과 같다. 해석 끝부분을〈먹겠습니다〉

로 바꾼다.

〈捷原3,11뒤〉

❏ちやうらうわやうたいかひとにすくれ①、さけおもようめさるのみならす②、
(長老는 樣體사롬의넘고 술도잘홀쑨아니라)

① 「ちやうらう→ちょうろう(長老)」장로. 나이든 사람에 대한 경칭. 그 방면에서 경험을 쌓은 우두머리 격 사람」+「は[助詞]」+「やうだい(樣体)」모습. 자태. 상태」+「か[助詞]」+「ひと(人)사람. 남」+「に[助詞]」+「すぐる(優る·勝る)[下2]빼어나다. 뛰어나다」의 連用形「すぐれ」.

② 「さけ(酒)술」+「を[助詞]」+「も[助詞]」+「よう(善う·良う·能う)[副](〈よく)의 ウ音便)충분히. 능숙하게. 잘. 매우. 종종」+「めさる(召さる)[下2]하시다」(連体形은〈めさる〉)+「のみ[助詞]~만. ~뿐」+「なり[助動]단정·지정」의 未然形「なら」+「ず[助動]부정」.

⇨ 장로는 용모가 남보다 뛰어나고 술까지도 잘 하실 뿐 아니라.

〈捷改3,15뒤〉----------

◆[主]ちやうらうわやうたいかひとにすくれて、さけもようめさるのみならす、
(長老는 樣體사롬의넘고 술도잘홀쑨아니라)
○원간본의「さけおも」(술까지도)가「さけも」(술도)로 바뀐 외에는 같다.

〈捷原3,12앞〉

❏もんこんかようて①、てうていよりも②、しよけいことに御[ご]らんしられて③、いかうほめさしらる④。
(글잘ᄒ매 朝廷으로셔도 書契마다보시고 ᄀ장기리시고)

① 「もんごん(文言)」문장중의 어구. 문구」+「が[助詞]」+「よし(良し・善し・好し・佳し)[形ク]좋다. 빼어나다. 능숙하다」(본문은 音便形)+「て」.
② 「てうてい→ちょうてい(朝廷)조정」+「より[助詞]기점」+「も[助詞]」.
③ 「しよけい(書契)서계. 약속 증명서. 계약서」(〈捷原1,16앞〉풀이 참조)+「ごと(毎)[接尾]~마다. 모두」+「に[助詞]」+「ごらんず(御覧ず)[サ変]보시다」의 未然形「ごらんじ」(고전문법에서는 <-ぜ>)+「らる[助動]존경」의 連用形「られ」+「て」.
④ 「いかう(厳う)[副]매우. 대단히」+「ほむ[下2]→ほめる(誉める・褒める)[下1]축복하다. 칭찬하다. 기리다」의 未然形「ほめ」+「さしらる[助動]존경」.

⇨ 글이 좋아서 조정으로부터도 서계마다 보시고서 대단히 칭찬하신다.

〈捷改3,16앞〉----------

◆もんこんかようて、てうていよりも、しよけいことに御[ご]らんしられて、いかうほめさしらる。
(글잘ᄒ매 朝廷으로셔도 書契마다보시고 가장기리시고)

○원간본과 같다.

〈捷原3,12뒤〉

❏またしまのかみも①としわ御[おん]わかう御[ご]さても②、まんしかちやうらうにおとらいんて③、
　(坐島主도나흔져므셔도 萬事ㅣ長老의뻐디디아녀)

① 「また(又・亦・復)[副]또. 다시」+「しま(島)섬」+「の[助詞]」+「かみ(上)지위가 높은 사람(天皇・将軍 등). 윗사람. 우두머리」(또는 〈かみ(長官・守)〉)+「も[助詞]」.

② 「とし(年・歳)나이」+「は[助詞]」+「おん(御)[接頭존경・겸양・정중]」+「わかし(若し・稚し)[形ク]젊다. 어리다」의 連用形「わかく」(본문은 ウ音便)+「ござる(御座る)[4]~입니다」(본문은 音便形)+「ても[助詞]~해도」.

③ 「ばんじ(万事)만사. 모든 일」(〈捷原1,3뒤〉풀이 참조)+「が[助詞]」+「ちやうらう(長老)장로」+「に[助詞]」+「おとる(劣る)[4]뒤처지다. 낮다」의 未然形「おとら」+「いで[助詞]=ずに(부정)」.

⇨ 또한 섬의 영주도 나이는 젊으시지만 만사가 장로에 뒤처지지 않고,

〈捷改3,16뒤〉----------

◆またつしまのかみもとしわ御[おん]わかう御[ご]さつても、はんしかちやうらうにおとらいて、
　(坐對馬島主도나흔져무셔도 萬事ㅣ長老의써지디아녀)

○ 원간본에서는 단순히「しま(島)섬」이라고 한 부분을「つしま(対馬)대마도」로 변경했다. 또한「万事」에 대한 읽기도 바로잡았다. 나머지는 원간본과 같다.

〈捷原3,12뒤〉

> ❏ きとくな御[ご]さいかんと申[もうす]ほどに①、こちもきいてきやうさんめてたうこそ御[ご]さる②。
> (奇特ᄒᆞᆫ직간이라니르니 우리도듯고ᄀᆞ장아롬다와ᄒᆞ니이다)

① 「きとく(奇特)[形動](옛날에는 〈きどく〉)매우 진기한 것. 뛰어난 것. 기특함. 장함」의 連体形「きとくな」+「ご(御)[接頭]존경・겸양・정중」+「さいかん(才幹・材幹)재간. 일을 제대로 해내는 능력. 솜씨」+「と[助詞]~라고」+「まうす[4]→もうす(申す)[5]아뢰다. 하다(겸양)」+「ほどに(程に)[接助]①~하면. ~하는 사이에 ②원인・이유. ~이므로」.

② 「こち(此方)[代]이쪽. 나」+「も[助詞]」+「きく(聞く)[4]듣다」(본문은 音便形)+「て」+「ぎやうさん(仰山)[形動]수량이나 정도가 심한 모양. 행동이나 말 따위가 부풀려진 모양」+「めでたし[形ク]훌륭하다. 멋지다. 경하할만하다. 기쁘다」(본문은 音便形)+「こそ[係助詞]뜻을 강하게 함」(문말은 已然形)+「ござる(御座る)[4]①(존경어)계시다. 오시다. 가시다 ②(정중어)있습니다 ③~입니다」(앞선〈こそ〉에 호응한다면 已然形인〈ござれ〉가 쓰여야 한다).

⇨ 뛰어난 재간이시라고 하오니 이쪽도 듣고서 대단히 기쁘옵니다.

〈捷改3,17앞〉----------

◆ きとくな御[ご]さいかんと申[もうす]ほどに、われわれもきいていかうめてたう御[ご]さる。
(奇特ᄒᆞᆫ직간이라니ᄅᆞ오니 우리도듣고ᄀᆞ장아롬다와ᄒᆞ니이다)

○ 전반부는 원간본과 같지만 후반부에 다소 변경이 있다. 「こち」를 「われわれ(我我)[代]우리」로 「仰山」을 「いかう(厳う)[副]매우. 대단히」로 바꾸었

으며 係助詞「こそ」를 삭제하여 문말 호응이 필요 없게 됐다. 해석은 원간본과 같다.

〈捷原3,13앞〉

❑なかなかしまちうにも①そう申[もうし]まるする②。
  (올ᄉ와이다島中의셔도그리니르옵ᄂ니이다)

① 「なかなか(中中)[感](상대방의 이야기에 긍정하는 대답을 할 때 쓰는 말) 물론이다. 지당하다」+「しま(島)섬」+「ちゅう/ぢゆう→じゅう(中)①[名]중. 사이 ②[接尾]그 가운데 모두」+「に[助詞]」+「も[助詞]」.
② 「さう→そう(然う)[副]그렇게. 그처럼」+「まうす[4]→もうす(申す)[5]아뢰다. 하다(겸양)」의 連用形 「もうし」+「まるする[助動]겸양·정중」.

⇨ 그렇습니다. 온 섬에서도 그렇게 이야기합니다.

〈捷改3,17뒤〉----------

◆[客]なるほとしまちうもそう申[もうし]まする。
  (올ᄉ와이다島中의셔도그리니르ᄂ이다)

○「なかなか」를「なるほど(成る程)[感動]상대방의 이야기에 대해 그대로라고 동의하는 뜻을 나타내는 말」로 바꾸고 조동사「まるする」를 변경한 외에는 원간본과 같다.

〈捷原3,13앞〉

> ❏しせつかむかしにかわて①、かみかたにて②、なにことのさうせつも③御[ご]さろうかとおもわれて④、
> (時節이녜과달라 上方의셔 아므란雜説이나이실가녀겨)

① 「じせつ(時節)시절. 계절. 좋은 기회. 시대의 형세」+「が[助詞]」+「むかし(昔)옛날」+「に[助詞]」+「かはる[4]→かわる(変わる)[4]변화하다. 다르다. 이상하다」(본문은 音便形)+「て」.
② 「かみがた(上方)도읍 또는 그 방면」+「にて[助詞]~에서」.
③ 「なにごと(何事)어떤 일. 무슨 일」+「の[助詞]」+「ざふせつ(雜説)잡다한 소문. 근거 없는 풍문」+「も[助詞]」.
④ 「ござる(御座る)[4]있습니다. 계시다」의 未然形「ござら」+「む[助動]추량·의지」→「う」+「か[助詞]의문」+「と[助詞]인용」+「おもふ[4]→おもう(思う)[5]생각하다」의 未然形「おもわ」+「る[助動]수동」의 連用形「れ」+「て」.

⇨ 세상이 옛날과 바뀌어서 도읍에서 무슨 헛소문도 있을까 생각되어서,

〈捷改3,17뒤〉----------

◆しせつかむかしにかわて、かみかたにて、なにことのさうせつも御[ご]さろうかとおもわれて、
(時節이녜과달나 上方의셔 아모란雜説이나이실까녀겨)

○원간본과 같다. 참고로〈한글역〉의「아므란」이「아모란」으로「이실가」가「이실까」로 바뀌어있는데 본서에서는〈한글역〉의 異同에 대해서는 논의하지 않는다.

〈捷原3,13뒤〉

❏ ききあわせのために①、としことにのほりまるする②。
　(聞合을위ᄒᆞ여 ᄒᆡ마다올라가ᄂᆞ니이다)

① 「ききあはせ→ききあわせ(聞合)문의. 조회」+「の[助詞]」+「ため(為)위함. 목적」+「に[助詞]」.
② 「とし(年)해」+「ごと(毎)[接尾]~마다. 모두」+「に[助詞]」+「のぼる(上る・登る・昇る)[4]올라가다」의 連用形「のぼり」+「まるする[助動]겸양・정중」.

⇨ 조회하기 위해서 해마다 올라갑니다.

〈捷改3,18앞〉----------

◆ ききあわせのために、としことにのほります。
　(聞合을위ᄒᆞ여 ᄒᆡ마다올나가ᄂᆞ니이다)
○「まるする」가「まする」로 변경된 외에는 원간본과 같다.

〈捷原3,13뒤〉

❏ さてわ①さいさいかみかたに②、のほりくたり御[ご]たいきなことて御[ご]さる③。
　(어와ᄌᆞ로우다ᄒᆡ 오ᄅᆞᄂᆞ리기御大儀ᄒᆞᆫ일이옵도쇠)

①「さては:①[副]그런 상태로는. 이대로는 ②[接續]그밖에. 게다가. 그런가, 그렇다면. 그러면. 분명 ③[感動]그러고 보면. 그럼」.
②「さいさい(再再)몇 번이고. 재삼. 자주」(〈さいさい(歲歲)해마다. 매년〉의 가능성도 있다)+「かみがた(上方)도읍 또는 그 방면」+「に[助詞]」.

③「のぼりくだり(上り下り)오르내리는 것」+「ご(御)[接頭]존경·겸양·정중」+「たいぎ(大儀)[形動]중대한 사항. 비용이 많이 드는 일. 성가신 일」(본문은 連体形)+「こと(事)일」+「だ[助動]단정·지정」의 連用形「で」+「ござる(御座る)[4]~입니다」.

⇨ 그런데 몇 차례나 도읍에 오르내림은 큰일이십니다.

〈捷改3,18뒤〉----------

◆[主]さてさてかみかたに、のほりくたり御[お]たいきなことて御[ご]さり、
(어와어와우다히 오로ㄴ리기御大儀흔 일이옵도쇠)

○「さては」가「さてさて[副]그건 그렇고」로 바뀌고 원간본의「さいさい」는 삭제되었다. 또한 마지막 부분이 終止形에서 連用形으로 바뀌어서 문장이 이어지는 형식이 됐다. 마지막으로 〈한글음주〉를 보면「大儀」앞에 놓인「御」의 읽기가 원간본은「꼬(ご)」이고 개수본은「오(お)」인데 이렇게 변경한 이유는 모르겠다.

〈捷原3,14앞〉

❏てうていもせいしんに御[ご]そんしちやほとに①、なにことについても②よのつねにおほしめさすに③、
(朝廷도誠信으로아ᄅ시니 아므일에브터도심샹히너기디말고)

①「てうてい→ちょうてい(朝廷)조정」+「も[助詞]」+「せいしん(誠信)성신」+「に[助詞]」+「ごぞんじ(御存·御存知)알고 계심」+「ぢや[助動]단정·지정」+「ほどに(程に)[接助]①~하면. ~하는 사이에 ②원인·이유. ~이므로」.

②「なにごと(何事)어떤 일. 무슨 일」+「に[助詞]」+「ついて(就いて)~에 관해서」+「も[助詞]」.

③ 「よのつね(世の常)세상에 흔한 것. 보통」+「に[助詞]」+「おぼしめす(思し召す)[4]생각하시다」의 未然形「おぼしめさ」+「ず[助動부정]」+「に[助詞]」.

⇨ 조정도 성신으로 생각하시므로 무슨 일에 대해서도 일상으로 생각하시지 말고,

〈捷改3, 18뒤〉----------

◆ てうていもせいしんに御[ご]そんしちやほとに、なにことについてもよのつねにおぼしめさすに、
(朝廷도誠信을아ᄅ시니 아모란일에부터도심샹히너기지말고)
○ 원간본과 같다. 참고로〈한글역〉에는 일부 변경이 있다.

〈捷原3, 14뒤〉

❏ せんねんもいくひさしう御[ご]らんしらるやうにさしられて①、めてたうこそ御[ご]さろうすれ②。
(千年이나가도록오래볼양으로ᄒ셰야 아름답ᄉ오리)

① 「せんねん(千年)천년」+「も[助詞]」+「いく(行く)[4]가다」+「ひさし(久し・尚し)[形シク]오랫동안. 오랜만」(본문은 音便形)+「ごらんず(御覧ず)[サ変]보시다」의 未然形「ごらんじ」(고전문법에서는 〈-ぜ〉)+「らる[助動]수동・가능・존경」+「やうだ→ようだ(様だ)[助動](주로 連用形으로 써서)행동의 기준이 되는 방법, 상황, 형태나 목적을 나타냄」의 連用形「やうに」+「さしらる[4・下2]하시다」의 連用形「さしられ」+「て」.

② 「めでたし[形ク]훌륭하다. 멋지다. 경하할만하다. 기쁘다」(본문은 ウ音便)+「こそ[係助詞]뜻을 강하게 함」(문말은 已然形)+「ござる(御座る)[4]~입니다」(未然形은 〈ござら〉)+「むず[助動]~일 것이다」의 已然形「むずれ」(앞

선 〈こそ〉에 걸림)→「うずれ」.

⇨ 천년이나 가는 오랫동안 보시도록 하셔서 기쁠 것입니다.

〈捷改3, 19앞〉----------

◆せんねんもいくひさしう御[ご]いゑおるうにさしやつて、めてたう御[ご]さろう
すれ。
(千年이나가도록오래사괼줄로ᄒ셔야 아름답ᄉ오리)

○원간본의 「御らんしらるやうにさしられて」가 「御いゑおるうにさしやつて」로 바
뀐 이외에는 원간본과 같다. 그런데 개수본의 본문은 끝부분의 「さしゃ
る[4·下2]하시다」 외에는 어떤 말인지 이해할 수 없다. 참고로 〈중간
본〉(1781)에서는 이 부분이 「せんねんもいくひさしう御いゑるやうになされて
こそ、めてたう御さろうすれ」로 되어있다. 일본어에서 「御意(ぎょい)を得
(え)る」는 「①귀인이나 주군 등의 생각이나 의견을 듣다. 충고를 받잡
다 ②만나 뵙다」의 뜻이므로 이를 고려하면 개수본은 「御意」+「を」+
「得る」+「やうに」+「さしゃる」+「て」를 잘못 적은 것으로 보는 편이 맞겠
다. 이를 해석하면 〈만나 뵙도록 하셔서〉.

〈捷原3, 14뒤〉

❏ちゃうらうとしまのかみわ①、このくにのしんかになりまるしたほとに②よろ
つのことお③、なにしにおろかにしまるせうか④。
(長老와島主ᄂᆫ 이나라臣下ㅣ 되엿ᄉᆞ오니므릇일을 엇디얼현히ᄒᆞ리잇가)

①「ちゃうらう(長老)장로」+「と[助詞]」+「しま(島)섬」+「の[助詞]」+「かみ(上)지
위가 높은 사람(天皇·将軍 등). 윗사람. 우두머리」(또는 〈かみ(長官·
守)〉)+「は[助詞]」.

② 「この(此の·斯の)[連体]이」+「くに(国)나라」+「の[助詞]」+「しんか(臣下)신하」 +「に[助詞]」+「なる(成る·為る)[4]되다」의 連用形「なり」+「まるする[助動]겸양·정중」+「た[助動]과거·완료」+「ほどに(程に)[接助]①~하면. ~하는 사이에 ②원인·이유. ~이므로」.

③ 「よろづ→よろず(万)수많은 것. 모든 일. 만사」+「の[助詞]」+「こと(事)일」 +「を[助詞]」.

④ 「なにしに(何為に)[副]어째서. 왜」+「おろか(疎か)[形動]부실하다. 소홀하다」 (본문은 連用形)+「す(為)[サ変]하다」의 連用形「し」+「まるする[助動]겸양·정중」+「む[助動]추량·의지」→「う」+「か[終助詞]의문·질문」.

⇨ 장로와 섬의 영주는 이 나라의 신하가 되었기에 모든 일을 어찌 소홀히 하겠습니까?

〈捷改3, 19뒤〉----------

◆[客]ちゃうらうとつしまのかみわ、このくにのしんかになりましたほどによろつのことお、なにしにおろかにしませうか。
(長老와對馬島主는 이나라臣下되엳ᄉ오니므른일을 얻지얼현이ᄒ리잇가)
○「しま(島)섬」를「つしま(対馬)대마도」로 변경한 외에는 원간본과 같다.

〈捷原3, 15앞〉

▢そうあるに①、ちゃうらうのてらに②てうせんの御[おん]はいおおいて③、つねつねせつくのひことに④はいれいおしまるする⑤。
(그러ᄒ므로 長老의뎔의朝鮮御牌를두고 常常節句日마다拜禮를ᄒᄂ닝이다)

① 「さう→そう(然う)[副]그렇게. 그처럼」+「あり(有り)[ラ変]있다」의 連体形「あ

る」+「に[助詞]~하니」.
② 「ちやうらう(長老)장로」+「の[助詞]」+「てら(寺)절」+「に[助詞]」.
③ 「てうせん→ちょうせん(朝鮮)조선」+「の[助詞]」+「おん(御)[接頭]존경・겸양・정중」+「はい(牌)패」(〈표준국어대사전〉에〈어패(御牌)〉가〈임금을 상징하는 '殿' 자를 새겨 각 고을의 객사(客舍)에 세운 나무패. 공무(公務)로 간 관리나 그 고을 원이 절을 하고 예(禮)를 표시하였다〉로 풀이되어있다)+「を[助詞]」+「おく(置く)[4]두다. 놓다」(본문은 音便形)+「て」.
④ 「つねづね(常常)평소. 늘. 항상」+「せつく(節句)절구. 절일(節日) 즉 인일(人日, 1월7일)・상사(上巳, 3월3일)・단오(端午, 5월5일)・칠석(七夕, 7월7일)・중양(重陽, 9월9일) 등 축일」+「の[助詞]」+「ごと(毎)[接尾]~마다. 모두」+「に[助詞]」.
⑤ 「はいれい(拜礼)배례」+「を[助詞]」+「す(為)[サ変]하다」의 連用形「し」+「まるする[助動]겸양・정중」.

⇨ 그러하니 장로의 절에 조선의 어패를 놓고서 항상 절기 때마다 배례를 합니다.

〈捷改3, 20앞〉----------
◆そうあるに、ちやうらうのてらにてうせんの御[お]はいおおいて、つねつねせつくのひことにはいれいおしまする。
(그러ᄒ모로 長老의절에 朝鮮御牌을두고 常常節句日마다 拜禮을ᄒᆞᄂᆞ니이다)
○「まるする」를 「まする」로 바꾼 외에는 원간본과 같다. 한편 〈한글역〉에서는 「寺」에 대한 해석을 「뎔」에서 「절」로 바꾸었다.

〈捷原3, 15뒤〉

❏ そうめさるお①しまちういきかよいにみて②、ひとことにかたるおきいて③、
(그리홈을島中왕니예보고 사룸마다니름을듯고)

① 「さう→そう(然う)[副]그렇게. 그처럼」+「めさる(召さる)[下2]하시다」(連体形은〈めさるる〉)+「を[助詞]」.
② 「しま(島)섬」+「ちゅう/ぢゆう→じゅう(中)①[名]중. 사이 ②[接尾]그 가운데 모두」+「いきかよふ[4]→いきかよう(行き通う)[5]다녀가다. 오가다. 다니다」의 連用形「いきかよい」(名詞용법)+「に[助詞]」+「みる(見る)[上1]보다」의 連用形「み」+「て」.
③ 「ひと(人)사람」+「ごと(毎)[接尾]~마다. 모두」+「に[助詞]」+「かたる(語る)[4]이야기하다. 정답게 지내다」+「を[助詞]」+「きく(聞く)[4]듣다」(본문은 音便形)+「て」.

⇨ 그렇게 하심을 섬 사이 오가면서 보고서 사람마다 이야기하는 것을 듣고서,

〈捷改3, 21앞〉----------

◆[主]そうめさるおしまちうおおらいにみて、ひとことにかたるおきいて、
 (그리홈을島中往來예보고 사룸마다니름을듣고)
○「行き通い」를「わうらい→おうらい(往来)왕래」로 바꾼 외에는 원간본과 같다.

〈捷原3,16앞〉

> ❏てうていもいかう①かしさしられてこそ御[ご]され②。
> (朝廷도ᄀ장일ᄏᄅ시ᄂ니이다)

① 「てうてい(朝廷)조정」+「も[助詞]」+「いかう(厳う)[副]매우. 대단히」.
② 「かんず(感ず)[サ変]느끼다. 생각하다. 감동하다. 감탄하다」의 未然形 「かんじ」(〈한글음주〉가 〈간시〉)+「さしらる[助動]~하시다」의 連用形 「さしられ」+「て」+「こそ[係助詞]뜻을 강하게 함」(문말은 已然形)+「ござる(御座る)[4] ①(존경어)계시다. 오시다. 가시다 ②(정중어)있습니다 ③~입니다」의 已然形 「ござれ」.

⇨ 조정도 대단히 감탄하시고 계신다.

〈捷改3,21앞〉 ----------

◆ てうていもいかうよろこはせられて御[ご]さる。
  (朝廷도ᄆ장깃거ᄒ시ᄂ니이다)

○ 「朝廷」+「も」+「いかう」+「よろこぶ(喜ぶ・悦ぶ)[4]기뻐하다. 즐거워하다」(未然形)+「す[助動]존경」(未然形)+「らる[助動]존경」(連用形)+「て」+「御座る」. 이를 해석하면 〈조정도 대단히 기뻐하시고 계신다〉.

〈捷原3,16앞〉

> ❏さけお①うなし②やうにこしめせとも③、御[お]てまゑのめんしやうにわ④、
> (술을혼가지로자션마ᄂ 御手前面上의ᄂ)

① 「さけ(酒)술」+「を[助詞]」.
② 본문의 「うなし」는 「おなじ(同じ)[名·連体]정도가 같은 것. 차이가 없는 것. 동일한」의 잘못으로 봐야겠다.
③ 「やうだ→ようだ(様だ)[助動양태]」의 連用形 「やうに」+「こしめす[4]드시다. 잡수시다」의 已然形 「こしめせ」+「ども[助詞역접]」.
④ 「おてまへ(御手前)[代2인칭. 너. 자네」+「の[助詞]」+「めんじやう(面上)표면. 안면」+「に[助詞]」+「は[助詞]」.
⇨ 술을 비슷하게 드셨지만 그쪽의 얼굴에는.

〈捷改3, 21뒤〉----------

◆[客]さけおおなしやうにこしめせとも、御[お]てまゑのめんしよくわ、
(술을혼가지로자셤마는 御手前面上의는)

○원간본의 「うなし」를 「おなし」 즉 「同じ」로 바로잡은 것은 문제가 없지만, 끝부분에서 「めんしやう」가 「めんしよく」로 변경된 것은 논의가 필요하다. 「めんしよく」에는 〈한글음주〉가 「몐쇼구」로 붙어있으므로 「めんじよく」로 봐야겠지만 이런 단어는 없다. 다만 「めんしよく(面色)안색. 낯빛」은 뜻이 통하며 원간본과 같은 해석이 된다.

〈捷原3, 16뒤〉

❏さかけいつせつ御[ご]さらんほとに①、さけとやうたいかたらわしられて御[ご]さる②。
(酒氣一切업ᄉᆞ오니 술과거동이ᄀᆞᆺᄌᆞ와이다)

① 「さかけ(酒気)술기운」+「いつせつ(一切)[副]전혀. 일체」+「ござる(御座る)[4]있습니다. 계시다」의 未然形 「ござら」의 未然形 「ござら」+「ず[助動부정]

→「ん」+「ほどに(程に)[接助]①~하면. ~하는 사이에 ②원인·이유. ~이므로」.
② 「さけ(酒)술」+「と[助詞]」+「やうたい(様体)모습. 자태. 몸 상태」+「が[助詞]」+「たらはす(足らはす)[4]족하게 하시다. 충분히 ~하시다. 만족시키다」+「らる[助動]존경·가능」(본래는 4단동사에 접속하므로 〈る〉가 붙어서 〈たらはされ〉)+「て」+「ござる(御座る)[4]계시다. ~입니다」.
⇨ 술기운이 전혀 없으시니, 술과 몸 상태가 충분하십니다.

〈捷改3, 21뒤〉----------

◆さけのけかいつせつ御[ご]さらんほどに、さけとやうたいかたらわしられて御[ご]さる.
(酒氣一切업ㅅ오니 술과거동이ᄀᆞᄌᆞ와이다)
○첫 부분의 「さかけ(酒気)」가 「さけのけ(酒の気)술에 취한 기색. 술기운」로 변경되어 있을 뿐 나머지는 원간본과 같다.

〈捷原3, 16뒤〉

❏ゑのまんゑとも①つねにならす②、
(잘못먹건마ᄂᆞᆫ샹히못ᄒᆞ고)

① 「え(得·能)[副](부정표현을 수반하여)불가능의 뜻을 나타냄」(〈ゑ〉는 정서법에 어긋남)+「のむ(飲む·呑む)[4]마시다」의 未然形「のま」+「んゑ[助動]부정」(〈ず[助動]부정〉의 已然形〈ね〉가 변화한 것)+「ども[助詞]역접」.
② 「つね(常)영구불변. 평소. 보통」+「に[助詞]」+「なる(生る·成る·為る)[4]생기다. 되다. 할 수 있다」의 未然形「なら」+「ず[助動]부정」(참고로〈常(つね)ならず〉는 '일정하지 않다. 무상하다. 평소와 다르다'의 뜻).

⇨ 마시지 못하지만 평소와 달리.

〈捷改3,22앞〉----------

◆[主]つねわのみませねとも、
(샹히는 먹지몯ᄒᆞᆸ건마ᄂᆞᆫ)

○「つね(常)평소」+「は[助詞]」+「のむ(飲む)[4]마시다」(連用形)+「ます る[助動] 겸양·정중」+「ず[助動]부정」(已然形)+「ども[助詞]역접」. 이를 해석하면 〈평소는 마시지 않습니다만〉.

〈捷原3,17앞〉

▫こんにちわそなたしゆのために①、ていしゆふりおたしなうて②しいるやうにきまるしたほとに③、
(오ᄂᆞᆯ은자ᄂᆡ네로ᄒᆞ여 主人의도리를츌혀 권훌양으로왓ᄉᆞ오니)

① 「こんにち(今日)오늘」+「は[助詞]」+「そなた(其方)[代名]그쪽. 자네」+「しゆ(衆)~분들」+「の[助詞]」+「ため(為)위함. 목적」+「に[助詞]」.

② 「ていしゆ(亭主)주인」+「ぶり(振り·風)[接尾]名詞에 접속하여 그것의 모습이나 상태라는 뜻을 보탠다」+「を[助詞]」+「たしなむ(嗜む)[4]즐겨 어떤 일에 몰두하다. 열심히 하다. 즐기다. 삼가다. 참다」+「て」(본래는 〈たしなみて〉 → 〈たしなんで〉).

③ 「しふ[上2]→しいる(強いる)[上1]억지로 권하다. 강제하다」+「やうだ→ようだ(様だ)[助動](주로 連用形으로 써서)행동의 기준이 되는 방법, 상황, 형태나 목적을 나타냄」의 連用形 「やうに」+「く(来)[カ変]오다」의 連用形 「き」+「まるする[助動]겸양·정중」+「た[助動]과거·완료」+「ほどに(程に)[接

助)①~하면. ~하는 사이에 ②원인·이유. ~이므로」.

⇨ 오늘은 그쪽 분들을 위해 주인 노릇을 힘써서 권하려고 왔으므로.

〈捷改3, 22뒤〉----------

◆こんにちわおのおののために、ていしゆふりおいたしてさけおしいたうそんしてまいりました。
(今日은자닉네로ᄒ여 主人의도리을츌혀술을권ᄒ고져너겨왇ᄉ오니)

○「今日」+「は」+「おのおの(各·各各)①[名]각각. 각자 ②[代](對稱)여러분」+「の」+「ため」+「に」+「亭主」+「ぶり」+「を」+「いたす(致す)[4]하다(겸양)」(連用形)+「て」+「さけ(酒)술」+「を[助詞」+「強いる」(連用形)+「たし[助動희망」(ウ音便)+「ぞんず(存ず)[サ変]생각하다(겸양)」(連用形)+「て」+「まゐる[4]→まいる(参る)[5]'오다·가다'의 겸양어」(連用形)+「まする[助動]겸양·정중」+「た」. 이를 해석하면〈오늘은 여러분을 위해 주인 노릇을 해서 술을 권하고 싶다고 생각해서 왔습니다〉.

〈捷原3, 17앞〉

☐そうあるやら①、さけもみかこころお②あうして③、そうあるかとおもいまるする④。
(그러ᄒ디 술도내ᄆᆞ음을바다 그러ᄒᆞ가녀기ᄂ이다)

① 「さう→そう(然う)[副]그렇게. 그처럼」+「あり(有り)[ラ変]있다」의 連体形「ある」+「やら[副助]어떤 일에 대해 불확실한 마음을 품고 있다는 것을 나타냄」.

② 「さけ(酒)술」+「も[助詞]」+「み(身)[名·代]몸. 나. 자신」+「が[助詞]~의」+「こころ(心)마음」+「を[助詞]」.

③ 본문의 「あうして」에 대한 〈한글음주〉는 「오우시떼」다. 이는 「おうず(応ず)[サ變]따르다. 맞추다」의 連用形 「おうじ」+「て」의 잘못으로 봐야겠다.
④ 「さう→そう(然う)[副]그렇게」+「あり(有り)[ラ變]있다」의 連体形 「ある」+「か[助詞]의문」+「と[助詞]~라고」+「おもふ[4] → おもう(思う)[5]생각하다」의 連用形 「おもい」+「まるする[助動]겸양・정중」.

⇨ 그래선지 술도 내 마음을 따라서 그러한가 생각합니다.

〈捷改3,22뒤〉----------

◆ そうあるやら、さけもわかこころにおおして、さやうに御[ご]さろうとそんしま
する。
(그러ᄒᆞ지 술도내ᄆᆞᄋᆞᆷ을바다 그러ᄒᆞ가너기ᄂᆞ이다)

○ 「然う」+「有り」(連体形)+「やら」+「酒」+「も」+「わが(我が・吾が)[連体]나의. 자신의」+「心」+「に[助詞]」+「おうず(応ず)[サ變]따르다」(連用形)+「て」+「さやう→さよう(然様・左様)[形動]그처럼. 그렇다」(連用形)+「ござる(御座る)[4]있습니다. ~입니다」(未然形)+「む[助動]추량・의지」 → 「う」+「と」+「ぞんず(存ず)[サ變]생각하다(겸양)」(連用形)+「まする[助動]겸양・정중」. 해석은 원간본과 같다.

〈捷原3,17뒤〉

❑ 御[ご]いかたしけなう御[ご]さる①。
(御意감격ᄒᆞ여이다)

① 「ごい→ぎょい(御意)말씀. 하명」(〈捷原2,1뒤〉풀이 참조)+「かたじけなし(忝し・辱し)[形ク]면목이 없다. 뼈에 사무치게 감사하다. 과분하다. 황공하다」(본문은 ウ音便)+「ござる(御座る)[4]~입니다」.

⇨ 말씀 황공합니다.

〈捷改3,23뒤〉----------

◆[客]御[ご]いかたしけなうそんしまする。
(御意感激히너기ᄂᆞ이다)

○문말이 「ぞんず(存ず)[サ変]생각하다(겸양)」(連用形)+「まする[助動]겸양·정중」로 바뀌어〈말씀 황공하게 생각합니다〉.

〈捷原3,17뒤〉

❑わたくしらも①、さけおいつせつなりまるせんゑとも②、
　(우리들도 술을一切못ᄒᆞᆸ건마ᄂᆞᆫ)

① 「わたくし(私)[代]저」+「ら(等)~들」+「も[助詞]」.
② 「さけ(酒)술」+「を[助詞]」+「いっせつ(一切)[副]전혀. 일체」+「なる(生る·成る·為る)[4]생기다. 되다. 할 수 있다」(連用形)의 連用形 「なり」+「まるする[助動]겸양·정중」+「んゑ[助動]부정」(〈ず[助動]부정)의 已然形〈ね〉가 변화한 것)+「ども[助詞]역접」.

⇨ 저희들도 술을 전혀 할 수 없습니다만.

〈捷改3,23뒤〉----------

◆われわれも、さけおいつせつたへませねとも、
　(우리도 술을一切먹지몯ᄒᆞᆸ건마ᄂᆞᆫ)

○「われわれ(我我)[代]우리」+「も」+「酒」+「を」+「一切」+「たぶ(食ぶ)[下2]먹다」(未然形)+「まする[助動]겸양·정중」+「ず[助動]부정」(已然形)+「ども」.

이를 해석하면 〈우리도 술을 전혀 먹지 않습니다만〉.

〈捷原3, 18앞〉

❏あまりたへかなとおしらるるほとに①、そうあるやら②、いかうよいまるしたれとも③、
(하먹과댜니르시니 그러ᄒ온디 ᄀ장ᄎᆔᄒ오되)

① 「あまり(余り)[副]너무」+「たぶ(賜ぶ・給ぶ)[4]받잡다」의 命令形 「たべ」+「がな[助詞](명령이나 금지를 나타내는 말에 붙어서)상대방에 대한 바람을 나타냄」+「と[助詞]~라고」+「おしらる[下2]말씀하시다」+「ほどに(程に)[接助]①~하면. ~하는 사이에 ②원인·이유. ~이므로」.

② 「さう → そう(然う)[副]그렇게. 그처럼」+「あり(有り)[ラ変]있다」의 連体形 「ある」+「やら[副助]어떤 일에 대해 불확실한 마음을 품고 있다는 것을 나타냄」.

③ 「いかう(厳う)[副]매우. 대단히」+「えふ[4] → よう(酔う)[5]취하다」(본문은 連用形)+「まるする[助動]겸양·정중」+「たり[助動]단정」의 已然形 「たれ」+「ども[助詞]역접」.

⇨ 하도 받잡으라고 말씀하셔서, 그래선지 몹시 취하였습니다만.

〈捷改3, 23뒤〉----------

◆あまり御[ご]しいなさるるゆゑ、そうあるやら、いかうよいましたれとも、
(하권ᄒ시매 그러ᄒᆞ지 ᄀ장醉ᄒ여ᄉ오되)

○ 「あまり」+「ご(御)[接頭]존경·겸양·정중」+「しふ[上2] → しいる(強いる)[上1]억지로 권하다. 강제하다」(連用形)+「なさる(為さる)[下2]하시다」(連体形)

+「ゆゑ→ゆえ(故)이유. 원인. 연고」. 나머지는「まるする」를「まする」로 변경했을 뿐이다. 앞부분을 해석하면 〈너무 강권하시는 고로〉.

〈捷原3, 18앞〉

□しやうねおやうやう①たしなめて②、いとりまるする③。
(正根을계요출혀 안잣습ㄴ이다)

① 「しやうね(性根)근성. 제정신」(〈한글역〉의 〈正根〉은 사전에 등재되지 않음)+「を[助詞]」+「やうやう→ようよう(漸う)[副]점점. 가만히. 겨우. 간신히」.
② 본문이「たしなめて」이므로「たしなむ(窘む)[下2]괴롭히다. 꾸짖다. 따지다. 비난하다. 주의를 주다」의 連用形「たしなめ」+「て」로 봐야겠지만 확실치 않다.「たしなむ(嗜む)[4]즐겨 어떤 일에 몰두하다. 열심히 하다. 즐기다. 무언가에 대비하여 준비해두다. 신경 써서 행하다. 조심하다. 삼가다. 참다. 제대로 치장하다」라면「たしなみて」→「たしなんで」일 것이다. 활용형을 문제 삼지 않으면 후자가 문맥상 통한다.
③ 「ゐどる→いどる(居取る)[4]자리를 차지하다. 앉아있다」(본문은 連用形)+「まるする[助動]겸양・정중」.

⇨ 제정신을 간신히 차리며 앉았습니다.

〈捷改3, 24앞〉----------

◆やうやうきむきおつくろうて、いとりました。
(계요계요氣向을출혀 안잦습ㄴ이다)

○「漸う」+「き(気)마음. 생각」+「むき(向き)향하는 것. 방향」(참고로 〈心向(こころむ)き〉는 '마음의 향방. 의향. 기질'의 뜻이다)+「を[助詞]」+「つくろ

ふ[4]→つくろう(繕う)[5]갖추다. 병을 고치다. 요양하다. 꾸미다. 준비하다」+「て」+(未然形)+「居取る」(連用形)+「まする[助動]겸양・정중」(連用形)+「た[助動]과거・완료」. 이를 해석하면〈간신히 마음을 차려서 앉았습니다〉.

〈捷原3, 18뒤〉

❏にほんのゑいさけお①のみつきやて②、このさけてよわしられうか③。
(日本됴흔술을자시다가 이술의취ᄒ실가)

① 「にほん(日本)일본」+「の[助詞]」+「えし[形ク]→えい(良い・好い)[形]좋다」+「さけ(酒)술」+「を[助詞]」.
② 문맥상「のみつける(飲み付ける)[下1]엄청나게 마시다. 평소에 즐겨 마시다」인 것으로 볼 수 있겠지만 접속하는 형태에 문제가 있다. 이에 이어진「やて」는「やる(遣る)[4]보내다. 하다. 먹다. 마시다」+「て」로 볼 수 있겠지만 역시 불확실하다.
③ 「この(此の・斯の)[連体]이」+「さけ(酒)술」+「で[助詞]~로」+「えふ[4]→よう(酔う)[5]취하다」(본문은 未然形)+「しる[助動]~하시다」+「む[助動]추량・의지」→「う」+「か[助詞]의문・질문」.

⇨ 일본의 좋은 술을 즐겨 하다가 이 술로 취하시겠는가?

〈捷改3, 24뒤〉----------

◆[主]にほんのよいさけおのみつけさしやつて、このさけによわしやれませうか。
(日本됴흔술을자시다가 이술의酔ᄒ실가)
○「日本」+「の」+「よし[形ク]→よい(良い)[形]좋다」+「酒」+「を」+「のみつける

(飲み付ける)[下1]엄청나게 마시다. 평소에 즐겨 마시다」(未然形)+「さっしゃる[助動]~하시다」(音便形)+「て」+「この」+「酒」+「に[助詞]」+「酔う」(未然形)+「しゃる[助詞]~하시다」(連用形)+「まする[助動]겸양·정중」+「む」→「う」+「か」. 이를 해석하면 〈일본의 좋은 술을 즐겨 드시다가 이 술에 취하시겠습니까?〉.

〈捷原3,18뒤〉

❏いかな①そうてわ御[ご]さらん②。
(싱심이나그러튼아녀이다)

① 「いかな(如何な)[副]어떻든. 아무튼」(〈如何な如何な〉의 형태로 〈결코. 어찌. 무슨〉과 같은 뜻을 나타냄).
② 「さう→そう(然う)[副]그렇게. 그처럼」+「だ[助動]단정·지정」의 連用形「で」+「は[助詞]」+「ござる(御座る)[4]~입니다」의 未然形「ござら」+「す(為)[サ変부정」→「ん」.

⇨ 결단코. 그렇지는 않습니다.

〈捷改3,24뒤〉----------

◆[客]いかなさやうてわ御[ご]さらぬ。
(싱심이나그러튼아녀이다)
○「いかな」+「さやう→さよう(然様·左様)[形動]그처럼. 그렇다」+「だ」(連用形)+「は」+「御座る」(未然形)+「ぬ[助動]부정」. 해석은 원간본과 같다.

〈捷原3, 18뒤〉

❏ きやうさんによいまるしたほとに①、はかいにもとるも②ゑまるするまいかとおもいまるする③。
(ㄱ장췸ᄒ엿ᄉ오니 방의도라가기도잘몯홀가너기ᄂ이다)

① 「ぎやうさん(仰山)[形動]수량이나 정도가 심한 모양. 행동이나 말 따위가 부풀려진 모양」(본문은 連用形)+「えふ[4]→よう(酔う)[5]취하다」(본문은 連用形)+「まるする[助動]겸양·정중」+「た[助動]과거·완료」+「ほどに(程に)[接助]①~하면. ~하는 사이에 ②원인·이유. ~이므로」.
② 「はがい : 방」(〈捷原1, 24앞〉풀이 참조)+「に[助詞]」+「もどる(戻る)[4]돌아가다(오다)」+「も[助詞]」.
③ 「う(得)[下2]가능하다. 할 수 있다」의 連用形「え」+「まるする[助動]겸양·정중」+「まい[助動]부정의 추량·의지」+「か[助詞]의문」+「と[助詞]~라고」+「おもふ[4]→おもう(思う)[5]생각하다」의 連用形「おもい」+「まるする[助動]겸양·정중」.

⇨ 어지간히 취하였사오니 방에 돌아가기도 할 수 없을까 하고 생각합니다.

〈捷改3, 25앞〉----------

◆ おひたたしうよいましたほとに、へやにかゑることもなりまいかとそんしまする。
(거륵이취ᄒ엿ᄉ오니 방의도라갈일도되지몯홀까너기ᄂ이다)

○ 「おびたたし[形シク]→おびたたしい(夥しい)[形]심하다. 엄청나다. 큰일이다」(ウ音便)+「酔う」(連用形)+「まする[助動]겸양·정중」(連用形)+「た」+「ほどに」+「へや(部屋)방」+「に」+「かへる[4]→かえる(帰る·還る)[5]돌아가다(오다)」(連体形)+「こと(事)것. 일」+「も」+「なる(生る·成る·為る)[4]생기다. 되다.

할 수 있다」(후속하는 부정의 추량·의지를 나타내는 助動詞인 〈まい〉는 終止形에 접속하므로 〈なる〉가 기대되는데 본문은 〈なり〉)+「まい」+「か」+「と」+「ぞんず(存ず)[サ変]생각하다(겸양)」(連用形)+「まする[助動]」. 이를 해석하면 〈엄청나게 취하였사오니 방에 돌아가는 일도 할 수 없을까 하고 생각합니다〉.

〈捷原3, 19앞〉

❏このやうにさけおのみすこいて①、りよくわいのことはおおおしまるしたかとおもいまるする②。
(이러틋시술을너모먹습고졋ᄉ온말숨을만히ᄒ온가너기ᄂ이다)

① 「この(此の·斯の)[連体]이」+「やうだ→ようだ(様だ)[助動]양태」의 連用形 「やうに」+「さけ(酒)술」+「を[助詞]」+「のむ(飲む·呑む)[4]마시다」의 連用形 「のみ」+「すごす(過ごす)[4]지나치다. 도를 넘어 술을 마시다」의 連用形 「すごし」(본문은 〈-い〉)+「て」.

② 「りょぐわい(慮外)[形動]뜻밖이다. 감사하다. 황공하다. 무례하다」+「の[助詞]」+「ことば(言葉)말」+「を[助詞]」+「おほし[形ク]→おおい(多い)[形]많다」(본문은 語幹)+「す(為)[サ変]하다」의 連用形 「し」+「まるする[助動]겸양·정중」+「た[助動]과거·완료」+「か[助詞]의문」+「と[助詞]~라고」+「おもふ[4]→おもう(思う)[5]생각하다」의 連用形 「おもい」+「まるする[助動]겸양·정중」.

⇨ 이처럼 술을 과하게 마셔서 무례한 말을 많이 했는가 생각합니다.

〈捷改3, 25앞〉----------

◆このやうにさけおすこして、りよくわいのことはおたんと申[もうし]たやうにそんしまする。
(이러틋시슐을과히ᄒᆞᆸ고 젼ᄉᆞ온말ᄉᆞᆷ을만히알외온양으로너기ᄂᆞ이다)

○「この」+「様だ」(連用形)+「酒」+「を」+「過ごす」(連用形)+「て」+「慮外」+「の」+「言葉」+「を」+「たんと」[副]수량이 많은 모양. 가득. 듬뿍」+「まうす」[4]→もうす(申す)[5]아뢰다. 하다(겸양)」(連用形)+「た」+「やうだ→ようだ(様だ)[助動양태]」(連用形)+「ぞんず(存ず)[サ変]생각하다(겸양)」(連用形)+「まする[助動겸양·정중]」. 이를 해석하면 〈이처럼 술을 지나쳐서 무례한 말을 잔뜩 아뢴 줄로 생각합니다〉.

〈捷原3, 19뒤〉

❏これもさけか申[もうす]ことちやほとに①、そうはしおもわしらるな②。
(이도술이솗ᄂᆞᆫ일이오니 그리곰너기디마ᄅᆞ쇼셔)

① 「これ(是·此)[代]이것. 여기. 지금」+「も[助詞]」+「さけ(酒)술」+「が[助詞]」+「まうす」[4]→もうす(申す)[5]아뢰다. 하다(겸양)」+「こと(事)일」+「ぢや[助動단정·지정]」+「ほどに(程に)[接助]①~하면. ~하는 사이에 ②원인·이유. ~이므로」.

② 「さう→そう(然う)[副]그렇게. 그처럼」+「ばし[助詞]강조」+「おもふ」[4]→おもう(思う)[5]생각하다」의 未然形「おもわ」+「しらる[助動]~하시다」+「な[助詞]금지」.

⇨ 이것도 술이 아뢰는 일이오니 그렇게만 생각하시지 마십시오.

〈捷改3,25뒤〉----------

◆これもさけの申[もうす]ことちやほとに、そうおもわしやるな。
(이도술이숣는일이오니 그리너기든마르쇼셔)

○전반부는 같다. 후반부는「然う」+「思う」(未然形)+「しやる[助動]~하시다」+「な」로 원간본의 강조를 나타내는「ばし」가 생략되고 助動詞가 변경되었다.

〈捷原3,19뒤〉

❏わたくししまからくるときに①、ひさしうとうりうせすに②、
(쇼인셤으로셔올적의 오래묵디말고)

① 「わたくし(私)[代]저」+「しま(島)섬」+「から[助詞]기점」+「く(来)[力変]오다」의 連体形「くる」+「とき(時)때」+「に[助詞]」.
② 「ひさし(久し・尚し)[形シク]오랫동안. 오랜만」(본문은 ウ音便)+「とうりう→とうりゅう(逗留)두류. 머물러 나아가지 않는 것. 체류. 체재」+「す(為)[サ変]하다」의 未然形「せ」+「ず[助動]부정」+「に[助詞]」.

⇨ 제가 섬에서 올 때, 오랫동안 체류하지 말고.

〈捷改3,26앞〉----------

◆わたくしのしまよりまいるとき、ひさしうとうりうせすに、
(쇼인셤으로셔올적의 오래묵지말고)

○「私」+「の[助詞]주격」+「島」+「より[助詞]기점」+「まゐる[4]→まいる(参る)[5]'오다・가다'의 겸양어」(連体形)+「時」. 후반부는 같다.

〈捷原3,20앞〉

▢いそいてもとれと①、しまのかみ②きやうさんに申[もうし]つけて御[ご]さたほとに③、
(수이도라오라 島主ㅣ ᄀ장분부ᄒ엿ᄉ오니)

① 「いそぐ(急ぐ)[4]서두르다」(본문은 音便形)+「て」+「もどる(戻る)[4]돌아오다(가다)」의 命令形 「もどれ」+「と[助詞]~라고」.
② 「しま(島)섬」+「の[助詞]」+「かみ(上)지위가 높은 사람(天皇·将軍 등). 윗사람. 우두머리」(또는 〈かみ(長官·守)〉).
③ 「ぎやうさん(仰山)[形動]수량이나 정도가 심한 모양. 행동이나 말 따위가 부풀려진 모양」(본문은 連用形)+「まうしつく[下2]→もうしつける(申し付ける)[下1]부탁하다. 하명하다」의 連用形 「もうしつけ」+「て」+「ござる(御座る)[4]~입니다」(본문은 音便形)+「た[助動]과거·완료」+「ほどに(程に)[接助]①~하면. ~하는 사이에 ②원인·이유. ~이므로」.

⇨ 서둘러 돌아오라고 섬의 영주가 단단히 하명하셨기에.

〈捷改3,26앞〉----------

◆いそいてかゑれと、つしまのかみもきひしう申[もうし]つけられましたほどに、
(수이도라오라 對馬島主도 ᄀ장분부ᄒ엿ᄉ오니)

○「急ぐ」(音便形)+「て」+「かへる[4]→かえる(帰る·還る)[5]돌아가다(오다)」(命令形)+「と」+「つしま(対馬)대마도」+「の」+「かみ」+「も[助詞]」+「きびし[形シク]→きびしい(厳しい)[形]엄중하다. 심하다」(ウ音便)+「申し付ける」(未然形)+「らる[助動]존경」(連用形)+「ます[助動]겸양·정중」(連用形)+「た」+「ほどに」. 이를 해석하면 〈서둘러 돌아오라고 쓰시마의 영주도 엄하게 하명하셨기에〉.

〈捷原3, 20앞〉

▫なにとそ御[お]かけおもつて①、はやきとうするやうにのそみまるする②。
(아므려나덕분을뻐 수이歸島ᄒᆞ양으로ᄇᆞ라ᄂᆞ이다)

① 「なにとぞ(何卒)[副]어떻게든. 부디. 꼭」+「おかげ(御蔭)덕분. 덕택」+「を[助詞]」+「もって(以て)(〈を[助詞]〉에 이어져서)수단이나 원인 등을 나타냄. ~로써. ~때문에」.

② 「はや(早)[副]빨리. 일찍」+「きたう→きとう(帰島)자신이 살고 있던 섬으로 돌아가는 것」+「す(為)[サ変]의 連体形「する」+「やうだ→ようだ(様だ)[助動](주로 連用形으로 써서)행동의 기준이 되는 방법, 상황, 형태나 목적을 나타냄」의 連用形「やうに」+「のぞむ(望む)[4]바라다. 기대하다」의 連用形「のぞみ」+「まるする[助動]겸양·정중」.

⇨ 부디 덕분으로써 빨리 귀도하기를 바랍니다.

〈捷改3, 26뒤〉----------

◆なにとそ御[お]かけおもつて、はやうかゑりたうそんしまする。
(아므려나덕분을뻐 수이도라가고져너기ᄂᆞ이다)

○전반부는 원간본과 같다. 「はやし[形ク]→はやい(早い)[形]빠르다. 이르다」(ウ音便)+「かへる[4]→かえる(帰る·還る)[5]돌아가다(오다)」(連用形)+「たし[助動]희망」(ウ音便)+「ぞんず(存ず)[サ変]생각하다(겸양)」(連用形)+「まする[助動]겸양·정중」. 이를 해석하면 〈부디 덕분으로써 빨리 돌아가고 싶다고 생각합니다〉.

〈捷原3, 20뒤〉

❏御[ご]さてひさしもなうて①、かきりもとういほとに②、
　(오션디오래디아냐 限도머러시니)

① 「ござる(御座る)[4]오시다. 가시다. 계시다」(본문은 音便形)+「て」+「ひさし[形シク→ひさしい(久しい·尚しい)[形]시간이 오래 경과되었다」(連用形이 기대됨)+「も[助詞]」+「なし(無し)[形ク]없다. 아니다」(본문은 ウ音便)+「て」.

② 「かぎり(限り)」한계. 한도. 마지막. 끝」+「も[助詞]」+「とほし[形ク]→とおい(遠い)[形]멀다」(본문은 〈-う〉)+「ほどに(程に)[接助]①~하면. ~하는 사이에 ②원인·이유. ~이므로」.

⇨ 오셔서 오래되지도 않아 한도도 멀기에.

〈捷改3, 27앞〉----------

✦[主]御[お]いてなされまするかひさしうになりませす、かきりもとおいほとに、
　(오션지오래지아녀 限도머러시니)

○「おいで(御出)'오다·가다·있다'의 존경어」+「なさる(為さる)[下2]하시다」(連用形)+「まする[助動]겸양·정중」+「が[助詞]」+「久し(ウ音便)+「に[助詞]」(여기에 〈に〉가 들어간 이유는 모르겠다)+「なる(生る·成る·為る)[4]생기다. 되다. 할 수 있다」(連用形)+「まする[助動]」+「ず[助動]부정」+「限り」+「も」+「遠い」+「ほどに」. 이를 해석하면 〈오신 것이 오래 되지 않아 한도도 멀기에〉.

〈捷原3,20뒤〉

❏このほととうりうめさるならば①、さたまたいはちなとも②、みなすめてゆるりと御[ご]さて③、いくやうにさしられ④。
(요ᄉ이머므시면 명훈연향들도 다뭇고죵용히겨시다가 가실양으로ᄒᆞᆸ소)

○「このほど(此の程)아주 최근. 이번. 요사이. 이 부근」+「とうりう→とうりゅう(逗留)두류. 머물러 나아가지 않는 것. 체류. 체재」+「めさる(召さる)[下2]하시다」(連体形은〈めさるる〉)+「なり[助動]단정・지정」의 未然形「なら」+「ば[助詞]가정조건」.

② 「さだまる(定まる)[4]확정되다. 정해지다. 관례로 자리잡다」(본문은 音便形)+「た[助動]과거・완료」+「いはち : 잔치」(〈捷原2,5앞〉풀이 참조)+「など(等)[助詞]등. 따위」+「も[助詞]」.

③ 「みな(皆)[副]남김없이. 모두」+「すむ(済む)[下2]끝마치다. 매듭짓다」의 連用形「すめ」+「て」+「ゆるりと(緩りと)[副]서두르지 않고. 천천히. 편안하게」+「ござる(御座る)[4]오시다. 가시다. 계시다」(본문은 音便形)+「て」.

④ 「いく(行く)[4]가다」+「やうだ→ようだ(様だ)[助動](주로 連用形으로 써서)행동의 기준이 되는 방법, 상황, 형태나 목적을 나타냄」의 連用形「やうに」+「さしらる[4・下2]하시다」의 命令形「さしられ」.

⇨ 이번에 체류하시면 정해진 잔치 등도 모두 마치고 편히 계시다 가도록 하십시오.

〈捷改3,27앞〉----------
◆このほととうりうなさるならは、さたまりのいはちなとも、みなすめさつしやれてゆるりと御[ご]さつて、御[お]かゑりなされませに。

(요ᄉ이머무시면 명훈연향들도 다몯고 죵용히계시다가 도라가시게 ᄒᆞᆸ소)

○「此の程」+「逗留」+「なさる(爲さる)[下2]하시다」(連体形은 〈なさるる〉)+「なり」(未然形)+「ば」+「さだまり(定まり)[名]정해진 것. 규칙」+「の[助詞]」+「いはち」+「等」+「も」+「皆」+「濟む」(連用形)+「さっしゃる[助動]~하시다」(連用形)+「て」+「ゆるりと」+「御座る」(音便形)+「て」+「お(御)[接頭]존경·겸양·정중」+「かへる[4]→かえる(帰る·還る)[5]돌아가다(오다)」(連用形)+「なさる(爲さる)[下2]」(連用形)+「まする[助動]겸양·정중」(命令形). 이를 해석하면 〈이번에 체류하시면 정해진 잔치 등도 모두 마치시고 편히 계시다 돌아가십시오〉.

〈捷原3, 21앞〉

❏このやうにかたしけなき御[ご]いちやほとに①、かさねて申[もうす]やうか御[ご]さらん②。
(이리감격ᄒᆞᆫ御意 l 시니 다시술올양이업서이다)

① 「この(此の·斯の)[連体]이」+「やうだ→ようだ(様だ)[助動]양태」의 連用形「やうに」+「かたじけなし(忝し·辱し)[形]면목이 없다. 뼈에 사무치게 감사하다. 과분하다. 황공하다」의 連体形「かたじけなき」+「ごい→ぎょい(御意)말씀. 하명」+「ぢゃ[助動]단정·지정」+「ほどに(程に)[接助]①~하면. ~하는 사이에 ②원인·이유. ~이므로」.

② 「かさねて(重ねて)[副]재차. 다시 한 번. 다음」+「まうす[4]→もうす(申す)[5]아뢰다. 하다(겸양)」+「やう(様)모습. 이유. 방법. 수단」+「が[助詞]」+「ござる(御座る)[4]있습니다」+「ず[助動]부정」→「ん」.

⇨ 이처럼 황공한 말씀이시니 거듭 아뢸 길이 없습니다.

〈捷改3,28앞〉----------

◆[客]このやうにかたじけない御[ご]いちやほとに、かさねて申[もうす]やうも御[ご]さらぬ。
(이리 感激ᄒᆞᆫ 御意시니 다시 ᄉᆞᆯ올 양도 업서이다)

○후반분의「様(やう)が」가「様(やう)も」로 변경된 외에는 원간본과 같다. 해석 역시「길이」가「길도」로 바뀐다.

〈捷原3,21뒤〉

❏そうなれとも①、いちにちも②、いそいてもとるやうにさしられ③。
(그러커니와 ᄒᆞ리라도 수이 도라가게 ᄒᆞ쇼셔)

① 「さう→そう(然う)[副]그렇게. 그처럼」+「なり[助動]단정·지정」의 已然形「なれ」+「ども[助詞]역접」.
② 「いちにち(一日)하루」+「も[助詞]」.
③ 「いそぐ(急ぐ)[4]서두르다」(본문은 音便形)+「て」+「もどる(戻る)[4]돌아오다(가다)」+「やうだ→ようだ(様だ)[助動](주로 連用形으로 써서)행동의 기준이 되는 방법, 상황, 형태나 목적을 나타냄」의 連用形「やうに」+「さしらる[4·下2]하시다」의 命令形「さしられ」.

⇨ 그렇지만 하루라도 서둘러서 돌아가도록 하십시오.

〈捷改3,128앞〉----------

◆しかしながら、いちにちも、はやうかゑるやうにさつしやれい。
(그러커니와 ᄒᆞ리라도 수이 도라가게 ᄒᆞ쇼셔)

○「しかしながら(然し乍ら·併し乍ら)[接続]그러나. 하지만」+「一日」+「も」+「はやし[形ク]→はやい(早い)[形]빠르다. 이르다」(ウ音便)+「かへる[4]→かえる

(帰る・還る)[5]돌아가다(오다)」(連体形)+「樣だ」(連用形)+「さっしゃる[4・下2]하시다」(命令形). 이를 해석하면 〈하지만 하루라도 빨리 돌아가도록 하십시오〉.

〈捷原3, 21뒤〉

□それわそうしまるせうか①、いまた②こむゑき③のあかかねすすかんほくも④またし御[ご]さり⑤、
(글란그리ᄒ려니와 당시公貿易銅鑞看品도못ᄒ엿고)

① 「それ(其・夫)[代]그것. 그때. 그곳」+「は[助詞]」+「さう→そう(然う)[副]그렇게. 그만큼」+「す(為)[サ変]하다」의 連用形 「し」+「まるする[助動]겸양・정중」+「む[助動]추량・의지」→「う」+「が[助詞].
② 「いまだ(未だ)[副]아직. 여전히」.
③ 본문의 「こむゑき」는 〈한글역〉이나 〈개수본〉을 참조하면 「公貿易」을 音讀한 것으로 봐야겠다. 다만 「公」는 「こう」, 「貿易」는 「ぼうえき」로 읽으므로 한국어의 발음이 반영된 것으로 보인다. 한편 「公貿易」은 일본 사전에는 등재되지 않았고 〈표준국어대사전〉에는 「공무역(公貿易)」이 '신라 때 이후 나라와 나라 사이에 행하던 물물 교환. 조공(朝貢)을 하고 그 대가로 사여(賜與)의 형식을 취하는 것과, 두 나라 정부에서 발행한 일정한 증명서를 가진 사람들이 무역을 행하는 것의 두 가지 형태가 있었다.'와 같이 풀이되어 있다.
④ 「の[助詞]」+「あかがね(銅)[동]. 구리」+「すず(錫)주석」+「かんぽく(看品)간품」(〈捷原2, 14뒤〉풀이 참조)+「も[助詞]」.
⑤ 문맥상 「まだし(未だし)[形シク]아직 그 시기에 도달하지 않다. 아직 불충분하다」(連用形은 〈まだしく〉)+「ござる(御座る)[4]있습니다. ~입니다」의

連用形「ござり」로 봐야겠지만 확실하지 않다.

⇨ 그것은 그렇게 하겠습니다만 아직 공무역의 구리 주석 간품도 아직 불충분하게 있사옵고,

〈捷改3, 28뒤〉----------

◆それわそういたしませうか、いまたこうむゑきのあかかねすすのかんほくもなりませす、
(글란그리ᄒ려니와 당시公貿易銅鑞看品도되지몯ᄒ엳고)

○「それ」+「は」+「然う」+「いたす(致す)[4]하다(겸양)」(連用形)+「まする[助動겸양·정중」+「む」→「う」+「が」+「末だ」+「公貿易」+「の」+「銅」+「錫」+「の[助詞]」+「看品」+「も」+「なる(生る·成る·為る)[4]생기다. 되다. 할 수 있다」+「まする[助動]」+「ず[助動]부정」. 이를 해석하면〈그것은 그렇게 하겠습니다만 아직 공무역의 구리 주석의 간품도 되지 않고〉.

〈捷原3, 22앞〉

❏ふうしんのさうもつなともものほせてこそ①、きやうよりへんれいのへんしよかくたりまるせうほとに②、
(封進雜物들도올려가야 京으로셔返禮의返書ㅣ올거시니)

① 「ふうしん(封進)봉진」(〈捷原1, 15앞〉풀이 참조)+「の[助詞]」+「ざふもつ→ぞうもつ(雜物)여러 잡다한 물건. 자질구레한 물건」+「など(等)[助詞]등. 따위」+「も[助詞]」+「のぼす(上す)[下2]올리다. 지방에서 도읍으로 올리다」의 連用形「のぼせ」+「て」+「こそ[係助詞]뜻을 강하게 함」(문말은 已然形).

② 「きやう→きょう(京)도읍. 서울」+「より[助詞]기점」+「へんれい(返礼)반례.

남으로부터 받은 인사에 대해 보답하는 것」+「の[助詞]」+「へんしょ(返書)서. 반신」+「が[助詞]」+「くだる(下る・降る)[4]내려오다. 이동하다」의 連用形 「くだり」+「まゐする[助動]겸양・정중」+「む[助動]추량・의지」→「う」+「ほどに(程に)[接助]①~하면. ~하는 사이에 ②원인・이유. ~이므로」.

⇨ 봉진 잡물 등도 올려야만 도읍에서 답례의 답장이 내려올 테니,

〈捷改3, 29앞〉----------

◆ふうしんのさうもつなともものほせてこそ、きやうよりへんれいのへんしよかまいりませうほとに、
(封進雜物들도올려가야 京으로셔返禮의返書ㅣ올거시니)
○후반부의 동사 「くだる(下る・降る)[4]내려오다. 이동하다」가 「まゐる[4] → まいる(参る)[5]'오다・가다'의 겸양어」로 바뀐 것과 조동사 「まゐする」를 「まする」로 변경한 외에는 원간본과 같다.

〈捷原3, 22뒤〉

❏しぜん①おそかるかとおもひまるする②。
(自然더딜싸너기옵니)

① 이 부분은 〈한글음주〉가 「시셴」이므로 「じぜん」으로 읽는 말을 찾아야겠지만 이에 해당하는 말은 「次善」「事前」「慈善」이어서 뜻이 통하지 않는다. 〈한글역〉을 참조하여 「しぜん(自然)자연. 저절로」로 봐야겠다. 참고로 「自」는 吳音이 「ジ」 漢音은 「シ」다.
② 「おそし(遅し)[形ク]늦다」의 連体形 「おそかる」(또는 〈遅く〉의 連用形 〈おそく〉에 〈あり(有り)[ラ変]있다〉의 連体形 〈ある〉가 붙어서 변화한 말)+「か[助詞]의문」+「と[助詞]~라고」+「おもふ[4] → おもう(思う)[5]생각하다」의 連

用形「おもい」+「まるする[助動]겸양·정중」.

⇨ 자연히 늦을까 생각합니다.

⟨捷改3, 29뒤⟩----------

◆しせんゑんいんいたそうかとそんしまする。
(自然延引ᄒ올가너기옵닉)

○「自然」(개수본에서도 ⟨한글음주⟩는 ⟨시셴⟩이다)+「えんいん(延引)연인. 시일이 예정보다 지연되는 것」+「いたす(致す)[4]하다(겸양)」(未然形)+「む[助動]추량·의지」→「う」+「か」+「と」+「ぞんず(存ず)[サ変]생각하다(겸양)」(連用形)+「まする[助動]겸양·정중」. 이를 해석하면 ⟨자연히 지체될까 하고 생각합니다⟩.

⟨捷原3, 22뒤⟩

▢そうなれとも①さいそくしまるせう②。
(그러커니와催促오리)

① 「さう→そう(然)[副]그렇게. 그처럼」+「なり[助動]단정·지정」의 已然形「なれ」+「ども[助詞]역접」.

② 「さいそく(催促)재촉」+「す(為)[サ変]하다」의 連用形「し」+「まるする[助動]겸양·정중」+「む[助動]추량·의지」→「う」.

⇨ 그렇지만 재촉하겠습니다.

⟨捷改3, 30앞⟩----------

◆しかしなからさいそくいたしませう。

(그러거니와 催促ᄒ오리)

○「しかしながら(然しながら・併しながら)[接続]그러나.   하지만」+「催促」+「いたす(致す)[4]하다(겸양)」(連用形)+「まする[助動]겸양・정중」+「む」→「う」. 해석은 원간본과 같다.

〈捷原3,22뒤〉

❏ふうしんのへんれいわ①、きやうより②かかいて③くるやうにしまるせうか④、
(封進返禮ᄂᆞᆫ 셔울로셔혜아려오ᄂᆞᆫ대로ᄒᆞ오려니와)

① 「ふうしん(封進)봉진」+「の[助詞]」+「へんれい(返礼)반례」+「は[助詞]」.
② 「きやう→きよう(京)도읍」+「より[助詞]기점」
③ 이 부분은 〈한글음주〉가 「강가이데」이다. 이를 참조하면 「かんがふ[下2]→かんがえる(考える)[下1]생각하다. 판단하다」가 변한 말로 보이지만 확실하지 않다.
④ 「く(来)[力変]오다」의 連体形 「くる」+「やうだ→ようだ(様だ)[助動](주로 連用形으로 써서)행동의 기준이 되는 방법, 상황, 형태나 목적을 나타냄」의 連用形 「やうに」+「す(為)[サ変]하다」의 連用形 「し」+「まるする[助動]겸양・정중」+「む[助動]추량・의지」→「う」+「が[助詞].

⇨ 봉진의 답례는 도읍에서 생각하여 오게끔(오는 대로) 하겠습니다만,

〈捷改3,30앞〉----------

◆ふうしんのへんれいわ、みやこよりかかゑてきたやうにいたしませうけれとも、
(封進返禮ᄂᆞᆫ 셔울로셔혜아려오ᄂᆞᆫ대로ᄒᆞ려니와)

○「封進」+「の」+「返礼」+「は」+「みやこ(都)도읍」+「より」+「かかゑて」(이 부분에 대한 〈한글음주〉는 〈강가예데〉다. 〈ん〉을 표기하지 않은 이유가 분명치 않지만 〈かんがふ[下2]→かんがえる(考える)[下1]생각하다. 판단하다〉(連用形)+〈て〉로 봐야겠다)+「来」(連用形)+「た[助動과거·완료」+「様だ」(連用形)+「いたす(致す)[4]하다(겸양)」(連用形)+「まする[助動겸양·정중」+「む」→「う」+「けれども[助詞역접」. 이를 해석하면 〈봉진의 답례는 도읍에서 생각하여 온 것처럼(온 대로) 하겠습니다만〉.

〈捷原3,23앞〉

> ❏こうもく①わそくかすか御[ご]さるほとに②、わたくしらか③、はやもとりまるせは④、
> (公木은束數ㅣ 잇스오니 쇼인네 수이도라가오면)

① 일본어에서「こうもく」로 읽는 말은「項目」과「綱目」이 있는데 문맥이 통하지 않는다. 한편 〈한글역〉의「公木」은 일본 사전에는 등재되지 않은 말인데, 〈표준국어대사전〉에「공목(公木)」이 '조선 시대에, 일본과의 공식 무역에서 일본 사신이 가지고 온 개인 상품의 대가로 내주던 무명'으로 풀이되어 있다. 참고로「公」은 呉音이「ク」漢音이「コウ」,「木」은 呉音이「モク」漢音이「ボク」다. 이하「こうもく(公木)공목(무명)」과 같이 풀이하겠다.
② 「は[助詞」+「そく(束)속. 묶음. 다발」+「かず(数)수」+「が[助詞」+「ござる(御座る)[4]있습니다」+「ほどに(程に)[接助]①~하면. ~하는 사이에 ②원인·이유. ~이므로」.
③ 「わたくし(私)[代]저」+「ら(等)~들」+「が[助詞」.
④ 「はや(早)[副]빨리. 일찍」+「もどる(戻る)[4]돌아가다」의 連用形「もどり」+「

まるする[助動]겸양・정중」(未然形)＋「ば[助詞]가정조건」.

⇨ 공목(무명)은 묶음 수가 있으니 저희들이 일찍 돌아가면,

〈捷改3,30뒤〉----------

◆こうもくわそくかすか御[ご]さるほとに、わたくしともか、はやうかゑりましたらは、
 (公木은束數ㅣ인ㅅ오니 쇼인네 수이도라가오면)

○「公木」＋「は」＋「束」＋「数」＋「が」＋「御座る」(連体形)＋「ほどに」＋「私」＋「ども(共)[接尾~들]」＋「が」＋「はやし[形ク]→はやく(早く)[形]빠르다, 이르다」(ウ音便)＋「かへる[4]→かえる(帰る・還る)[5]돌아가다(오다)」(連用形)＋「まする[助動]겸양・정중」(連用形)＋「たり[助動]단정」(未然形)＋「ば」. 해석은 원간본과 같다.

〈捷原3,23앞〉

❏おいり①のさうもつわ②、とうりうのあいたはかり③やらしられうほとに④、
 (五日雜物은 묵눈ㅅ이만주실쎠시오니)

① 본문의「おいり」에 대한 〈한글역〉은「五日」이며 이는 〈개수본〉에서도 그대로 유지되고 있다.「오일」을 발음 나는 대로 일본어로 옮겼다는 풀이가 일단 가능할 듯싶지만 뜻이 분명치 않다. 말 그대로 체재하는 '5일'을 의미할 수도 있겠지만 개운치 않다. 한편 일본어에서「おいり」로 읽는 말 가운데 사전에 등재된 것은「おいり(御入)'들어오다'의 존경어」와「おいり(御煎)쌀이나 콩을 볶아 설탕을 두른 과자」가 있다. 역시 어색하여 더 분석해보면「おいり」는「お(御)[接頭]존경・겸양・정중」＋「いり」의 가능성이 있다. 여기에서「いり」는「いる(入る・要る)[4]들어오다. 담기다. 필요하다」의 連用形(名詞용법)으로 볼 수 있겠다. 그렇다면「おい

り(御入り)들이시는」나 「おいり(御要り)필요한」과 같은 풀이도 가능하겠지만 접두어로 쓰는 「お」는 첩해신어 전체를 통해 「御」를 쓰므로 역시 불확실하다. 이하 일단 「おいり：필요한. 들이시는」과 같이 풀이하겠다.

② 「の[助詞]」+「ざふもつ→ぞうもつ(雜物)여러 잡다한 물건. 자질구레한 물건」+「は[助詞]」.

③ 「とうりう→とうりゅう(逗留)두류. 체류. 체재」+「の[助詞]」+「あひだ→あいだ(間)사이. 동안」+「ばかり(許り)[助詞]~만. ~정도」.

④ 「やる(遣る)[4]보내다. 주다」의 未然形 「やら」+「しらる[助動]~하시다」+「む[助動]추량・의지」→ 「う」+「ほどに(程に)[接助]①~하면. ~하는 사이에 ② 원인・이유. ~이므로」.

⇨ 필요한 잡물은 체류하는 동안만 주실 테니.

〈捷改3, 31앞〉ーーーーーーーーー

◆おいりのさうもつわ、とうりうのあいたはかりくたさるるものゆゑ、
(五日雜物은 묵는 ᄉᆞ이만주실거시오니)

○원간본 후반부의 「やらしられうほとに」가 다음과 같이 바뀌었다. 「くたさる(下さる)[下2]주시다. 내리시다. 하사하시다」(連体形)+「もの(物)것」+「ゆゑ→ゆえ(故)이유. 원인. 연고」. 이를 해석하면〈주시는 것인 고로〉.

〈捷原3, 23뒤〉

❏このくにのひとつのさうさも①、のくし②まるせうとおもゑまるする③。
(이나라흔폐나더올가싱각ᄒᆞᄂᆞ이다)

① 「この(此の・斯の)[連体]이」+「くに(国)나라」+「の[助詞]」+「ひとつ(一つ)하나」+「の[助詞]」+「ざうさ→ぞうさ(造作・雜作)기교. 수고. 성가심」+「も[助詞]」.

② 본문의 「のくし」는 어떤 말인지 불명확하다. 「のく(退く·除く)[下2]물리다. 제거하다」에 「す(為)[サ変]하다」가 접속한 말일 가능성이 있겠다. 또는 「なくす(無くす·亡くす)[4]없애다」를 잘못 표기했을 가능성 역시 있다. 〈개수본〉에서는 「のぞく(除く)[4]제거하다. 없애다」로 바뀌었다.

③ 「まるする[助動]겸양·정중」(未然形)+「む[助動]추량·의지」→「う」+「と[助詞]」+「おもへる→おもえる(思える)[下1]생각할 수 있다. 저절로 그렇게 생각하게끔 되다」의 連用形「おもへ」+「まるする[助動]겸양·정중」.

⇨ 이 나라의 하나의 수고도 없애겠다고 생각됩니다.

〈捷改3, 31앞〉----------

✦このくにのすこしのさうさも、のそきませうとそんしまする。
(이나라죠고만폐나 더올까싱각ᄒᆞᆫ이다)

○「この」+「国」+「の」+「すこし(少し·寡し)[副]조금」+「の」+「雜作」+「も」+「のぞく(除く)[4]제거하다. 없애다」(連用形)+「ます[助動]겸양·정중」+「む」→「う」+「と」+「ぞんず(存ず)[サ変]생각하다(겸양)」(連用形)+「まする[助動]」. 이를 해석하면 〈이 나라의 조금의 수고도 덜어내겠다고 생각합니다〉.

〈捷原3, 23뒤〉

❏われらくにわれいかかとうて①、いちとさためたのちわ②かわれ③まるせんほとに④、
(우리나라ᄂᆞᆫ 禮ㅣ 돈돈ᄒᆞ여 ᄒᆞᆫ번뎡ᄒᆞᆫ후는 고티디아니ᄒᆞ니)

① 「われら(我等)[代]우리. 저희들」+「くに(国)나라」+「は[助詞]」+「れい(礼)예」+「が[助詞]」+「かたし(堅し·固し·硬し·難し)[形ク]확실하다. 튼튼하다. 강하

다」의 連用形「かたく」의 ウ音便「かたう」→「かとう」+「て」.
② 「いちど(一度)한번」+「さだむ(定む)[下2]정하다」의 連用形「さため」+「た[助動과거・완료]」+「のち(後)이후」+「は[助詞]」.
③ 「かはる[4]→かわる(替わる・代わる・換わる・変わる)[5]바뀌다. 교체되다」의 可能形으로 봐야겠지만 확실치 않다.
④ 「まるする[助動겸양・정중]」+「ず[助動부정]」→「ん」+「ほどに(程に)[接助]」 ①~하면. ~하는 사이에 ②원인・이유. ~이므로」.
⇨ 우리들 나라는 예의가 굳건해서 한차례 정한 후에는 바뀔 수 없으니,

〈捷改3, 31뒤〉----------

◆[主]われわれのくにわれいかかたうて、いちとさためてからわあらためまする ことわ御[ご]さらぬ.
(우리나라ᄂᆞᆫ 禮 ㅣ 둗둗ᄒᆞ여 ᄒᆞᆫ번명혼후ᄂᆞᆫ고티ᄂᆞᆫ일은업ᄉᆞ오니)

○「われわれ(我我)[代우리]」+「の[助詞]」+「国」+「は」+「礼」+「が」+「堅し」(ウ音便)+「て」+「一度」+「定む」(連用形)+「て」+「から[助詞기점]」+「は」+「あらたむ[下2]→あらためる(改める・革める)[下1]새로이 하다. 고치다. 개선하다」(連用形)+「まする[助動겸양・정중]」+「こと(事)것」+「は[助詞]」+「ござる(御座る)[4]있습니다」(未然形)+「ぬ[助動부정]」. 이를 해석하면〈우리나라는 예의가 굳건해서 한차례 정하고 나서는 고치는 일은 없습니다〉.

〈捷原3, 24앞〉

❏ おいりのさうもつわ①、そなたしゆとうかはつかとうりうしてもとるとも②、
　(五日雜物은 자ᄂᆡ네十日二十日무거도라가셔도)

①「おいり: 필요한. 들이시는」(〈捷原3,23앞〉풀이 참조)+「の[助詞]」+「ざふ

もつ→ぞうもつ(雜物)여러 잡다한 물건. 자질구레한 물건」+「は[助詞]」.
② 「そなた(其方)[代名]그쪽. 자네」+「しゅ(衆)~분들」+「とをか→とおか(十日) 열흘」+「はつか(二十日)이십일」+「とうりう→とうりゅう(逗留)두류. 체류. 체재」+「す(爲)[サ変하다]의 連用形 「し」+「て」+「もどる(戻る)[4]돌아가다(오다)」+「とも(助詞)~하더라도」.

⇨ 필요한 잡물은 그대들이 열흘 스무날 체류하고 돌아가더라도,

〈捷改3,32앞〉----------

◆おいりのさうもつわ、おのおのとうかはつかとうりうしてかゑらしやれても、
(五日雜物은 자녀네十日二十日무거도라가셔도)

○「おいり」+「の」+「雜物」+「は」+「おのおの(各・各各)①[名]각각. 각자 ②[代](對稱)여러분」+「十日」+「二十日」+「逗留」+「す」(連用形)+「て」+「かへる[4]→かえる(帰る・還る)[5]돌아가다(오다)」(未然形)+「しゃる[助動]~하시다」(連用形)+「ても[助詞]~해도」. 이를 해석하면〈필요한 잡물은 여러분이 열흘 스무날 체류하고 돌아가셔도〉.

〈捷原3,24뒤〉

▢やくてう①にさためたかきりまてわ②、なにしにおうかたに③さはきまるせうか④。
(約條의뎡훈限ᄉ지ᄂᆞᆫ 엇디얼현이츨히올가)

① 이 말에 대한〈한글역〉은「約條」인데 이는 일본 사전에 등재되지 않았다. 가까운 말로「やくぢやう→やくじょう(約定)약정. 약속. 계약」이 있다. 참고로「條」는 呉音이「デウ→ジョウ」다.
② 「に[助詞]」+「さためたかきりまてわ」+「さだむ(定む)[下2]정하다」의 連用形 「さだめ」+「た[助動]과거・

완료」+「かぎり(限り)한계. 한도. 마지막. 끝」+「まで(迄)[助詞]~까지」+「は[助詞]」.
③ 「なにしに(何為に)[副]어째서. 왜」+「おほかた→おおかた(大方)[形動]대부분. 보통. 적당히. 소홀함」(본문은 連用形).
④ 「さばく(捌く·裁く)[4]다루다. 정리하다. 처리하다」의 連用形「さばき」+「まるする[助動]겸양·정중」+「む[助動]추량·의지」→「う」+「か[助詞]의문·질문」.
⇨ 약조로 정한 한도까지는 어찌 대충 다루겠습니까?

〈捷改3, 32뒤〉----------

◆やくてうにさためほとわなにしにおおかたにそろゑませうか.
(約条의뎡흔限선지는 얻지얼현이출히올가)

○「約定」+「に」+「定む」(連用形)+「ほど(程)정도」(본문의〈さためほと〉는 두 단어 사이에〈た[助動]과거·완료〉가 누락된 잘못으로 볼 수 있겠는데, 한편으로는〈定め程〉와 같이 복합명사를 상정한 것일 수도 있겠다. 다만 사전에는 등재되지 않았다)+「は」+「なにしに」+「大方」(連用形)+「そろふ[下2]→そろえる(揃える)[下1]맞추다. 정돈하다. 갖추다」(連用形)+「まする[助動]겸양·정중」+「む」→「う」+「か」. 이를 해석하면〈약조로 정한 정도는 어찌 대충 갖추겠습니까〉.

〈捷原3, 24뒤〉

❏わたくしわこしらいて①、くたさるやうにもとりまるせうか②、
(쇼인네는 출혀 주시는양으로가오려니와)

① 「わたくし(私)저」+「は[助詞]」+「こしらふ(拵ふ)[下2]→こしらえる(拵える)[下1]만들어내다. 마련하다. 조리하다」의 連用形「こしらへ→こしらえ」(본문

의 〈-い〉는 비문법적)+「て」.

② 「くださる(下さる)[4]주시다. 하사하시다」의 連体形 「くださる」+「やうだ→ようだ(様だ)[助動](주로 連用形으로 써서)행동의 기준이 되는 방법, 상황, 형태나 목적을 나타냄」의 連用形 「やうに」+「もどる(戻る)[4]돌아가다(오다)」의 連用形 「もどり」+「まるする[助動]겸양·정중」+「む[助動]추량·의지」→「う」+「が[助詞]」.

⇨ 저는 채비하여 주시는 대로 돌아가겠습니다만,

〈捷改3,33앞〉----------

◆[客]われわれにわそろゑて、くたさるるやうにしてかゑりませうか、
(우리는출혀 주시는대로ㅎ여가오려니와)

○「われわれ(我我)[代]우리」+「に[助詞]」+「は[助詞]」(〈には〉는 존경의 대상이 되는 인물을 주어로 제시하는 것을 피해 간접적으로 존경의 뜻을 나타내는 용법도 있으나 여기에는 해당하지 않는 것으로 보인다. 문맥상 〈に〉는 불필요한 단어로 생각된다)+「そろふ[下2]→そろえる(揃える)[下1]맞추다. 정돈하다. 갖추다」(連用形)+「て」+「くださる(下さる)[下2]주시다. 내리시다. 하사하시다」(連体形)+「様だ」(連用形)+「す(為)[サ変]하다」(連用形)+「て」+「かへる[4]→かえる(帰る·還る)[5]돌아가다(오다)」(連体形)+「まする[助動]겸양·정중」+「む」→「う」+「が」. 이를 해석하면〈우리에게는 갖추어 주시는 대로 하여 돌아가겠습니다만〉.

〈捷原3,25앞〉

> ☐まつこうもくお①いれてくたされたらは②、さきいくふねに③、やりまるせう かとおもいまるする④。
> (아직公木을드려주옵시면 몬져가는비예 보내올싸너기ᄂ이다)

① 「まづ→まず(先ず)[副]먼저. 우선. 아무튼. 대개」+「こうもく(公木)공목(무명)」(〈捷原3,23앞〉풀이 참조)+「を[助詞]」.

② 「いる(入る)[下2]넣다」의 連用形 「いれ」+「て」+「くださる(下さる)[下2]주시다. 내리시다. 하사하시다」의 連用形 「くだされ」+「たり[助動단정]」의 未然形 「たら」+「ば[助詞]가정조건」.

③ 「さき(先・前)앞. 이전」+「いく(行く)[4]가다」(連体形)+「ふね(船)배」+「に[助詞]」.

④ 「やる(遣る)[4]주다. 보내다」의 連用形 「やり」+「まるする[助動]겸양・정중」+「む[助動]추량・의지」→「う」+「か[助詞]의문」+「と[助詞]~라고」+「おもふ[4]→おもう(思う)[5]생각하다」의 連用形 「おもい」+「まるする[助動]겸양・정중」.

⇨ 우선 공목(무명)을 넣어주시면 먼저 가는 배에 보낼까 하고 생각합니다.

〈捷改3,33앞〉----------

◆まつこうもくおいれてくたされましたらは、さきにゆくふねに、つかわそうとおもいまする。
(아직公木을드려주옵시면 몬져가는비예 보내올가너기ᄂ이다)

○「先ず」+「公木」+「を」+「入る」(連用形)+「て」+「下さる」(連用形)+「まする[助動]겸양・정중」+「たり」(未然形)+「ば」+「先」+「に[助詞]」+「行く」(連体

形)+「船」+「に」+「つかはす」[4]→つかわす(使わす・遣わす)[5]심부름 보내시다. 파견하시다. 보내다. 가게 하다」(未然形)+「む」→「う」+「と」+「思う」(連用形)+「まする[助動]」. 해석은 원간본과 같다.

〈捷原3,25앞〉

❏それわそうめされ①。
　(글란그리ᄒᆞᆸ소)

① 「それ(其・夫)[代]그것. 그때. 그곳」+「は[助詞]」+「さう→そう(然)[副]그렇게. 그만큼」+「めさる(召さる)[下2]하시다」(命令形은 〈めされよ〉).

⇨ 그것은 그렇게 하십시오.

〈捷改3,33뒤〉----------

◆[主]それわそうなされませい。
　(글란그리ᄒᆞᆸ소)

○ 「それ」+「は」+「然う」+「なさる(為さる)[下2]하시다」(連用形)+「まする[助動] 겸양・정중」(命令形). 해석은 원간본과 같다.

〈捷原3,25뒤〉

❏もんめんわみかしきにみて①、きやうさんにきんみして②いれまるせうほとに③、
　(木綿은내친히보와 ᄀᆞ장吟味ᄒᆞ여드릴거시니)

① 「もんめん(木綿・文綿)(지금은 〈もめん〉)목면」+「は[助詞]」+「み(身)[名・代몸.

나. 자신」+「が[助詞]」+「じきに(直に)[副]직접. 바로」+「みる(見る)[上1]보다」의 連用形「み」+「て」.

② 「ぎやうさん(仰山)[形動]수량이나 정도가 심한 모양. 행동이나 말 따위가 부풀려진 모양」(본문은 連用形)+「ぎんみ(吟味)음미. 자세히 조사하여 고르는 것」+「す(爲)[サ變]하다」의 連用形「し」+「て」.

③ 「いる(入る)[下2]넣다」의 連用形「いれ」+「まるする[助動]겸양·정중」+「む[助動]추량·의지」→「う」+「ほどに(程に)[接助]①~하면. ~하는 사이에 ②원인·이유. ~이므로」.

⇨ 목면은 내가 직접 보고 단단히 음미하여 넣을 테니.

〈捷改3, 34앞〉----------

◆もめんわわしかしきにみて、すいぶんきんみしていれませうほどに、
(木綿은내친히보와 マ장吟味ᄒ여드릴거시니)

○「木綿」+「は」+「わし(私)[代]1인칭. 저. 근세(近世) 주로 여성이 썼다. 현재는 손아랫사람에 대해 중년 남성이 사용한다」+「が」+「直に」+「見る」(連用形)+「て」+「ずいぶん(隨分)[副]매우. 꽤. 힘써. 극력」+「吟味」+「す」(連用形)+「て」+「入る」(連用形)+「まする[助動]겸양·정중」+「む」→「う」+「ほどに」. 이를 해석하면 〈목면은 내가 직접 보고 힘써 음미하여 넣을 테니〉.

〈捷原3, 25뒤〉

❏たいくわんしゆに①あまりよるなとおしられ②。
(代官네쇠하굴히디말라니ᄅ옵소)

① 「たいくわん(代官)대관」+「しゆ(衆)~들」+「に[助詞]」.

② 「あまり(余り)[副]너무. 지나치게」+「よる(選る・撰る・択る)[4] 두 개 이상의 것에서 어떤 기준에 맞는 것을 꺼내다. 고르다」+「な[助詞]금지」+「と[助詞]~라고」+「おしらる[下2]말씀하시다」(命令形은 〈おしられよ〉).

⇨ 대관들에게 너무 고르지 말라고 하십시오.

〈捷改3,34앞〉----------

◆たいくわんしゆのあまりゑられませぬやうにおつしやれませい。
(代官네의하굴히지말게니ᄅ옵소)

○「代官」+「衆」+「の[助詞]주격」+「あまり」+「える(選る・撰る・択る)[4]고르다. 엄선하다」(未然形)+「る[助動]존경」(連用形)+「まする[助動]겸양・정중」+「ぬ[助動]부정」+「やうだ→ようだ(様だ)[助動](주로 連用形으로 써서)행동의 기준이 되는 방법, 상황, 형태나 목적을 나타냄」(連用形)+「おっしやる(仰しゃる)[4・下2]말씀하시다」(連用形)+「まする[助動]」(命令形). 이를 해석하면〈대관들이 너무 고르시지 않도록 말씀하십시오〉.

〈捷原3,26앞〉

❏それわはんすしゆとたいくわんともか①、ちよさい御[ご]さるまい②。
(그ᄂ 判事네과代官들히 얼현이아니ᄒ오리)

① 「それ(其・夫)[代]그것. 그때. 그곳」+「は[助詞]」+「判事(はんす) : 판사. 통역관」(〈捷原1,2앞〉풀이 참조)+「しゆ(衆)~들」+「と[助詞]~와」+「たいくわん(代官)대관」+「ども(共)~들」+「か[助詞].

② 「ちよさい(樗才)저재. 쓸모없는 재목이나 재능(인재). 자신의 겸칭」(〈捷原1,21뒤〉풀이 참조)+「ござる(御座る)[4]있습니다. 계시다」+「まい[助動]부정의 추량」.

⇨ 그것은 역관들과 대관들이 문제가 없을 겁니다.

〈捷改3, 34뒤〉----------

◆[客]それわはんすしゆとたいくわんともか、ゆたんわ御[ご]さるまい。
(그는判事네과代官들이 얼현이는아니ᄒ오리)

○「ちよさい」가「ゆだん(油断)방심하여 주의를 게을리 하는 것. 부주의. 게으름」으로 바뀐 외에는 원간본과 같다. 이를 해석하면〈그것은 역관들과 대관들이 방심은 없을 겁니다〉.

〈捷原3, 26앞〉

▫たまたまゆるりとしまるして①、かれこれ申[もうし]まるして②、
(마ᄎᆞᆷ죵용ᄒᆞ여 뎌령이령ᄉᆞᆲᄉᆞ오니)

① 「たまたま(偶·適·会)[副]우연히. 때마침. 이따금」+「ゆるりと(緩りと)[副]서두르지 않고. 천천히. 편안하게」+「す(為)[サ変]하다」의 連用形「し」+「まるする[助動]겸양·정중」+「て」.

② 「かれこれ(彼此)[副]이것저것. 이러쿵저러쿵」+「まうす[4]→もうす(申す)[5]아뢰다. 하다(겸양)」의 連用形「もうし」+「まるする[助動]겸양·정중」+「て」.

⇨ 때마침 천천히(편안하게) 하고 이러니저러니 아뢰어서.

〈捷改3, 35앞〉----------

◆おりふしゆるりといたしまして、かれこれと申[もうし]まして、
(마ᄎᆞᆷ죵용ᄒᆞ여 뎌령이령ᄉᆞᆲᄉᆞ오니)

○「をりふし→おりふし(折節)[副詞]때마침. 우연히」+「ゆるりと」+「いたす(致

す)[4]하다(겸양)」+「まする[助動]겸양・정중」+「て」+「かれこれ」+「と[助詞]」+「申す」(連用形)+「まする[助動]」+「て」. 해석은 원간본과 같다.

〈捷原3,26앞〉

❑ なんほうしつこう①おもわしられうとそんしまるする②。
(언머지리히너기옵시는고싱각ᄒᄂ이다)

① 「なんぼう(何ぼう)[副]①어느 정도. 꽤. 너무. 아무리 ②상식의 정도를 넘은 어떤 사태에 대해 놀라워하는 뜻을 나타냄. 어찌. 어디까지. 정말로. 심하게」+「しつこし[形ク]농후하다. 짙다. 집요하다」(본문은 ウ音便.

② 「おもふ[4]→おもう(思う)[5]생각하다. 여기다」의 未然形「おもわ」+「しらる[助動]~하시다」+「む[助動]추량・의지」→「う」+「と[助詞]~라고」+「ぞんず(存ず)[サ変]'생각하다. 알다'의 겸양어」의 連用形「ぞんじ」+「まるする[助動]겸양・정중」.

⇨ 참으로 집요하게 여기실 걸로 생각합니다.

〈捷改3,35앞〉----------

◆ いかはかりなこうおほしめそうかとそんしまする。
(언머지리히너기옵시는고싱각ᄒᄂ이다)

○ 「いかばかり(如何許)[副]얼마나. 어느 정도. 매우」+「なごし(和し)[形ク]부드럽다. 온화하다. 조용하다. 유연하다」(ウ音便. 또는 문맥을 고려하면 〈ながし[形ク]→ながい(長い・永い)[形]길다. 오래되다. 한가롭다. 참을성이 있다〉의 連用形〈ながく〉에 ウ音便이 생긴 후 음변화가 있었던 것으로 볼 수도 있겠다)+「おぼしめす(思し召す)[4]생각하시다. 여기시다」(未然形)+「む」→「う」+「か[助詞]의문・질문」+「と」+「存ず」(連用形)+「ます

る[助動]겸양·정중」. 이를 해석하면 〈얼마나 부드럽게(길게) 여기실까 하고 생각합니다〉.

〈捷原3,26뒤〉

❏おしらるやうに①、けうわひよりもよし②、たかいにゆるりとして③、こちもうれし御[ご]さる④。
(니르시도시 오늘은날도됴코 서르죵용ᄒ여 우리도깃거ᄒᄂ이다)

① 「おしらる[下2]말씀하시다」+「やうだ→ようだ(様だ)[助動](주로 連用形으로 써서)행동의 기준이 되는 방법, 상황, 형태나 목적을 나타냄」의 連用形 「やうに」.

② 「けふ(今日)오늘」+「は[助詞]」+「ひより(日和)해상의 (좋은) 날씨. 맑은 날씨. 어떤 일을 하기에 적합한 날씨」+「も[助詞]」+「よし(良し·善し·好し·佳し)[形ク]좋다. 빼어나다. 능숙하다」.

③ 「たがひに→たがいに(互いに)[副]서로. 각자」+「ゆるりと(緩りと)[副]서두르지 않고. 천천히. 편안하게」+「す(為)[サ変]하다」의 連用形 「し」+「て」(또는 〈して[助詞]~여서. ~라서〉).

④ 「こち(此方)[代]이쪽. 나」+「も[助詞]」+「うれし[形シク]→うれしい(嬉しい)[形]기쁘다. 고맙다」(이어지는 동사와의 접속이 문법적이지 않다)+「ござる(御座る)[4]~입니다. 있습니다」.

⇨ 말씀하시는 대로 오늘은 날씨도 좋고, 서로 편안하게 해서(편해서), 이쪽도 기쁩니다.

〈捷改3,35뒤〉----------

◆[主]おつしやれまするやうに、こんにちわひよりもよし、御[お]たかいにゆるりといたして、われわれもうれしう御[ご]さる。
　(니르시드시 今日은 日吉利도됴코 서르 죵용ᄒᆞ여 우리도 깃거ᄒᆞᄂᆡ이다)

○「おっしゃる(仰しゃる)[4・下2]말씀하시다」(連用形)+「まする[助動 겸양・정중]」+「様だ」(連用形)+「こんにち(今日)오늘」+「は」+「日和」+「も」+「良し」+「おたがひ→おたがい(御互)서로(정중한 말)」+「に」+「ゆるりと」+「いたす(致す)[4]하다(겸양)」(連用形)+「て」+「われわれ(我我)[代]우리」+「も」+「嬉し」(ウ音便+「御座る」. 이를 해석하면 〈말씀하시는 대로 오늘은 날씨도 좋고 서로 편안하게 해서 우리도 기쁩니다〉.

〈捷原3,27앞〉

❏さくじつわむじに①、いはちおめされてうれし御[ご]さる②。
　(어제는 無事히 연향을 ᄒᆞ시니 깃브외)

① 「さくじつ(昨日)어제」+「は[助詞]」+「むじ→ぶじ(無事)[形動]무사히」(〈捷原 1,11앞〉풀이 참조).

② 「いはち:잔치」(〈捷原2,5앞〉풀이 참조)+「を[助詞]」+「めさる(召さる)[下2]하시다」의 連用形「めされ」+「て」+「うれし[形シク]→うれしい(嬉しい)[形]기쁘다. 고맙다」(이어지는 동사와의 접속이 문법적이지 않다)+「ござる(御座る)[4]~입니다」.

▷ 어제는 무사히 잔치를 하셔서 기쁩니다.

〈捷改3,36앞〉----------

◆さくじつわふじに、いはちおなされてちんちやうに御[ご]さる。

(昨日은無事히 宴享을ᄒ시니깃부외)

○「昨日」+「は」+「無事」(連用形)+「いはち」+「を」+「なさる(為さる)[下2]하시다」(連用形)+「て」+「ちんちょう(珍重)[形動]진귀하고 소중한 모양. 기쁜 것. 축하해야 할 것」(連用形)+「御座る」. 해석은 원간본과 같다.

〈捷原3,27앞〉

▫ とねきふさんかいより①、しやうくわんととうせんたちのやうたいか②、つねのみならす③、
(東萊釜山浦로셔 正官과都船네樣體ㅣ 심샹티아냐)

① 「とねぎ(東萊)동래」(〈捷原1,14앞〉풀이 참조)+「ふさんかい(釜山浦)부산포」(〈捷原1,9앞〉풀이 참조)+「より[助詞]기점」.

② 「しやうくわん(正官)정관」+「と[助詞]~와」+「とうせん: 도선(都船)」(〈捷原1,15앞〉풀이 참조)+「たち(達)[接尾]~들」+「の[助詞]」+「やうたい(樣体)모습. 자태. 몸 상태」+「か[助詞]」.

③ 「つね(常)영구불변. 평소. 보통」+「のみ[助詞]~만. ~뿐」+「なり[助動]단정・지정」의 未然形「なら」+「ず[助動]부정」.

⇨ 동래 부산포로부터 정관과 도선들의 상황이, 평소뿐만 아니라,

〈捷改3,36뒤〉----------

◆ とうらいふさんより、しやうくわんととうせんちうのやうすか、つねならす、
(東萊釜山으로셔 正官과都舡네樣體ㅣ 심샹치아녀)

○「とうらい(東萊)동래」+「ふさん(釜山)부산」+「より」+「正官」+「と」+「都船」+「ちう/ぢゆう→じゆう(中)①[名]중. 사이 ②[接尾]그 가운데 모두」+「の」+「やうす→ようす(樣子)모습. 상황. 사정. 기척」+「が」+「常(つね)ならず:

일정하지 않다. 무상하다. 평소와 다르다」. 이를 해석하면 〈동래 부산 포로부터 정관과 모든 도선의 모습이 평소와 달라서〉.

〈捷原3,27뒤〉

❏ きとくなあいさつお①、みなようめさるとほめさしらるほとに②、
   (奇特흔相指를 다잘ᄒ더라기리시니)

① 「きとく(奇特)[形動](옛날에는 〈きどく〉)매우 진기한 것. 뛰어난 것. 기특함. 장함」의 連体形 「きとくな」+「あいさつ(挨拶)인사. 응답. 대답. 사교적인 대응. 중재. 소개. 교제」+「を[助詞]」.

② 「みな(皆)[副]남김없이. 모두」+「よう(善う・良う・能う)[副](〈よく〉의 音便)충분히. 상세히. 능숙하게. 잘. 매우. 흔히. 종종」+「めさる(召さる)[下2]하시다」+「と[助詞]~라고」+「ほむ[下2]→ほめる(誉める・褒める)[下1]축복하다. 칭찬하다. 기리다」의 未然形 「ほめ」+「さしるる[助動]존경」+「ほどに(程に)[接助]①~하면. ~하는 사이에 ②원인・이유. ~이므로」.

⇨ 장한 인사를 모두 잘 하신다고 칭찬하시니.

〈捷改3,36뒤〉----------

◆ きとくなあいさつお、ようなさるとみなほめられますするほとに、
   (奇特흔相指을 잘ᄒ더라다기리시니)

○「奇特」(連体形)+「挨拶」+「を」+「よう」+「なさる(為さる)[下2]하시다」+「と」+「皆」+「誉む」(未然形)+「らる(助動)존경」(連用形)+「まする[助動]겸양・정중」+「ほどに」. 이를 해석하면 〈장한 인사를 잘 하신다고 모두 칭찬하시니〉.

〈捷原3,27뒤〉

❑こちかきくにも①、なおうれし御[ご]さる②。
　(우리듯기도 더옥깃브웁데)

① 「こち(此方)[代]이쪽. 나」+「が[助詞]」+「きく(聞く)[4]듣다」(連体形)+「に[助詞]」
　+「も[助詞]」.
② 「なほ→なお(猶·尚)[副]더욱. 다시. 또한」+「うれし[形シク]→うれしい(嬉し
　い)[形]기쁘다. 고맙다」(이어지는 동사와의 접속이 문법적이지 않다)+
　「ござる(御座る)[4]~입니다」.

⇨ 이쪽이 듣기에도 더욱 기쁩니다.

〈捷改3,37앞〉----------

◆われわれかきいても、なおうれしう御[ご]さる。
　(우리듣기도 더옥긴부웁데)
○「われわれ(我我)[代]우리」+「が」+「聞く」(音便形)+「ても[助詞]~해도」+「猶」
　+「嬉し」(ウ音便)+「御座る」. 이를 해석하면 〈우리가 들어도 더욱 기쁩
　니다〉.

〈捷原3,27뒤〉

❑きのうわさけおちゃうにたひて①、しゃうねなくもとりまるしたほとに②、
　なとしたおもしりまるせん③。
　(어제논술을ᄭ장먹고 正根업서도라오니 아므리혼줄도모로올쇠)

① 「きのふ→きのう(昨日)어제」+「は[助詞]」+「さけ(酒)술」+「を[助詞]」+「ちゃ

う」(불확실하지만 문맥상 〈てう(超)넘치는 것〉으로 풀이하겠다)+「に[助詞]」+「たぶ(賜ぶ・給ぶ)[4]주시다. 받잡다」(문맥상 〈たぶ(食ぶ)[下2]먹다〉가 적당하지만 이는 連用形이 〈たべ〉)+「て」.

② 「しやうね(性根)근성. 제정신」(〈한글역〉의 〈正根〉은 사전에 등재되지 않음)+「なし(無し)[形ク없다」의 連用形 「なく」+「もどる(戻る)[4]돌아가다(오다)」의 連用形 「もどり」+「まるする[助動]겸양・정중」+「た[助動]과거・완료」+「ほどに(程に)[接助]①~하면. ~하는 사이에 ②원인・이유. ~이므로」.

③ 「なと」(〈한글음주〉가 〈난또〉이므로 〈なんと(何と)어떻게. 뭐라고〉로 봐야겠다. 또는 〈など(何ど)[副]어째서. 왜〉)+「す(為)[サ變]하다」의 連用形 「し」+「た[助動]과거・완료」+「を[助詞]」+「も[助詞]」+「しる(知る)[4]알다」의 連用形 「しり」+「まるする[助動]겸양・정중」+「ず[助動]부정」→「ん」.

⇨ 어제는 술을 지나치게 받잡아서 제정신 없이 돌아왔기에 무엇 했는지도 알지 못합니다.

〈捷改3, 37앞〉----------

◆ さくしつわさけおよけいにたひて、しやうねなうかゑりまして、なにとしたおもそんしませぬ。
(昨日은술을醉토록먹고 正根업서도라오니 아무리흔줄도싱각몯ᄒ올쇠)

○「さくじつ(昨日)어제」+「は」+「酒」+「を」+「よけい(余計)[形動]지나치게. 쓸데없이」(連用形)+「たぶ」(連用形)+「て」+「性根」+「無し」(ウ音便)+「かへる[4]→かえる(帰る・還る)[5]돌아가다(오다)」(連用形)+「まする[助動]겸양・정중」+「て」+「なにと(何と)[副]어떻게」+「す」(連用形)+「た」+「を」+「も」+「ぞんず(存ず)[サ變]'생각하다. 알다'의 겸양어」(連用形)+「まする[助動]겸양・정중」+「ぬ[助動]부정」. 해석은 원간본과 같다.

〈捷原3,28앞〉

❏ それわそうて御[ご]さるか①、にさんにちすきて②、あかかねすすかんほくしまるせうほどに③、
(그는그러커니와 二三日디나거든 銅鐵看品홀쎠시니)

① 「それ(其·夫)[代]그것. 그때. 그곳」+「は[助詞]」+「さう→そう(然う)[副]그렇게. 그만큼」+「だ[助動]단정·지정」의 連用形「で」+「ござる(御座る)[4]~입니다」+「が[助詞]」.

② 「に(二)2」+「さん(三)3」+「にち(日)일」+「すぐ(過ぐ)[上2]지나다」의 連用形「すぎ」+「て」.

③ 「あかがね(銅)동. 구리」+「すず(錫)주석」+「かんぽく(看品)간품」(〈捷原2,14뒤〉풀이 참조)+「す(為)[サ変]하다」의 連用形「し」+「まるする[助動]겸양·정중」+「む[助動]추량·의지」→「う」+「ほどに(程に)[接助]①~하면. ~하는 사이에 ②원인·이유. ~이므로」.

⇨ 그것은 그렇습니다만, 이삼일 지나서 구리 주석 간품할 테니.

〈捷改3,38앞〉----------

◆[客]それわそうて御[ご]さるか、にさんにちすきて、あかかねすすかんほくおいたしませうほどに、
(그는그러커니와 二三日지나거든 銅鐵看品을홀쎠시니)

○후반부의「かんほく」뒤에「を[助詞]」를 보완하고「す(為)[サ変]하다」를「いたす(致す)[4]하다(겸양)」로,「まるする」를「まする」로 변경한 외에는 원간본과 같다.

〈捷原3,28뒤〉

❏さきにたいくわんしゆに①、こしらゑとゆうておかしられ②。
(몬져代官네끠 츌히라닐러두읍소)

① 「さきに(先に・曩に)[副]먼저, 앞서」+「だいくわん(代官)대관」+「しゆ(衆)~들」+「に[助詞]」.

② 「こしらふ(拵ふ)[下2]→こしらえる(拵える)[下1]만들어내다. 마련하다. 조리하다」의 命令形「こしらへよ→こしらえよ」(본문에는 〈-よ〉가 빠짐)+「と[助詞]~라고」+「ゆふ[4]→ゆう(言ふ)[5]말하다」+「て」+「おく(置く)[4]두다」의 未然形「おか」+「しらる[助動]~하시다」(본문은 命令形).

⇨ 먼저 대관들에게 채비하라고 말해 두십시오.

〈捷改3,38앞〉----------

◆さきにたいくわんしゆに、こしらゑよとゆうておかしやれい。
(몬져代官네끠 츌히라닐러두읍소)

○「こしらふ」의 命令形을 바로잡고「しらる」를「しゃる[助動]~하시다」로 변경했다.

〈捷原3,28뒤〉

❏さらはあさてさうてんより①しはしまるせうほとに②、
(그러면모뢰早天브터시작홀써시니)

① 「さらば(然らば)[接續]그렇다면, 그런데」+「あさて(明後日)모레」+「さうてん→そうてん(早天)이른 아침. 새벽녘」+「より[助詞]기점」

② 본문을「す(為)[サ変]하다」+「はじまる[始まる][4]시작되다」+「まるする[助動]겸양·정중」+「む[助動]추량·의지」+「ほどに(程に)[接助]~이므로」로 본다면「しはしまりまるせうほとに」가 될 텐데 확실하지 않다.

⇨ 그러면 모레 이른 아침부터 하기 시작될 테니.

〈捷改3, 38뒤〉----------

◆[主]しかれはみやうこにちさうてんよりはしめませうほとに、
(그러면明後日早天부터시작ㅎ쎠시니)

○「しかれば(然れば)[接続]그러므로. 따라서. 그런데」+「みやうごにち→みょうごにち(明後日)모레」+「早天」+「より」+「はじむ[下2]→はじめる(始める)[下1]시작하다」(連用形)+「まする[助動]겸양·정중」+「む」→「う」+「ほどに」. 이를 해석하면〈그래서 모레 이른 아침부터 시작할 테니〉.

〈捷原3, 29앞〉

☐なにとそかんほくのさにて①、あらそわんやうに②御[ご]さいかくさしられ③。
(아므려나 看品坐의셔 ᄃ토디아니케지간ᄒᆞᆸ소)

①「なにとぞ(何卒)[副]어떻게든. 부디. 꼭」+「かんぽく(看品)간품」+「の[助詞]」+「ざ(座·坐)자리」+「にて[助詞]~에서」.

②「あらそふ[4]→あらそう(争う)[5]다투다. 거스르다」의 未然形「あらそわ」+「ず[助動]부정」→「ん」+「やうだ→ようだ(様だ)[助動](주로 連用形으로 써서) 행동의 기준이 되는 방법, 상황, 형태나 목적을 나타냄」의 連用形「やうに」.

③「ご(御)[接頭]존경·겸양·정중」+「さいかく(才覚·才学)계획. 계산. 궁리. 조달하는 것. 마련하는 것」+「さしるる[4·下2]하시다」(본문은 命令形).

⇨ 부디 간품 자리에서 다투지 않도록 마련하십시오.

〈捷改3, 39앞〉----------

◆なにとそかんほくのさにて、あらそいのないやうに御[お]はからいなされませい。
(아모려나 看品唑의셔 도토지아니케지간ᄒᆞᆸ소)

○「なにとぞ」+「看品」+「の」+「座」+「にて」+「あらそひ→あらそい(争い)다툼. 싸움」+「の[助詞]주격」+「なし[形ク]→ない(無い)[形]없다」+「様だ」(連用形)+「お(御)[接頭]존경·겸양·정중」+「はからふ[4]→はからう(計らう·量らう·図らう·諮らう)[5]의논하다. 협의하다. 고려하다. 살피다. 적절히 처치하다」(連用形)+「なさる(為さる)[下2]하시다」(連用形)+「まする[助動]겸양·정중」(命令形). 이를 해석하면 〈부디 간품 자리에서 다툼이 없도록 살피십시오〉.

■ 참고문헌

『原本 國語國文學叢林17』「捷解新語」(1985)(大提閣)
민병찬(2017)『역주 일본판 삼강행실도1 효자』(시간의물레)
민병찬(2018)『역주 일본판 삼강행실도2 충신』(시간의물레)
민병찬(2019)『역주 일본판 삼강행실도3 열녀』(시간의물레)
成百曉(2013)『개정증보판 懸吐完譯 論語集註』(傳統文化硏究會)
安田章, 鄭光共編(1991)『改修捷解新語(解題・索引・本文)』(太學社)
小学館国語辞典編集部(2003)『日本国語大辞典』(小学館)
新村出編(2008)『広辞苑』第六版(岩波書店)
飛田良文他編(2007)『日本語学研究事典』(明治書院)
室町時代語辞典編纂委員会(1989)『時代別国語大辞典(室町時代編)』(三省堂)
諸橋轍次他(1981)『広漢和辞典』(大修館書店)
山口明穂編(2001)『日本語文法大辞典』(明治書院)

저자 민병찬

인하대학교 일본언어문화학과 교수

저서
『역주 일본판 삼강행실도1,2,3』, 시간의물레, 2019
『고지엔 제6판 일한사전』(제1-2권), 어문학사, 2012
『일본인의 국어인식과 神代文字』, 제이앤씨, 2012
『일본어 옛글 연구』, 불이문화, 2005
『日本韻學과 韓語』, 불이문화, 2004
『일본어고전문법개설』, 불이문화, 2003

논문
▶『小公子』와『쇼영웅(小英雄)』에 관한 일고찰 -언어연구 자료로서의 활용 가치를 중심으로-, 일본학보, 2018
▶『捷解新語』의〈못' 부정〉과 그 改修에 관한 일고찰, 비교일본학 40, 2017
▶가능표현의 일한번역에 관한 통시적 일고찰, 일본학보, 2016
▶『보감(寶鑑)』과 20세기초 일한번역의 양상, 비교일본학 35, 2015
▶〈べし〉의 대역어〈可하다〉에 대하여 -『조선총독부관보』를 중심으로-, 비교일본학 32, 2014
▶〈べし〉의 한국어 번역에 관한 일고찰 -〈べから〉에 대한 대역어를 중심으로-, 일본학보, 2014
▶『朝鮮總督府官報』의 언어자료로서의 활용 가능성에 대하여 -〈努む〉에 대한 대역어를 중심으로-, 일본학보, 2014
▶『日文譯法』의 일한번역 양상에 대하여, 일본학보, 2013
▶조선총독부관보의 '조선역문'에 대하여, 일본학보, 2012
▶헤본・브라운譯『馬可傳』에서의「べし」에 대하여, 일본학보, 2012
▶伴信友와 神代文字: 平田篤胤와의 비교를 중심으로, 일본학보, 2012
▶落合直澄와 韓語 -『日本古代文字考』를 중심으로-, 일본학보, 2011

역주 첩해신어(원간본·개수본)의 일본어(上)

초판인쇄 2020년 3월 3일
초판발행 2020년 3월 10일
저　　자 민병찬
발 행 인 권호순
발 행 처 시간의물레
주　　소 서울시 마포구 마포대로4다길 3, 1층
전　　화 02-3273-3867
팩　　스 02-3273-3868
전자우편 timeofr@naver.com
홈페이지 http://www.mulretime.com
블 로 그 http://blog.naver.com/mulretime
I S B N 978-89-6511-304-1 (93730)
　　　　 978-89-6511-303-4(세트)
정　　가 25,000원

ⓒ 2020 민병찬
* 잘못된 책은 바꾸어 드립니다.

이 도서의 국립중앙도서관 출판예정도서목록(CIP)은 서지정보유통지원
시스템 홈페이지(http://seoji.nl.go.kr)와 국가자료종합목록 구축시스
템(http://kolis-net.nl.go.kr)에서 이용하실 수 있습니다.
(CIP제어번호 : CIP2020007690)